济大社会学丛书

山东省社科理论重点研究基地（济南大学）"新时代社会治理与政策创新"研究基地成果
山东省高等学校青创人才引育计划"新时代社会治理与社会政策创新团队"成果

农业转移人口
市民化

CITIZENIZATION OF
AGRICULTURAL TRANSFER POPULATION

杨　风／著

社会科学文献出版社
SOCIAL SCIENCES ACADEMIC PRESS (CHINA)

前　言

党的十八大报告指出，要"加快改革户籍制度，有序推进农业转移人口市民化"。党的十九大报告强调，要"以城市群为主体构建大中小城市和小城镇协调发展的城镇格局，加快农业转移人口市民化"。《"十四五"新型城镇化实施方案》指出，要"坚持把推进农业转移人口市民化作为新型城镇化的首要任务"。党的二十大报告明确提出，要"推进以人为核心的新型城镇化，加快农业转移人口市民化"。从城镇化到新型城镇化，从农民到新型职业农民，从农民工到农业转移人口，从人口城市化到农业转移人口市民化，从有序推进农业转移人口市民化到加快农业转移人口市民化，主体（主题）的转变印证了"实践发展永无止境，认识真理永无止境，理论创新永无止境"。有序推进农业转移人口市民化研究，从学术价值来看，可为构建中国特色新型城镇化理论体系添砖加瓦；从应用价值来看，可为制定农业转移人口市民化政策提供指导。

本书的特色。一是研究内容全面。本书不仅阐释了有序推进农业转移人口市民化的现实意义和理论基础，而且从市民化水平、市民化意愿、市民化能力、市民化成本、市民化载体等方面实证分析了有序推进农业转移人口市民化的机理，在借鉴国内外经验的基础上，提出有序推进农业转移人口市民化的体制机制（配套措施）。二是注重定量研究。本书在综合运用定量与定性研究方法的基础上，对农业转移人口市民化水平、市民化意愿、市民化能力、市民化成本，以及城镇化效率差异、城镇就业机会差异等内容进行了定量研究。

本书的不足之处在于以下三个方面。一是理论研究与实证研究"脱节"。尽管本书全面阐释了有序推进农业转移人口市民化的理论基础，但是在实证研究中没有做到理论与实证有机结合、无缝衔接。二是选用数据相对"滞后"。新冠肺炎疫情是新中国成立以来我国遭遇的传播速度最快、感染范围最广、防控难度最大的重大突发公共卫生事件，对经济社会发展产生了极大影响。鉴于此，本书部分实证分析数据以2018年为时间节点。此外，本书作为国家社科基金项目成果，尽管前期已完成数据采集工作，但是在"大数据"面前的不足显而易见。因此，本书选用2017年全国流动人口卫生计生动态监测调查数据进行定量分析，没有选用2018年数据的原因在文中有具体说明。三是全面性与代表性"矛盾"。由于我国地域广阔、区域差异较大，我们很难在31个省（区、市）中选择一个典型地区作为代表以便"解剖麻雀"。其中，在测算农业转移人口市民化成本时，是用全国的数据还是某一地区的数据？虽然我们选择了前者，但是我们并不认为这是正确的选择。

总之，有序推进农业转移人口市民化是一项复杂的系统工程，需要加强顶层设计和整体谋划，需要基层大胆改革、勇于探索，需要学者解放思想、创新理论。"路漫漫其修远兮，吾将上下而求索。"

目录
CONTENTS

第一章

有序推进农业转移人口市民化的意义

　　缩小城乡区域差距，既是调整经济结构的重点，也是释放发展潜力的关键。要深入推进以人为核心的新型城镇化，实现1亿左右农业转移人口和其他常住人口在城镇落户，完成约1亿人居住的棚户区和城中村改造，引导约1亿人在中西部地区就近城镇化。

——2016 年《政府工作报告》

第一节　农业转移人口市民化的含义

一　农业人口

1. 农民

农民的内涵与外延。法国社会学家孟德拉斯（1991）指出，农民是相对于城市来限定自身的。如果没有城市，就无所谓农民；如果整个社会全部城市化了，也就没有农民了。对中国当代农民的定义可以从两个角度、三个层次去界定（理解）。两个角度分别是职业角度和户籍角度。其中，职业角度看是否直接从事农业生产，户籍角度以是否属于农业户口为分界。三个层次分别是：（1）狭义的农民，他们是以土地等农业生产资料为主，长期从事农业（包括林业、牧业、渔业、副业）

生产的劳动者；（2）一般意义（广义）的农民，属于农村户口，并从事广义农业生产经营活动的劳动者；（3）最广义的农民，泛指农村总人口（不论其户口是否为农业户口），城市职工到农村承包荒山、荒地的也包含在其中（阎志民，2002）。

2. 农业人口与农村人口

农业人口与农村人口差异较大。顾名思义，农业人口是指从事农业生产和以农业收入为主要生活来源的人口，农村人口是指居住在农村的人口。从学理上来看，农业人口是指其职业专门务农，农村人口是指居住在农村地区而不论其从事何种职业（刘铮，1986）。农业人口是一个人口经济概念，农村人口是一个人口地理概念（吕荣侃等，1988）。农村人口与农业人口在概念上的不同，导致二者之间的数量差异较大。《中国统计年鉴2021》显示，截至2020年底，我国乡村人口是50992万人，第一产业就业人口为17715万人。乡村人口可以视为农村人口，第一产业人口可以视为农业人口。

农业生产者不同于农民。尽管农业人口也被称为农业生产者，但是农业生产者与农民差异较大。农业生产者（farmer）以farm（农业）为词根，强调的是职业含义；而"农民"（peasant）一词源于古法语，由古拉丁语pagus派生，带有强烈的贬义。不仅英语、法语、拉丁语如此，俄语、波兰语等欧洲语言中近代表示"农民"的词汇也有类似的特点（秦晖，1999）。从发达国家来看，从事农业生产的大多是农业工人，农民一般指农场主。从我们国家来看，过去的农民特指拥有农业户口并且从事农业生产的人口。农民绝大多数是农业生产者。一言以蔽之，农业生产者是指从事农业生产的人口。农业生产者不一定是农民，其中新疆生产建设兵团中的部分人口尽管属于农业生产者，可是从户口性质来看，他们不属于农民。

二　农业转移人口

1. 农民工

"农民工"一词是历史产物。1991 年以前，一般把到城市务工（从事非农产业）的农民称为"临时工""农民轮换工"等。《国务院关于国营企业使用临时职工的暂行规定》（国劳周字 327 号）和《全民所有制企业临时工管理暂行规定》（国务院令第 41 号）将临时工分为在城镇招用的临时工和从农村招用的临时工两种。二者虽然都叫临时工，但是户口性质却大不相同。《矿山企业实行农民轮换工制度试行条例》（国发〔1984〕88 号）指出，农民轮换工，在矿工作期间是职工队伍的一部分，政治上应与所在单位的固定职工一视同仁，但其社员身份不变，户粮关系（户口和粮油关系的简称）不转。由此可以看出，虽然农民轮换工在矿工作期间是职工队伍的一部分，政治上与固定职工一视同仁，但是由于不转户粮关系、社员身份不变，他们与正式职工有很大差别。2004 年《政府工作报告》中首次使用"农民工"这一名称，与"农民工工资问题"联系在一起。《国务院关于进一步推进户籍制度改革的意见》（以下简称《意见》）（国发〔2014〕25 号）指出，"取消农业户口与非农业户口性质区分和由此衍生的蓝印户口等户口类型，统一登记为居民户口"。随着农业户口与非农业户口的取消，"农民工"这一概念退出历史舞台。由此来看，"农民工"一词是历史产物，属于历史范畴。

农民工的内涵。农民工是指从事非农产业的农民，即其身份还没有或未能得以转化又在从事非农产业的劳动者（韦曙林、许经勇，2005）。对于这一较为常见的定义，王春光、李培林两位学者并不赞同，他们一致认为雇用其他人的农业人口不应属于农民工。王春光（2005）指出，农民工指的是被雇用去从事非农活动、属于农业户口的农村人口。李培林（2010）认为，那些农业户籍的具有雇主、个体经营和自我雇佣身份的第二、第三产业从业者并未包括在农民工之中。在综合不同观点的基础上，夏静雷、张娟（2013）指出，农民工是指具有农村户籍身份（其实应为农业户籍身份），拥有农村土地权益，在非农产业和领域，主要采取受雇或自营等方式，以工资收入或经营收入为主要来源的特殊人群。

农民工的外延。按照国家统计局调查总队的规定，农民工是有着明确口径定义的时期概念，即户口性质为本地农业户口且在本年度的从业状况属于以下几种情况：（1）外出农民工，即外出从业6个月及以上的农村劳动力；（2）本地农民工，即从事本地非农活动（包括本地非农务工和非农自营活动）6个月及以上的农村劳动力；（3）期末举家外出的农村劳动力。从这一规定来看，农民工至少需要具备以下几个条件：农业户口、从事非农产业、劳动力（处于劳动年龄阶段）、外出6个月及以上或者期末举家迁出。

农民工的特征。农民工作为一个群体（阶层），最基本的特征是双重性。双重性集中表现在以下三个方面。（1）社会身份的双重性。《中共中央　国务院关于促进农民增加收入若干政策的意见》（中发〔2004〕1号）第一次提出了"进城就业的农民工已经成为产业工人的重要组成部分"的科学论断，对农民工的职业身份进行了明确界定。尽管农民工的职业身份是工人，但是其户籍身份依然是农民。（2）社会地位的双重性。农民工并不是农村劳动力市场中的竞争失败者。相反，他们中的绝大多数是农村劳动力中的"佼佼者"，在农村劳动力市场处于核心地位。但是由于经济、社会等原因，绝大多数进城农民工在城市处于边缘地位，是城市中的弱势群体。（3）社会生活的双重性。绝大多数农民工属于"两栖人"，既生活在城市又往返于农村，既习惯传统乡村生活又熟悉现代都市生活，他们是传统乡村文明和现代都市文明的享用者和沟通者（刘祖云、戴洁，2006）。此外，农民工阶层具有流动性强、职业低质性、社会网络复制性、生活方式疏隔化等特征。农民工阶层的这些特征既区别于城市社会中的其他阶层，也有别于农村社会的农民阶层（朱力，2003）。

农民工的分类。根据出生时间（年龄）的不同，农民工可以分为新生代农民工和老一代农民工。根据流动方向的不同，农民工可以分为流出农民工和流入农民工。根据流动范围的不同，农民工可以分为省内流动农民工和跨省流动农民工。根据经济标准、政治标准、社会标准、生活标准、价值标准、文化标准和职业标准，进城农民工大体上可以划分为五个层次（或五种类型），即准市民身份的农民工、自我雇佣的个体农民工、依靠打工维生的农民工、失业农民工、失地农民工（谢建社，2006）。

2. 农业转移人口

农业转移人口的提出。新中国成立以来，我国对从农村转移到城镇的农业人口（按照户籍划分）的称谓经历了多次演变，这与我国特有的户籍管理制度息息相关。2009年12月5～7日召开的中央经济工作会议第一次提出"农业转移人口"这一名称，用于替代过去沿用的"农民工"一词。会议明确指出，"要把解决符合条件的农业转移人口逐步在城镇就业和落户，作为推进城镇化的重要任务"。从此以后，"农业转移人口"这一名称在党中央和国务院有关文件以及国家领导人讲话中多次出现。自中央提出"农业转移人口"概念以来，学界的研究重点仍主要集中在农民工方面。因为相对于部分户口仍然留在农村的大中专院校毕业生等群体，农民工是农业转移人口的主体，而且农民工市民化的难度更大。

农业转移人口的内涵与外延。国务院发展研究中心课题组（2014）指出，农业转移人口不包括季节性外出打工的兼业农民，以及转移到城镇的农村大学生。与此相对，牛凤瑞（2016）认为，农业转移人口不仅包括进城务工经商的农民工，而且首先指升学、参军的农村进城人口；不仅包括远离城市的农村地区已经在城镇就业的农业人口，而且包括近郊农村地区不再以农业收入为主的农业人口。《中国城市发展报告No.6：农业转移人口的市民化》从广义与狭义两个方面给出了"农业转移人口"的外延。从广义来看，农业转移人口包含两大类：一是从农村地域转移到城镇地域的人口，即由农村人口转变为城镇人口；二是从农业转移到非农产业的人口。这两方面的含义既密切相关又有所不同，但是二者所指代的对象基本重合，就是从农村到城镇务工和经商的人员。其中，从农村地域转移到城镇地域的人口中，除进城务工和经商人员之外，还包括随迁家属、城中村村民、城郊失地农民、大中专院校毕业生以及因婚嫁等原因进入城镇的农村人口。从农业转移到非农产业的人口中，除进城务工和经商人员之外，还包括通过升学、分配、部队转业等其他途径进入城镇就业的，以及在农村从事非农产业的人员。从狭义来看，农业转移人口是指自愿转移到城镇并持续从事非农产业，已经实现职业转变，但户口仍然在农村的人口及其随迁家属，以及从事非农产业的本地农业人口。由前面的分析可以看出，狭义的农业转移人口其实就是对以往"农民工"一词的替代（潘家华、魏后凯，2013）。

三 农业转移人口市民化

1. 农业转移人口市民化的内涵

金三林（2013），魏后凯、孙红键（2013）认为，农业转移人口市民化是指农业转移人口在实现地域转移和职业转变的基础上，获得城镇市民身份，共享各项社会福利和政治权利，实现经济立足、社会接纳、身份认同和文化交融，成为真正市民的过程。邱鹏旭（2014）认为，农业转移人口市民化是指农村人口经过"六维"转换后融入城市生活，被城市居民所接受的过程和结果。"六维"转换分别是生产生活地域空间转移、户籍身份变更、综合素质提升、市民价值观念形成、职业与就业状态转变、生活方式与行为习惯转型。后一种观点对于失地农民市民化更为适用。潘泽泉（2016）认为，农业转移人口市民化是指农业转移人口进入城市从事非农产业后，与城市环境要素相互作用，在身份、地位、价值观念、行为和生活方式以及社会资本形态等方面，逐渐向市民转化的经济和社会过程。对上述定义进行分析可以发现，农业转移人口市民化存在两个层面的目标取向：一是制度、技术层面的市民化，即跨越制度限制而获得平等的市民身份，涉及职业的非农化、户籍城镇化以及福利与权利的同等化；二是社会、文化层面的市民化，即跨越社会群体的边界而实现城市融入和角色转型，即完成市民意识、市民生活方式以及市民文化样态的角色转型，农民和市民一同共享现代城市文明（吴越菲、文军，2016）。

2. 农业转移人口市民化的标志

本书认为，农业转移人口市民化是指转移到城镇的农业转移人口获得城镇市民身份（不仅仅是城镇居民身份），在经济、社会、文化、政治等领域与城镇市民均等享有各项权益，逐步实现城市社会融入的经济社会过程。衡量农业转移人口市民化成功与否的标志主要体现在以下六个方面。

社会身份的转变。（1）农民工社会身份问题由来已久。农民工作为中国特有的城乡二元体制的产物，具有多重身份。其职业身份是非农产业从业者，政治身份是"新型产业工人"，地域社区成员身份被视为农村社区成员而非务工的城市社区成员，户籍身份是农业户口。农民工群体的"农民"身份特征是城乡二元治理体制建构的结果，现实生活中表现为城市社会对进城农民工的社会排斥。农民工遭遇的同工不同酬、同工不同权等"半市民化"问题就是社会排斥现象的具体表征（体现）。作为乡—城流动人口主体的农民工处于"农村人"与"外来人"的双重弱势地位。一是基于户籍身份"农业—非农业"所造成的"城乡差分"；二是基于地域社区成员身份"本地—外来"所带来的"内外之别"（杨菊华，2011）。"城乡差分"是指农业户口居民和非农业户口居民由于户籍身份不同，在经济地位、社会福利以及政治权利等方面存在一定的差异。"内外之别"是指城市政府优先保护本地户籍居民的利益，而将农民工等农业转移人口纳入次等城市福利体系之中。

（2）身份差别不会随着户口统一而消失。《意见》指出，"取消农业户口与非农业户口性质区分和由此衍生的蓝印户口等户口类型，统一登记为居民户口"。建立城乡统一的户口登记制度，标志着国家治理体制由城乡二元分割向城乡一体化迈出了具有历史意义的一步。但是对于进城农民工来说，虽然"农民"身份特质又被抽离一项（户籍身份），"农民工"一词开始被"农业转移人口"所替代，但是这并不意味着"农民身份的终结"。随着城乡一体化管理的推进，在传统的城乡二元治理体制解体的同时，一种新的二元治理体制在城市内部悄然生成，这种新的二元治理体制的主要表现形式就是"内外有别"或内外差别（张金庆、冷向明，2015）。因此，农业转移人口市民化的首要标志就是实现社会身份的真正转换，农业转移人口真正拥有与城镇市民（不是城镇居民）同样的社会身份。

社会权益的共享。（1）居住证持有人享有与当地户籍人口同等权利是一个漫长的过程。《意见》明确指出，"居住证持有人享有与当地户籍人口同等的劳动就业、基本公共教育、基本医疗卫生服务、计划生育服务、公共文化服务、证照办理服务等权利""保障农业转移人口及其他常住人口随迁子女平等享有受教育权利"。但是，上述权利的实现需要一个过程，绝不会"立竿见影"。《意见》进一步指出，建议"以连续居住年限和参加社会保险年限等为条件，逐步享有与当地户籍人口同等的中等职业教育资助、就业扶持、住房保障、养老服务、社会福利、社会救助等权利"；建议"结合随迁子女在当地连续就学年限等情况，逐步享有随迁子女在当地参加中考和高考的资格"。《居住证暂行条例》（国务院令第 663 号）指出，"居住证持有人在居住地依法享受劳动就业，参加社会保险，缴存、提取和使用住房公积金的权利"。虽然已经出台了相关政策，但是城镇常住人口（农业转移人口属于城镇常住人口）与户籍人口均享经济、社会及文化权利是一个漫长的过程，绝不会毕其功于一役。由《国家新型城镇化规划（2014—2020 年）》可以看出，即使到 2020 年，我国城镇化水平发展指标——常住人口城镇化率与户籍人口城镇化率的差距仍然高达 15 个百分点，前者为 60% 左右，后者为 45% 左右。（2）落户城镇的农业转移人口可以保留农村权益是对其落户的支持和补偿。由于农民工与城镇居民（应为城镇市民）共享经济、社会及文化权利是一个漫长的过程，为弥补农业转移人口落户城镇的损失，2016 年中央一号文件指出，一方面"保障进城落户农民工与城镇居民有同等权利和义务"，另一方面"维护进城落户农民土地承包权、宅基地使用权、集体收益分配权，支持引导其依法自愿有偿转让上述权益"。

　　公共服务的均等。享有基本公共服务是公民的基本权利，保障人人享有基本公共服务是政府的重要职责。党的十八大报告明确指出，"努力实现城镇基本公共服务常住人口全覆盖"。《国家新型城镇化规划（2014—2020 年）》指出，"积极推进城镇基本公共服务由主要对本地户籍人口提供向对常住人口提供转变，逐步解决在城镇就业居住但未落户的农业转移人口享有城镇基本公共服务问题"。《居住证暂行条例》（国务院令第 663 号）规定，县级以上人民政府及其有关部门应当为居住证持有人提供义务教育、基本公共就业服务等基本公共服务。综合分析上述文件可以看出，尽管当前城镇常住人口与户籍人口享有的服务存在一定差异（差距），但是实现城镇基本公共服务全覆盖是政府的重要职责，城镇政府应当为进城农民工等城镇常住人口提供基本公共服务。

思想观念的改变。农业转移人口市民化除需要制度改革、能力提升、社会关系再构、资产建设以外，还需要实现文化特质的改变。这就要求农业转移人口不断内化城市居民的行为方式和价值观念，逐渐产生心理情感的市民认同，从而实现自身角色的全面转换（潘泽泉，2017）。市民化后的农业转移人口——新市民阶层，要想真正融入城市生活，除了物质条件的改善，思想上的"落户"更为重要和迫切（梁海峰，2014）。农业转移人口只有转变思想观念，才有可能实现思想上的"落户"，进而实现自身角色的转换。由此可以得出，农业转移人口市民化成功与否的标志之一在于其思想观念是否实现转变。

生活方式的转换。城市化的实质在于实现农民生活方式由农村型向城市型的转换。美国社会学家沃斯（Wirth，1938）指出，城市化是指从农村生活方式向城市生活方式发生质变的过程。随着城市化水平的提高，更多的人口（特别是农村人口）向城市地区集中，城市规模、城市数量不断增加，与此同时，城市生活方式、组织体制和价值观念等也开始由城市地区向农村地区传播。从一定意义上讲，城市化既是人们生活方式变化的原因，又是其变化的结果（袁方，1990）。农业转移人口市民化的目标绝不是让农业人口、农业转移人口全部进城，而是为了改变其思想观念，实现生活方式的转换。部分农业转移人口尽管已经进城多年，工作方式与城市户籍居民毫无差别，但是由于思想观念、生活方式的转变滞后，其不仅难以融入城市社会，甚至与城市社会整体环境格格不入，很难说实现了市民化。鉴于此，生活方式的转换理应作为农业转移人口市民化成功与否的标志之一。

社会融合的实现。（1）社会排斥制约社会融合。社会排斥是一个循环累积的过程，不同排斥之间相互影响、相互作用，在某一方面

（层面）所遭受的社会排斥往往会引发另一方面（层面）社会排斥的连锁反应或叠加反应。农业转移人口常常遭遇多维的、相互作用的社会排斥，导致其市民化进程步履维艰（杨风，2014），难以实现城市社会融入。另外，由于社会排斥，农业转移人口与城市原有居民（或老市民）之间存在一定的心理隔阂或心理区隔，部分城市原有居民（或老市民）对农业转移人口这一新群体存在歧视和偏见。与此相对，部分农业转移人口对城市原有居民（或老市民）也存在一定的敌意和不满。（2）社会融合程度是市民化成败的关键。从形态上看，社会融合既是一种结果，又是一个动态过程，其间既会经历经济和社会层面的调适，也会面临文化和心理层面的适应；从结果上看，社会融合包括归化、熔合、多元文化并存、区隔性融入、差异性嵌入、整体性融合等多种形态（杨菊华，2016）。推进农业转移人口市民化，不仅在于引导农业转移人口落户城镇，与原有（或老）市民均享经济、社会及文化权利，而且在于推进农业转移人口融入城市社会，最终实现社会融合。《国家新型城镇化规划（2014—2020年）》指出，城市政府和用工企业要加强对农业转移人口的人文关怀，丰富其精神文化生活；建设包容性城市，推进农民工融入企业、子女融入学校、家庭融入社区、群体融入社会。

第二节　有序推进农业转移人口市民化的现实意义

一　新型城镇化发展的需要

1. 传统城镇化发展存在的问题

土地城镇化与人口城镇化失衡。城镇化的表象是城镇土地外延扩张的土地城镇化，人口城镇化是人口在城镇的集聚水平（蔡卫红，2013）。

土地城镇化速度稍快于人口城镇化速度是一种世界普遍现象，但是中国存在的突出问题是土地城镇化速度与人口城镇化速度差距较大，远远超出国际公认标准。《中国统计年鉴》（1999、2018）数据显示，我国城市建成区面积从 1998 年的 21380 平方公里增加到 2017 年的 56225 平方公里，增加了 34845 平方公里，增长了 162.98%；年均增加 1833.95 平方公里，年均增长率是 5.22%。与此同时，我国城镇常住人口由 1998 年的 41608 万人增加到 2017 年的 81347 万人，增加了 39739 万人，增长了 95.51%；年均增加 2091.53 万人，年均增长率为 3.59%。1998 ~ 2017 年，中国土地城镇化年均增长率高出人口城镇化（更准确地说是常住人口城镇化）年均增长率 1.63 个百分点。按照国际公认标准，衡量土地与人口城镇化关系的城镇用地增长弹性系数合理阈值在 1.00 ~ 1.12，1998 ~ 2015 年，我国城镇用地增长弹性系数为 1.68（马志刚，2013），明显超出了合理区间。1998 ~ 2017 年，我国城镇建成区面积增长与城镇常住人口增长变动情况，即土地城镇化速度和人口城镇化速度差异，如图 1 - 1 所示。由图 1 - 1 可以看出，1998 ~ 2002 年，我国人口城镇化速度快于土地城镇化速度；2002 ~ 2017 年，土地城镇化速度明显快于人口城镇化速度。这一现象的发生与"土地财政"大行其道不无关系。

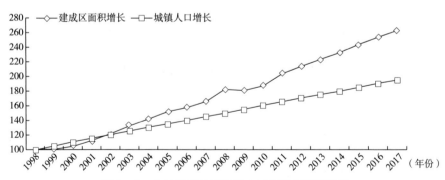

图 1 - 1 土地城镇化速度和人口城镇化速度差异

注：1998 年的建成区面积增长为 100。

资料来源：《中国统计年鉴》（1999 ~ 2018）。

户籍人口城镇化率长期滞后于常住人口城镇化率。常住人口城镇化率是指居住在城镇范围内的常住人口占区域总人口的比重；户籍人口城镇化率是指具有城镇户籍的人口占区域总人口的比重。户籍人口城镇化率长期滞后于常住人口城镇化率是传统城镇化发展结出的"恶果"。截至 2018 年底，我国常住人口城镇化率、户籍人口城镇化率分别是 59.58%、43.37%，两者相差 16.21 个百分点。尽管按照统计标准，大部分工作、居住在城镇中的农民工已被统计为城镇常住人口，但是，他们作为外来人口，与拥有城镇户籍的市民相比，难以平等享有城镇各项经济社会权利和公共服务，"半城镇化"问题突出（杨风，2017）。《国家新型城镇化规划（2014—2020 年）》指出，有序推进农业转移人口市民化。力争 2020 年"常住人口城镇化率达到 60% 左右，户籍人口城镇化率达到 45% 左右，户籍人口城镇化率与常住人口城镇化率差距缩小 2 个百分点左右"。习近平总书记在《关于〈中共中央关于制定国民经济和社会发展第十三个五年规划的建议〉的说明》中指出，"户籍人口城镇化率直接反映城镇化的健康程度"。[①] 截至 2020 年末，我国常住人口城镇化率达到 63.89%，户籍人口城镇化率提高到 45.4%。两者之间相差 18.49 个百分点。

城镇化发展速度区域差异较大。从东部、中部、西部以及东北地区来看，2012～2016 年，中西部地区城镇化发展速度快于东部地区，东部地区城镇化发展速度快于东北地区。2016 年，我国东部地区城镇化率为 65.94%，比 2012 年提高了 4.08 个百分点，年均提高 1.02 个百分点；东北地区城镇化率为 61.67%，比 2012 年提高了 2.07 个百分点，年均提高 0.52 个百分点；中部地区城镇化率为 52.77%，比 2012 年提

---

① 习近平：《关于〈中共中央关于制定国民经济和社会发展第十三个五年规划的建议〉的说明》，中国共产党新闻网，http://theory.people.com.cn/n1/2015/1231/c83845 - 28001269. html，最后访问日期：2022 年 12 月 22 日。

高了 5.57 个百分点，年均提高 1.39 个百分点；西部地区城镇化率为 50.19%，比 2012 年提高了 5.46 个百分点，年均提高 1.37 个百分点。①从东部、中部、西部以及东北地区内部来看，各省（区、市）城镇化发展水平差异较大。2020 年末，我国 31 个省（区、市）城镇化率（更准确地说是常住人口城镇化率）如图 1-2 所示。由图 1-2 可以看出，31 个省（区、市）中，上海城镇化率最高（89.30%），西藏最低（35.73%），前者高出后者 53.57 个百分点；从东部地区来看，上海城镇化率最高（89.30%），河北最低（60.07%），前者高出后者 29.23 个百分点；从中部地区来看，湖北城镇化率最高（62.89%），河南最低（55.43%），前者高出后者 7.46 个百分点；从西部地区来看，重庆城镇化率最高（69.46%），西藏最低（35.73%），前者高出后者 33.73 个百分点；从东北地区来看，辽宁城镇化率最高（72.14%），吉林最低（62.64%），前者高出后者 9.50 个百分点。

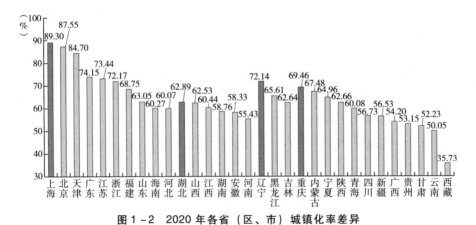

图 1-2 2020 年各省（区、市）城镇化率差异

资料来源：《中国统计年鉴 2021》。

① 国家统计局：《人口发展战略不断完善 人口均衡发展取得成效——党的十八大以来经济社会发展成就系列之十六》，中华人民共和国中央人民政府，http://www.gov.cn/xinwen/2017-07/25/content_5213292.htm，最后访问日期：2022 年 12 月 22 日。

2. 农业转移人口市民化是新型城镇化的重要内容和关键环节

新型城镇化强调"以人为本""以人为核心"，实质上就是实现农业转移人口市民化。党的十八大报告指出，"坚持走中国特色新型工业化、信息化、城镇化、农业现代化道路"。新型城镇化"新"在何处？党的十八大报告并没有明确指出。2013 年 1 月，李克强总理在国家粮食局调研时指出，推进城镇化，核心是人的城镇化，关键是提高城镇化质量，目的是造福百姓和富裕农民。2013 年中央城镇化工作会议指出，把促进有能力在城镇稳定就业和生活的常住人口有序实现市民化作为首要任务。《国家新型城镇化规划（2014—2020 年)》指出，走中国特色新型城镇化道路需要遵循"以人为本，公平共享"原则，强调"以人的城镇化为核心，合理引导人口流动，有序推进农业转移人口市民化"。新型城镇化与有序推进农业转移人口市民化之间的关系逐渐清晰并最终确立。

推进农业转移人口市民化是新型城镇化的核心内容。李克强总理多次在《政府工作报告》中阐述推进新型城镇化与推进农业转移人口市民化之间的关系。其中，在 2014 年《政府工作报告》中指出，推进以人为核心的新型城镇化，今后一个时期，着重解决好现有"三个 1 亿人"问题。为有序推进农业转移人口市民化，未来一段时间的工作重点是"促进约 1 亿农业转移人口落户城镇，改造约 1 亿人居住的城镇棚户区和城中村，引导约 1 亿人在中西部地区就近城镇化"。在 2015 年《政府工作报告》中强调，要想"推进新型城镇化取得新突破"，就"要坚持以人为核心，以解决三个 1 亿人问题为着力点，发挥好城镇化对现代化的支撑作用"。在 2016 年《政府工作报告》中再次强调，要深入推进以人为核心的新型城镇化，实现"三个 1 亿人"的目标。在 2017 年《政府工作报告》中明确指出，"扎实推进新型城镇化，当年实现进城落户 1300 万人以上"。在 2018 年《政府工作报告》中指出，将

"提高新型城镇化质量"作为 2018 年政府工作任务之一，"今年再进城落户 1300 万人，加快农业转移人口市民化"。在 2019 年《政府工作报告》中指出，深入推进新型城镇化，抓好农业转移人口落户，推动城镇基本公共服务覆盖常住人口。由此不难看出，推进农业转移人口落户城镇、实现农业转移人口市民化是新型城镇化的重要内容和关键环节。

二 解决"三农问题"的需要

1. 农业转移人口市民化是缩小城乡居民收入差距的重要措施

城乡居民收入差距较大。党的十八大报告指出，我们工作中还存在许多不足，前进道路上还有不少困难和问题，其中之一就是"城乡区域发展差距和居民收入分配差距依然较大"。1978～2020 年，城乡居民人均收入变动如图 1-3 所示。由图 1-3 可以看出，从人均收入的绝对数来看，1978～2020 年，我国城乡居民人均收入的差距不仅没有缩小，相反还呈现继续扩大之势；从城乡居民收入之比的相对数来看，2009 年以来有所下降。2009 年两者之比一度达到历史最高点（3.33）。十八大以来，党中央、国务院一方面积极增加农民收入，另一方面充分发挥再分配调节功能，城乡居民收入差距不断缩小。《中华人民共和国 2021 年国民经济和社会发展统计公报》显示，2021 年，城镇居民人均可支配收入为 47412 元，农村居民人均可支配收入为 18931 元，城乡居民人均可支配收入之比为 2.50，比 2020 年下降了 0.06，相对差距进一步缩小。

农业转移人口市民化有利于增加农村居民收入。2014～2020 年，农村居民人均可支配收入中，工资性收入与经营性收入所占的比重依次为 79.99%、79.71%、78.97%、78.36%、77.68%、77.06%、76.18%。由此可见，工资性收入与经营性收入已经成为农村居民人均可支配收入的重要来源。推进农业转移人口市民化之所以有利于增加农村居民

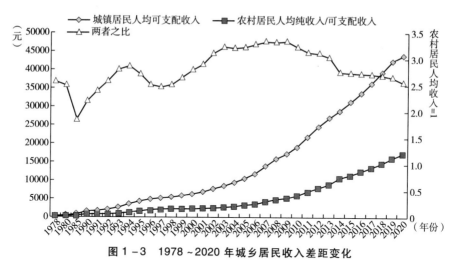

图 1-3 1978~2020 年城乡居民收入差距变化

注：1978~2013 年，农村居民为人均纯收入；2014~2020 年，农村居民为人均可支配收入。

资料来源：1978~2013 年数据见《中国统计年鉴 2015》；2014~2020 年数据见《中国统计年鉴 2021》。

收入，是因为推进农业转移人口市民化可以增加农村居民的工资性收入和经营性收入。第一，推进农业转移人口市民化可以增加这部分人口的工资性收入。因为进城务工人员的收入水平往往高于农村从业人员。第二，提高农民经营性收入的重要条件之一是发展规模经营。推进农业转移人口市民化，可以为推动农村土地流转、促进农业经营规模化和集约化创造有利条件。

2. 农业转移人口市民化是实现农业现代化的重要条件

实现土地适度规模经营是发展现代农业的必然趋势。2016 年 4 月 28 日，习近平总书记在安徽省凤阳县小岗村主持召开农村改革座谈会时指出，当前，农业还是现代化建设的短腿，农村还是全面建成小康社会的短板。全党必须始终高度重视农业、农村、农民问题，把"三农"工作牢牢抓住、紧紧抓好，不断抓出新的成效（新华社，2016）。土地规模经营是农业现代化的关键，土地流转是土地规模经营的路径，农业转移人口市民化是农业现代化的重要条件。农业转移人口市民化水平低阻碍农村土地流转，推动农村土地流转可以促进农业转移人口市民化。农村土地合理规范流转、适度规模经营，可以有效提高农业生产率，通过交易和分工效应、组织化效应、抵押效应等影响农业转移人口收入水平及其结构（刘俊杰等，2015），为农业转移人口市民化提供财力支撑。

农民工半城镇化阻碍土地流转。为促进农村土地流转，近年来我国出台了不少政策，但是整体效果并不理想，农业转移人口市民化不彻底是问题产生的症结所在。目前，农民工在城镇遭遇的"经济吸纳、社会排斥"就是市民化程度低的典型表现。《中华人民共和国2018年国民经济和社会发展统计公报》显示，2018年末，我国常住人口城镇化率为59.58%，户籍人口城镇化率为43.37%，两者之间相差16.21个百分点，即大约2.26亿城镇常住人口没有转变为市民。从另一个侧面来看，我国13亿亩承包土地中，流转土地约3.8亿亩，占总承包地的29.23%，还有很大一部分土地没有参与流转。从全体农户来看，参与土地流转的只有6000万户，1.7亿农户没有参与土地流转。农民工（无论是外出还是留在乡镇兼业）的土地大部分没有流转。究其原因，不完全城镇化使得土地不能充分流转和扩展规模（蔡昉、王迪，2016）。

农业转移人口市民化可为新型职业农民涌现创造条件。新型职业农民是实现农业现代化的主力军，新型职业农民的生成依赖于城镇化和工业化速度。只有大量农民离开土地进入城镇实现稳定的非农就业，才能为留在土地上的农民提供较大的发展空间，才能实现"让种地的人种更多的地"这一新型职业农民生成的基本目标（朱启臻、胡方萌，2016）。《国家新型城镇化规划（2014—2020年）》指出，努力实现1亿左右农业转移人口和其他常住人口在城镇落户，力争2020年常住人口城镇化率达到60%左右，户籍人口城镇化率达到45%左右。为实现这一发展目标，2014~2020 年，年均需要提高城镇化率 1 个百分点左右，即每年需要转移农村人口约 1360 万人。《中国统计年鉴 2018》显示，2017 年底，我国耕地面积是 134.9 万平方公里，农村人口（乡村人口）是 57661 万人，由此得出，农村人口人均耕地面积约 3.51 亩/人。如果转移到城镇的 1360 万农村人口真正实现从第一产业向第二、三产业转型，每年大约可以腾出 4773 万亩耕地。由此来看，农业转移人口市民化为农村土地规模经营提供了可能，为职业农民涌现创造了条件（杨风，2018）。

3. 农业转移人口市民化是促进农村经济社会发展的重要途径

农业转移人口市民化可为消灭城乡对立创造条件。列宁（1984）曾经断言："只有农村居民流入城市，只有农业人口和非农业人口混合和融合起来，才能提高乡村居民，使其摆脱孤立无援的地位。……正是农业人口和非农业人口的生活条件的接近才创造了消灭城乡对立的条件。"有序推进农业转移人口市民化为消灭城乡对立、建立健全城乡融合发展体制机制创造了有利条件。

农业转移人口市民化可为解决农村宅基地闲置问题创造条件。近年来，伴随着城镇化进程的加快，农村宅基地长期闲置问题日益凸显。据统计，2014 年我国农村宅基地中的 10%~20% 是闲置的，部分地区的闲置率甚至高达 30%（梁倩等，2014）。农村宅基地长期闲置不仅是土地资源的严重浪费，而且与积极推进城镇化战略相悖，城镇化发展常常受到土地资源的刚性约束。如果"离土又离乡"的进城农业转移人口市民化后退出农村宅基地，不仅可以有效解决其进城后的宅基地闲置问题，而且可以通过建立合理的宅基地退出补偿机制，充分实现宅基地的资产价值和财产功能，从而为农业转移人口市民化提供必要的资金支持，提高其融入城镇的生存与发展能力（张勇、汪应宏，2016）。

三 构建和谐社会的需要

1. 农民工市民化程度影响社会和谐稳定

我国改革进入攻坚期和深水区，社会稳定进入风险期。2015 年 11 月，习近平总书记就《中共中央关于制定国民经济和社会发展第十三个五年规划的建议》起草的有关情况说明时指出，"以农民工为主体的外来常住人口，他们在城镇还不能平等享受教育、就业服务、社会保障、医疗、保障性住房等方面的公共服务，带来一些复杂的经济社会问题"。[①] 农业转移人口市民化滞后发展所带来的问题之一就是这部分人群普遍感觉社会不公平。"2015 年全国综合社会调查"结果显示，在被调查者中，认为财富和收入分配不太公平甚至非常不公平的占 51.2%，认为城乡居民之间的权利和待遇不太公平或非常不公平的占 50.3%，认为工作和就业机会分配不太公平或非常不公平的占 40.3%，认为养老等方面的社会保障待遇不太公平或非常不公平的占 33.9%（李培林等，2015）。这可能成为社会稳定的隐患。

2. 留守人员问题影响社会和谐稳定

处于城乡二元结构制约下的进城农民工的市民化，不仅牵涉城市的发展与稳定，也关系着农村社会的和谐与安定（文军、沈东，2016）。农业转移人口市民化滞后、不彻底，导致出现以下三个方面的问题。（1）留守儿童问题。《2015 年中国儿童人口状况：事实与数据》显示，2015 年，我国留守儿童约有 6877 万人，其中农村留守儿童有 4051 万人、城镇留守儿童有 2826 万人。农村留守儿童中，51.0% 与父母中的一方一起居住，26.3% 与祖父母一起居住，12.5% 与其他成年人一起居

---

① 习近平：《关于〈中共中央关于制定国民经济和社会发展第十三个五年规划的建议〉的说明》，https://theory.southcn.com/node_6940ef0faa/5250bcb02c.shtml，最后访问日期：2022 年 12 月 22 日。

住，10.3% 单独留守或与其他儿童一起居住。留守儿童长期与父母分离，缺乏亲情关爱和有效监护，不仅出现心理健康问题的风险增加，而且容易遭受意外伤害甚至不法侵害。留守儿童问题既不利于儿童健康成长也不利于社会和谐稳定。为进一步加强农村留守儿童关爱保护工作，为广大农村留守儿童健康成长创造良好的社会环境，国务院印发了《关于加强农村留守儿童关爱保护工作的意见》（国发〔2016〕13 号）。(2) 留守妇女问题。农村留守妇女不得不独自肩负着本应由夫妻双方共同承担的生产劳动和家庭抚养、赡养责任，承受着多重生活压力。"劳动强度高""精神负担重""缺乏安全感"是留守妇女生活的真实写照（叶敬忠，2011）。(3) 留守老人问题。我国农村约有 5000 万留守老人，约占农村老年人口的三分之一。农村留守老人在生活方面主要存在经济收入来源单一、家庭生产负担较重、身体健康状况不佳三个方面的问题（田新朝，2017）；在精神方面，普遍感觉孤独、失落、缺乏安全感。

3. 失地农民问题影响社会和谐稳定

城市化进程中产生的失地农民就业、安置、社会保障等问题已成为当前影响社会稳定、和谐发展的重要问题。《社会蓝皮书：2013 年中国社会形势分析与预测》曾经指出，近年来，我国每年因各种社会矛盾而发生的群体性事件多达数万起，甚至十余万起，征地拆迁引发的群体性事件占一半左右。农民失去土地不仅失去了最基本的就业岗位和生活来源，更重要的是失去了低成本的生活方式。从外部环境来看，现有的土地征用过程存在补偿费用低、安置政策不完善等问题。从内部条件来看，失地农民普遍受教育程度低、缺乏非农劳动技能。"内外交困"的结果就是失地农民失业问题日渐突出。部分失地农民，尤其是年龄偏大的沦为"种地无田，就业无岗，低保无份"的三无人员，其生活满意度不仅关系到他们的生存状况，而且关系到我国经济社会的和谐发展

（陈占锋，2013）。

四 适应经济新常态的需要

1. 农业转移人口市民化是扩大内需的需要

农业转移人口市民化有利于扩大投资。《国家新型城镇化规划（2014—2020年）》指出，城镇化水平持续提高，会使更多农民通过转移就业提高收入，通过转为市民享受更好的公共服务，从而使城镇消费群体不断扩大、消费结构不断升级、消费潜力不断释放，也会带来城市基础设施、公共服务设施和住宅建设等巨大投资需求，这将为经济发展提供持续的动力。据财政部测算，城镇化率每上升1个百分点，地方政府公共投资需求占比将会上升5.9个百分点。"十二五"时期，我国因工业化和城镇化所带来的地方政府公共投资规模在30万亿元左右（陈峥嵘，2013）。国务院发展研究中心课题组（2010）的研究结果显示，如果每年促使约5%的农民工（大约1000万农业转移人口，由700万农民工加上300万抚养人口构成）实现市民化转变，我国经济增长将比非市民化情景下平均加快1个百分点左右。

农业转移人口市民化有利于促进消费。扩大内需是我国经济社会发展的战略基点，扩大内需的最大潜力在于城镇化。城镇化不仅可以扩大投资，而且能够促进消费（李克强，2012）。城镇化具有促进消费的积极效应。研究表明，城市化率每提高1个百分点，城镇居民人均年消费支出将增加2.0083%（朱敏，2013）。国家统计局发布的《建筑业持续快速发展　城乡面貌显著改善——新中国成立70周年经济社会发展成就系列报告之十》指出，2018年，我国城镇居民人均住房建筑面积为39平方米。2018年《政府工作报告》指出，今年再进城落户1300万人。假定1300万进城落户的农业转移人口人均居住面积达到城镇居民人均水平，需要住房建筑面积共5.07亿平方米。实际情况是，进城农民工人均居住面积与城镇居民人均水平存在不小的差距。《2018年农民工监测调查报告》显示，进城农民工人均居住面积为20.2平方米，户人均居住面积在5平方米及以下的农民工户占4.4%。基于此，国家发改委等十部门联合印发的《进一步优化供给推动消费平稳增长 促进形成强大国内市场的实施方案（2019年）》明确指出，进一步满足农业转移人口市民化住房消费需求。

2. 农业转移人口市民化是避免陷入"中等收入陷阱"的需要

内需疲软是产生中等收入陷阱的关键。"中等收入陷阱"是指当一个国家或地区由低收入阶段进入中等收入阶段后，由于各方面的原因，经济长期停滞徘徊的一种状态。"中等收入陷阱"包括发展的制度陷阱、社会危机陷阱、技术陷阱三个陷阱（厉以宁，2012）。产生"中等收入陷阱"的根本原因之一是需求疲软，特别是内需疲软，导致过度依赖外需（肖国忠，2011）。

农民工市民化程度低导致其消费水平低、消费结构差。《中国统计年鉴2016》显示，2015年①，我国城镇居民的人均可支配收入为31194.8元，人均消费支出为21392.4元；农村居民的人均可支配收入为11421.7元，人均消费支出为9222.6元。《2015年农民工监测调查报告》显示，2015年，外出务工农民工的月均收入为3359元，月均生活消费支出为1012元。由此来看，2015年，外出务工人员的月均收入不仅高于农村居民的月人均可支配收入（1030元），而且超出城镇居民的月人均可支配收入（2801元）；外出务工人员的月均生活消费支出虽然高于农村居民的月人均消费支出（769元），但是低于城镇居民的月人均消费支出（1783元）。另外，外出务工人员的居住支出占其生活消费

---

① 之所以选用2015年的数据，是因为2016年以后的农民工监测调查报告中不再有"外出农民工生活消费支出"数据。

支出的 46.9%。根据《中国统计年鉴 2016》数据计算，城镇居民的居住支出占其人均消费支出的 22.09%，农村居民的居住支出占其人均消费支出的 20.89%。由此来看，外出务工人员的消费结构与城镇居民、农村居民存在较大差异。尽管外出务工人员的收入水平较高，但是由于居住支出较高，其被迫降低其他方面的消费支出。

新型城镇化助力跨越"中等收入陷阱"。《东亚经济发展报告（2006）》指出，鲜有中等收入的经济体成功地跻身为高收入国家，这些国家往往陷入了经济增长的停滞期，既无法在工资方面与低收入国家竞争，又无法在尖端技术研制方面与富裕国家竞争。2017 年，我国人均 GDP（人均国内生产总值）为 8827 美元，按照世界银行的标准，已经跻身中等偏上收入国家（地区）行列，正在向高收入经济体迈进。由于近年来我国经济处于新常态，经济增长速度趋缓，中国是否会落入"中等收入陷阱"再次成为热议的话题。中国如何避免陷入"中等收入陷阱"？2012 年 11 月 28 日，李克强会见世界银行行长金墉时明确表示，中国未来几十年最大的发展潜力在城镇化，通过结合国际视野和世界经验，城镇化可助力中国成功跨越中等收入陷阱。习近平总书记指出："对中国而言，'中等收入陷阱'过是肯定要过去的，关键是什么时候迈过去、迈过去以后如何更好向前发展。我们有信心在改革发展稳定之间，以及稳增长、调结构、惠民生、促改革之间找到平衡点，使中国经济行稳致远。"（钱彤，2014）

第二章
有序推进农业转移人口市民化的理论基础

实践发展永无止境，认识真理永无止境，理论创新永无止境。全党一定要勇于实践、勇于变革、勇于创新，把握时代发展要求，顺应人民共同愿望，不懈探索和把握中国特色社会主义规律。

——党的十八大报告

第一节　城市适度人口理论

一　城市适度人口理论渊源

1. 国外城市适度人口思想

柏拉图（1986）在《理想国》中指出："要保持适当的公民人口，尽量使城邦不至于过大或过小。"亚里士多德（1965）认为："一个城邦所需的主要配备为人民。就人民而言，自然应该考虑到数量，也要考虑到品质。""凡以政治修明著称于世的城邦无不对人口有所限制。"莫尔（1959）在《关于最完美的国家制度和乌托邦新岛的既有益又有趣的金书》中指出："为使城市人口不过稀也不过密，规定每家成年人不得少于十名，也不得多于十六名。每一个城市须有六千个这样的户，……如果全城各户人口都已足额，凡有超出数字的成年人可迁移出来，帮助充实其他人口不足的城市。""假如乌托邦城市因某种灾祸而人口减少，不能从岛上其他地区取得补充而不损害别的城市的适当人力，他们就从殖民地调回公民充实。他们宁可让殖民地消灭，也不愿看到岛上的任何城市削弱。"马克思、恩格斯（1961）在《强迫移民》一文中指出："在古代国家，在希腊和罗马，采取周期性地建立殖民地形式的强迫移民是社会制度的一个固定的环节。这两个国家的整个制度都是建立在人口的一定限度上的，超过这个限度，古代文明就有毁灭的危险。"针对伦敦的"城市病"，霍华德开出的"药方"是建设"田园城市"。"它将在其'乡村'地带以外不远的地方，靠建设另一座城市来发展，因而新城镇也会有自己的乡村地带。"（霍华德，2010）总之，当城市人口规模超过适度人口规模时，迁出人口就会成为不二法则，建设"田园城市"也是为了迁出人口。

2. 适度人口理论

近代适度人口理论。适度人口理论的奠基者是英国经济学家坎南。他认为："在任何一定时期，存在于一定土地之上，能够获得产业的最大的生产力的人口数量是一定的。"（Cannan，1888）他进一步指出："在任何一定时期，知识和环境保持不变，刚好每一种产业有一个最大收益点。所以，把所有产业加在一起，也一定有一个最大收益点。如果人口规模没有达到足以使所有产业达到最大收益点，收益将会少于应该有的水平；另一方面，如果人口规模如此之大，以致超过了所有产业收益最大点所要求的人口，那么，收益也会低于应有的水平。"（Cannan，1930）瑞典经济学家威克塞尔对适度人口的界定简单明了，一个国家的人口增长应该和它的经济发展、技术进步相一致，最适合的人口应当是一国的工业潜力所允许的最大规模生产所能容纳的人口（刘铮，1986）。

现代适度人口理论。现代西方适度人口理论不同于早期适度人口理论的主要方面是加入了边际分析和技术进步等因素。在把适度人口理论由静态研究转向动态研究的进程中，法国人口学家索维发挥了重要的作用。他把技术进步引进适度人口理论分析之中，主要从技术进步和生产率提高引起适度人口规模的变化方面展开分析，创立了动态经济适度人口理论（李竞能，2004）。

二　调控城市人口规模的中国实践

1. 城市人口规模调控目标设定

城市人口规模调控是新中国成立以来我国城市发展战略的重要内容（冯晓英，2005）。早在 1980 年我国就提出"控制大城市规模"的城市发展方针。《中共中央关于全面深化改革若干重大问题的决定》《国家新型城镇化规划（2014—2020 年）》等继续提出"严格控制特大城市人口规模"。

部分一线城市纷纷设置人口控制目标。《北京城市总体规划（2016—2035 年）》提出，北京市常住人口规模到 2020 年控制在 2300 万人以内，2020 年以后长期稳定在这一水平。《上海市城市总体规划（2017—2035 年）》提出，至 2020 年常住人口控制在 2500 万人以内，并以 2500 万人左右的规模作为 2035 年常住人口调控目标。《广州城市总体规划（2017—2035 年）》提出，2035 年广州常住人口规模将控制在 2000 万人左右。《深圳市城市总体规划（2010—2020 年）》提出，到 2020 年，城市常住人口控制在 1100 万人以内。

2. 调控城市人口规模的依据

一个城市有一个相对合理的人口规模，这个合理人口规模既不是人们主观臆想出来的，也不会是一成不变的，它会随着历史条件的变化，特别是科学技术的发展而不断变动（段成荣，2011）。无论是发达国家还是发展中国家，其城市发展的成功经验或失败教训都已经清楚地说明，有效的人口规模调控关系着城市最终的发展命运（吴群刚，2009）。

城市适度人口规模取决于经济发展对人口的需求和资源、环境、社会发展对人口规模的制约（周海春、许江萍，2001）。当城市实际人口规模与适度人口规模出现偏差时，人口规模调控便会应运而生。2011年，北京市把水资源承载量作为支撑城市发展和人口规模的重要决定性因素，首次提出建立以水控制居住人口规模的制度。

3. 调控城市人口规模的措施

为控制城市人口规模，各大城市纷纷通过以证管人、以房管人、以业控人、积分落户等措施限制流动人口（特别是农民工）的流入。然而，通过行政手段对农民工进行"条件准入"和"逆向梯度筛选"无益于缓解城市人口持续扩张的压力，反而会提高经济—人口空间分布的不均衡，造成社会福利净损失（许光，2014）。鉴于运用行政手段控制城市人口规模"屡控屡败、屡败屡控"的窘境，王桂新（2011）指出，市场体制可以使大城市人口规模增长形成自动调整机制。具体原因在于，当大城市人口规模尚未达到边际集聚经济效益为零时，城市人口规模增长应被视为理性经济行为；当城市人口规模增大到边际集聚经济效益为零，甚至是负值时，城市集聚会出现不经济现象，集聚效应和福利也会由正转负，人口规模继续增加就是一种非理性经济行为。由此来看，调控城市人口规模的措施由行政手段向市场手段转变是经济社会发展的必然趋势。

第二节　社会分层理论

一　传统社会分层理论

1. 社会分层的含义与功能

社会分层的含义。对社会分层（Social Stratification）的定义可谓

"仁者见仁，智者见智"，概括起来大致可分为两大类。一类是将社会分层视为客观过程。普遍认为社会分层是社会成员在社会生活中由于获取社会资源的能力和机会不同而呈现的高低有序的等级或层次的现象或过程。另一类是将社会分层视为主观过程。这一类观点认为社会分层是根据一定的标准将社会成员划分为高低有序的等级或层次的现象或过程（刘祖云，1999）。社会分层理论不同，社会分层的依据自然存在一定的差异。马克思主义者认为，经济地位是划分阶级的唯一标准，是否占有生产资料以及占有多少生产资料是划分社会阶级（阶层）的重要依据。德国社会分层理论家韦伯认为，马克思的阶级观"太简单""太狭窄""仅仅局限于经济范围"，他主张用经济标准（财富）、社会标准（声望）和政治标准（权力）进行社会分层，并开辟了社会分层标准多元化的道路。

社会分层的功能。社会分层的功能与社会分层的原因如影随形。根据社会分层对社会发展的功能或者社会分层产生的原因，大致分为功能理论和冲突理论两大类。（1）功能理论简称功能论，以戴维斯和摩尔为代表。功能论的主要观点是，社会分层产生的原因是社会整合、社会协调和社会团结，社会分层将伴随社会进步而改变。社会分层不仅能够满足社会整体和社会个体的需要，而且能够增强社会和个人的功能。（2）冲突理论简称冲突论，以达伦多夫、哈贝马斯、米尔斯和图明为代表。冲突论的基本观点是，社会分层产生的原因在于人们之间的相互竞争、相互冲突和相互征服。社会分层虽然能够满足社会上强势（权势）群体和个体的需要，但是会影响和阻碍社会和个人的功能。社会分层依靠强力（武力）来维持，必须通过社会革命来改变（刘祖云、戴洁，2003）。

2. 传统社会分层理论

社会分层思想源远流长。古希腊哲学家柏拉图从人的三种灵魂

（理性、意志和情欲）出发，推衍出三类人，即哲学家、武士、农人与工匠。这三类人构成社会上的三个等级。古希腊哲学家亚里士多德在《政治学》一书中将城邦社会的居民划分为富有阶级、中产阶级和贫穷阶级三大群体。社会分层思想的悠久历史由此可见一斑。

马克思主义的阶级理论。在马克思主义者看来，阶层分析与阶级分析联系密切，阶层分析是阶级分析的具体化。每个阶级内部都可以划分为若干个阶层，各个阶层在经济利益、政治倾向、价值观念和生活方式等方面均有所不同（风笑天，2008）。阶级理论被认为是一种"关系"理论，此处的"关系"被定义为以财产关系为核心的生产关系，即在生产过程中基于对生产资料的占有关系而形成了雇佣与被雇佣、统治与被统治、剥削与被剥削等不平等关系（李路路，1999）。

韦伯的多元分层理论。韦伯并不反对马克思主义者将财产关系作为阶层划分的重要内容，但他强调纯粹的财产占有本身仅仅是真正"阶级"形成的初级阶段。阶级结构是多层次的，而不仅仅是一个两分（二分）的结构。韦伯依据三重标准划分社会阶层，即经济标准——财富，社会标准——威望，政治标准——权力。

功能主义分层理论。该理论认为，阶层是满足社会需要的必然存在，每个社会都会因整合、协调和团结的需要而产生不同的社会阶层。阶层反映了社会的共享价值观，增强了社会与个人的功能。经济结构不是社会中的主要结构，阶层结构经过社会变迁得以改变（荣娥、冯旭，2007）。

二　现代社会分层理论

1. 功能主义社会分层理论

沃纳学派认为，社会分层对于复杂的社会体系来说是必要的，因为它发挥着重要的社会作用。功能主义社会分层理论的杰出代表之一——

美国社会学大师帕森斯，将规范与价值观念作为社会分层的依据。帕森斯的功能主义社会分层理论的基本观点是，（1）在社会分层体系中，一个人的地位、身份是由其他人的道德价值观评价决定的；（2）社会共同价值体系是评估一个人地位高低的依据；（3）这种共同的价值体系是由首要的社会制度和社会机构塑造的，哪种社会制度能够成为首要制度，由特殊的历史、文化、环境因素决定；（4）实践了这种价值观的人会得到较高的地位，并得到较高的报酬（陈定湾，2015）。

2. 新马克思主义社会分层理论

达伦多夫的社会分层理论。德国社会学家达伦多夫认为，社会分层的不平等体系只不过是社会权力结构的派生物（或衍生物）。权力、权威是社会结构中普遍存在的因素，权力、权威比财产地位、经济地位更加普遍，财产不过是权力或权威的一种特殊形式。只要权力、权威存在，就会有统治者和被统治者。达伦多夫指出，不平等反映的是权力关系，而不是简单的经济关系（李强，2008）。

普兰查斯的阶级理论。希腊学者普兰查斯不同意对马克思阶级理论的"经济主义"解释。他认为，按照经济主义解释，阶级仅仅存在于生产关系方面，即阶级被说成是人们在劳动过程中的地位、他们与生产资料的关系。他明确指出，经济固然十分重要，但阶级绝不只是经济一个方面的问题。"经济主义"在这个问题上歪曲了马克思主义，在概念上将社会关系与生产关系混淆了。他认为，"纯粹的经济标准并不足以决定社会阶级，不足以确定社会各阶级的位置。当我们考察一个具体的社会形态时，这一点就变得非常清楚了。考察阶级在社会劳动分工的意识形态与政治关系中的位置也是绝对必要的"（李强，2008）。

赖特的社会分层理论。新马克思主义的代表人物之一——美国威斯康星大学的赖特教授，根据当代资本主义社会阶级结构发展的新趋势修正了马克思的阶级理论。他指出，尽管阶级是社会结构中具有重要意义的要素，但是阶级不能被简单地定义为某种职业分类，而是一种社会关系，是一种控制资本、决策、他人工作和自己工作的社会关系。

3. 新韦伯主义社会分层理论

吉登斯的阶级结构化理论。英国社会学家吉登斯认为，在三种市场能力（生产资料的占有、教育或技术资格的占有、体力劳动的占有）到三个阶级（上层资产阶级、中产阶级、下层阶级或称工人阶级）形成之间，存在一个"阶级结构化"的过程。阶级结构化分为阶级关系的直接结构化和间接结构化，两者的相互作用决定了阶级结构化的程度，以及阶级内部的一致性程度和它采取集体行动的可能性大小。

帕金的社会封闭理论。英国社会学家帕金指出，任何一种社会分层制度都具有社会屏蔽性与社会排他性。从表面上看，社会是开放的，圈子成员的条件对所有人都是开放的、公开的。但是，现代资本主义通过两种排他制度（财产制度、专业资格和技术证书制度）的精巧设计，维护了资产阶级的利益（陈定湾，2015）。

戈德索普的阶级划分新标准。英国社会学家戈德索普在英国社会流动研究中，提出以劳动力市场中的关系（市场状态）和生产单位中的关系（工作状态）作为划分阶级的标准，将英国阶级结构划分为社会阶级和职业阶级（郭强，2001）。

4. 新自由主义社会分层理论

英国社会学家桑德斯，一方面认为不均等现象存在于任何社会之中，收入差距、社会分层具有促进人们努力工作的职能。因此，他非常赞同功能主义者戴维斯、摩尔的理论观点。另一方面，他并不认为社会不均等不可避免（这与功能主义者不同），社会可以选择均等化做法，但是要以牺牲社会效率为代价。

三　社会分层理论的中国发展

1. 社会分层理论研究的中国化

中国社会分层理论研究相对滞后。虽然社会分层研究已经成为中国社会学研究的主流领域，但是国内的社会分层研究大体上没有超出马克思主义的阶级分析框架和韦伯的多元分层框架（李强、邓建伟，2002）。尽管阶级分析理论在宏观解释力方面仍然具有至关重要的价值，但是阶级分析理论同时又存在某些不足之处。如果将原有的阶级分析理论和方法原封不动地直接用来观察、解释中国社会的分层状况，显然是不够的（吴忠民，2004）。总体来看，中国的社会分层理论研究相对滞后（刘祖云，2002）。

社会分层研究的中国特色。当代中国社会结构比较复杂，并且具有多元特征，这就决定了仅用生产资料占有这一指标来解释（或阐释）社会阶层分化是不充分的。要准确把握当代中国社会阶层结构特征，就要重新认识传统的阶级分析理论，并加以科学地发展，形成一个更加符合变化的、现实的多元分类标准框架（陆学艺，1997）。在众多研究者的积极推动下，社会分层研究在中国取得了些许进步，表现出了中国特色。

2. 社会分层的中国实践

划分中国社会阶层。"当代中国社会结构变迁"课题组以职业分化和对三种资源（组织资源、经济资源、文化资源）的拥有或占有状况，把中国社会划分为十大阶层。李强（2005）采用国际社会经济地位指数方法分析"五普"数据发现，中国社会是倒丁字型社会结构。仇立平（2006）主张采用马克思主义的社会阶级理论研究中国的社会分层，把中国社会划分为四大阶级，即劳动阶级（工人和农民）、资本所有者阶级、专业和技术人员阶级、管理者阶级，占据主导地位的是管理者阶级和资本所有者阶级。

制度排斥是中国社会分层的主要原因。李强（2002，2012）指出，户籍制度是中国大陆社会分层体系最重要的内容，其基本特征之一就是对于城乡人口迁居进行非常严格的控制，作为农村精英、竞争力很强的农民工之所以处于城市社会的边缘位置，是因为受到了制度排斥。"当代中国社会结构变迁"课题组指出，尽管当代中国社会的一些特殊的制度性安排（如户籍制度）对社会阶层分化仍然有着显著的影响，但是阶层分化越来越趋向于表现为职业的分化。职业因素对社会阶层分化的影响主要表现为体力和非体力劳动者之间、管理者和非管理者之间社会经济差异的扩大（陆学艺，2002）。顾东东等（2016）研究指出，当代农民工阶层结构呈金字塔型，介于农村倒丁字型结构与城镇橄榄型结构之间，农民工阶层"结构化和再生产"现象已经发生，"社会封闭"和"阶层固化"初步显现。农民工分层体系的形成是市场转型和权利转变综合作用的结果。

第三节　社会融合理论

一　西方社会融合理论概述

1. 社会融合理论的思想渊源

"熔炉论"思想。法裔美国学者克雷夫科尔的"熔炉论"思想是同化论（社会融合理论的代表性理论之一）的最初原型。克雷夫科尔（Heetor，1782）认为，人的生长与植物一样，受制于周围环境的影响，美利坚特殊的"气候、政治制度、宗教和工作环境"会将来自世界不同国家的移民熔制成具有同样品质和理想的人。1893年，历史学家特纳提出了"边疆熔炉论"，肯定和发展了克雷夫科尔的"熔炉论"思想。特纳（Turner，1920）指出："边疆促进了各民族的混合，造就了美利坚民族，……在这个边疆的大坩埚里，移民们被美利坚化、被解放，并熔合成为一个混合的种族。"1908 年，剧作家雷尔·赞格威尔在其剧本《熔炉》（*The Melting Pot*）中提出："美利坚是上帝的熔炉，一个熔炼和改造欧洲各民族的伟大熔炉。""熔炉论"由此得以正式确立。20 世纪 40 年代，美国社会学家鲁比·肯尼迪提出了"三重熔炉论"，即美国存在新教、天主教、犹太教三座熔炉。斯图尔特提出了"变形熔炉论"，即各种背景的移民文化不仅仅融化在美国社会的熔炉中，而且改变了它们原有的成分，生成了一种新的美国文化（转引自李强等，2015）。

文化多元论。社会融合多元模式源自文化多元论。美国学者霍勒斯·卡伦于 1915 年在《民族》（*The Nation*）杂志上发表了"民主与熔炉"系列文章。他在文章中指出："美利坚合众国正在成为一个联邦国家，不仅仅是一个地理上和行政上的联邦，同时也借内部多样的文化之间的合作而成为一个各民族文化的联邦或共同体。"（Kallen，1924）在随后的十年中，卡伦在不同杂志上又发表了几篇文章来讨论美国的多元群体生活的框架，这些文章后来被收集在《美国的文化和民主》一书中。在该书的导言中，他第一次使用了"文化多元主义"（Cultural Pluralism）一词。

2. 社会融合理论两大流派

同化论。美国社会学家帕克和伯吉斯（Park and Burgess，1921）对"同化"一词的定义是，同化是一个相互渗透和融合的过程。在这一过程中，一个个体或群体获得了其他个体或群体的记忆、情感以及态度，并且通过分享他们的经历和历史，与他们一起被整合进了一种共同的文化生活。帕克（Park，1928）还指出，同化是弱势群体不断抛弃自己原有的文化和行为模式，逐渐地适应主流社会的文化和行为并最终获取与主流人群一样的机会和权利的一个自然而然发生的过程，该过程一旦发生，便具有不可逆性。美国社会学家戈登对帕克的同化论进行了修正和发展。1964 年，戈登在《美国人生活中的同化》一书中提出融合过程可以分为七个阶段或七种类型，即文化适应、社会结构同化、婚姻同化（族际通婚）、身份认同的同化、内心接纳性同化或歧视态度的消失、行为接纳性同化或歧视行为的消除、公民同化或价值观念与权力冲突的消失。美国人口学家马西提出了"空间同化"（Spatial Assimilation）的概念，为移民的融合过程提供了另一研究维度（转引自张健明，2015）。基于美国当代移民的子女在融合过程中所表现出来的三种可能的融合模式，有学者（Portes and Zhou，1993）提出了当代极具影响力的"隔离性融合"（Segmented Assimilation）理论，较好地解决了美国新移民给帕克等的"直线式"社会融合理论带来的挑战。阿尔巴和尼（Alba and Nee，2003）提出了"新融合论"。该理论指出，融合并非少数族裔从进入流入地开始就不可避免地向中产阶级靠拢的一个直线轨迹，而是自己的传统逐渐弱化的过程。融合是长期的、累积的、世代的，既包括个体自觉的行动，也包括自发的日常生活的作用。融合不是由某个单一因素所决定的，而是不同层面多个因素共同作用的结果。融合的内容不是单一的，而是涵盖了多个方面。

多元文化论。总体来看，多元文化论主要是一种政治主张，目的是对抗长期以来占据统治地位的、以欧裔白人为中心的、具有明显种族歧视的同化论。它涉及移民、人种、种族、宗教、语言、人口等诸多因素。围绕着国际移民的社会融合问题，多元文化主义对"承认"和"平等"提出了种种要求（杨菊华，2013）。

二 社会融合理论的中国发展

1. 社会融合概念的中国改造

社会融入。杨菊华（2009）认为，融入与融合虽然只有一字之差，但二者的内涵差异较大。"融入"是单向的，特指流动人口（外来人口）在经济、行为、文化和观念上融入流入地的主流社会体系之中。与此相对，"融合"是双向的，表示流出地文化与流入地文化相互渗透，最终形成一种不同于二者的"新文化"。就我国乡—城流动人口在流入地的社会适应过程而言，"融入"是比"融合"更合适的一个概念，更能体现乡—城流动人口的社会融入过程。社会融入实质上是一种社会行动，是主体与环境持续互动的过程，且与他人的行为密切相关。从社会学理论视角来看，社会融入是处于弱势地位的主体能动地与特定社区中的个体和群体进行反思性、持续性互动的社会行动过程（陈成文、孙嘉悦，2012）。

城市融入。城市融入是对城市流动人口社会融入的进一步修饰和限定。王佃利等（2011）指出，新生代农民工的城市融入即新生代农民工在城市确立经济地位，适应城市社会互动规范，并获取市民身份、享受市民待遇，最终实现在城市舒适生活的融入过程。

城市融合。刘传江、周玲（2004），王春光（2010）等学者采用农民工城市融合概念，黄匡时、嘎日达（2010）借鉴欧盟社会融合指标构建了农民工城市融合度评价指标体系。韩俊强、孟颖颖（2013）认为，相对于社会融合、市民化、城市融入等概念，选用"城市融合"一词来描述中国农民工从农村向城市迁移，并融入城市生活这一过程更为贴切、合理。

2. 社会融合理论的中国运用

社会融合内涵的研究。国内学者对社会融合内涵的理解可谓仁者见仁，智者见智。田凯（1995）认为社会融合内涵包括经济、社会、文化与心理三个层面；杨菊华（2015）认为社会融合内涵包括经济整合、社会适应、文化习得、心理认同四个维度；周皓（2012）认为社会融合内涵包括经济融合、文化适应、社会适应、结构融合、身份认同五个方面。

社会融合阶段的研究。对于进城农民工来说，一般要经过就业—职业的融入、生活—习惯的融入、文化—心理的融入、制度—身份的融入四个阶段的突破才能逐步接近社会融合的目标（穆光宗、江砥，2017）。

社会融合状况的研究。部分学者对山东（王佃利等，2011）、云南（晏月平、廖爱娣，2016）、江苏吴江（张超，2015）等地流动人口的社会融合状况进行了实证研究。杨菊华（2015）研究发现：流动人口总体社会融入水平不高，不同领域的融入状况差异较大，经济和社会维度的融入进程（水平）严重滞后于文化和心理融入进程（水平）。李荣彬（2016）利用2014年流动人口动态监测数据对女性农民工的社会融合状况进行了实证研究。汤兆云（2016）利用2013年流动人口动态监测数据对新老两代农民工的社会融合状况的代际差异进行了实证研究。

社会融合影响因素的研究。研究表明，农民工社会融合状态是个人、家庭、社区、社会、流出地和流入地等微观、中观和宏观因素综合作用的结果。

社会融合路径的研究。这种研究从推进户籍制度改革、促进农业转移人口就业、创新社会管理体制机制、实现基本公共服务均等化、强化社区自治和服务功能等方面，提出促进农业转移人口社会融合的政策建议。

第四节　人力资本理论

一　西方人力资本理论概述

1. 早期人力资本思想

重农学派的主要代表人物魁奈认为："在增加产品的生产和消费方

面，人们本身就成为自己财富的第一个创造性因素。""西方现代经济学之父"亚当·斯密（1949）认为，"社会上一切人习得的有用才能"都属于固定资产。"（有用才能）于他个人，固然是财产的一部分，对于他所属的社会，亦然。这种优越的技能，可以和职业上缩减劳动的机械工具做同样的看法，就是社会上的固定资本。"英国经济学家约翰·穆勒（1991）指出："手艺人的技能既是一种值得向往的财产，又有一定的耐久性，且不说还能生产出物质财富，如果只因为它附着在人身上便拒绝承认它是财富，那么也应该拒绝承认煤矿或制造厂是财富，因为它们是附着于某个地点的。"英国经济学家马歇尔（1964）指出："资本大部分是由知识和组织构成的，……知识是我们最有力的生产动力；它使我们能够征服自然，并迫使自然满足我们的欲望。"他建议将企业家才能加入生产要素之中，因为"一个能干的商人能迅速增加他所掌握的资本，而对于无能的人，营业愈大，他通常损失就愈快"。

2. 现代人力资本理论

舒尔茨的人力资本理论。美国著名经济学家西奥多·舒尔茨因为最早阐述人力资本理论而被誉为"人力资本之父"。他认为，人力资本是指凝集在劳动者身上的知识、技能及其所表现出来的劳动能力。他对人力资本理论的主要贡献有以下几点：（1）明确提出人力资本概念；（2）认为人力资本的取得要消耗一定量的金钱和其他稀缺资源，也就是说人力资本需要投资才能形成；（3）人力资本对现代国民经济增长和国民收入增加的作用比物质资本和劳动者数量的增加重要得多；（4）人力资本的关键性投资在于教育；（5）人们在做出人力资本决策时，必须对现时投资成本与未来投资收益进行比较。

贝克尔的人力资本理论。美国经济学家加里·贝克尔的著作《人力资本》（1964年）被西方学者视为"经济思想中人力资本投资革命"的起点。与舒尔茨不同，贝克尔的研究重点是微观分析。他将新古典经济学的基本理论运用到人力投资分析中，弥补了舒尔茨只重视宏观研究的不足。他在人力资本理论方面的主要贡献是：（1）提出了较为系统的人力资本理论框架，包括人力资本生产理论或供给理论、人力资本收益－分配理论、人力资本与职业选择问题；（2）提出人力资本投资收益的计算公式；（3）实证研究家庭在人力资本形成中的地位和作用，以及家庭人力资本投资问题；（4）提出了年龄－收入曲线。

3. 当代人力资本理论的发展——"新经济增长理论"

罗默模型。美国经济学家保罗·罗默在收益递增型增长模型中，将特殊知识和专业化的人力资本作为经济增长的主要因素，认为它们能使资本和劳动等要素投入产生递增收益，从而使整个经济的规模收益递增，而递增的收益能够保证经济增长长期持续。1990 年，罗默从人力资本积累的投入出发将技术进步内生化，提出了第二个内生增长模型。他认为，除了实践积累，知识的获得可能更多地来源于正规学校教育、研究与开发活动。罗默建立的新经济增长模型使得人力资本研究进一步深入化和精致化，有力促进了人力资本理论的发展和完善（李仲生，2013）。

卢卡斯模型。美国经济学家卢卡斯将舒尔茨的人力资本理论和索洛的技术决定论的增长模型结合起来并加以发展，从而形成人力资本积累增长模型。该模型的数学表达式如式 2－1 所示：

$$h'(t) = h(t)\,\delta\,[1 - \mu(t)] \qquad (2-1)$$

式 2－1 中，$h'(t)$ 为人力资本的变化率，$h(t)$ 表示表现为劳动技能的人力资本，δ 表示人力资本的产出弹性，$\mu(t)$ 表示用于生产的时间，$1 - \mu(t)$ 表示脱离生产的在校时间。该公式表明，如果 $\mu(t) = 1$，则 $h'(t) = 0$，即无人力资本积累；如果 $\mu(t) = 0$，则 $h(t)$ 将以 δ 的速度增长，即 $h'(t)$ 达到最大值。卢卡斯在模型中强调了劳动者脱离生产、从正规或非正规的学校教育中所积累的人力资本对经济增长所发挥的作用。

二　人力资本理论的中国发展

1. 人力资本理论进一步丰富

人力资本产权问题研究。新经济增长理论将人力资本内生化，在研究人们进行教育、健康等人力资本投资行为时，往往将人力资本产权及其市场实现看作隐含的前提。但是，在中国传统体制下和转轨体制中这种前提并不存在，因此人力资本产权研究在当代中国具有十分重要的现实意义（孔令峰、黄乾，2003）。其中，张维迎（1996）、周其仁（1996）、李建民（1997）、方竹兰（1998）、冯海沧（1999）、黄乾（2000）、刘大可（2001）、盛乐（2001）、杨继国（2002）等学者对人力资本产权问题进行了研究。

结合人的特性研究人力资本。西方经济学家只是在生产力要素领域研究人力资本对经济增长的作用，却没有将人力资本与人的特性结合起来进行研究。通过对人力资本的研究，揭示人的特性，并探讨这一特性对社会经济制度、政治制度和文化制度的内在决定作用，更是西方学者所未曾涉及的。从社会人的本性来研究人力资本问题，深刻认识社会人与自然人之间的本质区别是人的生产性、创造性，这是人力资本理论对中国最深刻的应用价值（方竹兰，2001）。

2. 运用人力资本理论研究农民工市民化问题

测度农民工人力资本水平。葛莹玉、李春平（2016）从健康资本、经验资本和技能资本三个维度建立了新生代农民工人力资本水平测度指标体系，构建了基于潜变量的测度模型，在问卷调查的基础上进行了实证研究。

农民工人力资本状况对其市民化的影响。就业是农业转移人口市民化的前提，农业转移人口非农就业能力与其市民化程度息息相关。研究表明，人力资本是影响农民工非农职业选择的重要因素，影响其非农就业层次和就业质量（王刚等，2015）。社会融合是农业转移人口市民化的体现。研究表明，进城农民工的教育水平对其城市融合具有一定的影响。在控制其他自变量的前提下，城市新移民的教育年限每增加 1 年，其总体社会融合程度将提高 0.89 分（张文宏、雷开春，2008）。

提升农民工人力资本的路径。鉴于技能培训是影响农民工正规就业更为直接和有效的人力资本要素，并且其作用明显高于正规教育（王建，2017），因此，干中学成为我国农民工劳动技能形成的主要途径（吴炜，2016）。对于具有较高受教育水平的农民工来说，提升其普通人力资本的同时，要重视专用人力资本的积累（魏霁，2015）。

第五节　社会资本理论

一　社会资本理论概况

1. 社会资本的含义

"社会资本"一词是由法国社会学家皮埃尔·布迪厄最早提出来的。他（Bourdieu，1986）指出："社会资本是实际或潜在资源的集合体，这些资源与对某种持久性的关系网络的占有密不可分。"美国芝加哥大学罗纳得·伯特（Buet，1992）认为："社会资本指的是朋友、同事和更普遍的联系，通过他们（它们），你得到了使用资本的机会……"美国哈佛大学罗伯特·普特南（Putnam，1995）指出："社会资本指的是社会组织特征，例如信任、规范和网络，它们通过推动协调和行动来提高社会效益。"美国社会学家詹姆斯·科尔曼（1999b）从结构功能和资源交换的视角定义社会资本，指出社会资本是指个人拥有的以社会结构资源为特征的资本财产。社会资本由构成社会结构的各个要素构成，存在于人际关系的结构中，为结构内部的个人行动提供便利。美国普林斯顿大学的波茨（Portes，1998）认为，社会资本是"个人通过他们的成员身份在网络中或者在更加宽泛的社会结构中获取稀缺资源的能力，这种资源获取能力不是个人固定的，而是个人与他人关系中包含着的一种资产，是社会嵌入的结果"。日裔美国学者弗朗西斯·福山从规范和社会互动的角度定义社会资本，认为"社会资本是一种有助于两个或更多个个体之间相互合作、可用事例说明的非正式规范……构成社会资本的规范必须能够促进群体内的合作"（Fukuyama，2000）。美国杜克大学的林南（2005）认为，社会资本是"在目的性行动中被获取的和/或被动员的、嵌入社会结构中的资源"。

2. 社会资本的属性

部分学者认为社会资本是公共物品。其中，科尔曼（1999b）认为，"物质资本通常是一种私人利益，产权使投资于物质资本的人得到物质资本产生的利润成为可能。因此，投资于物质资本的动机不会被抑制；物质资本中不存在未达最佳标准的投资，因为那些投资于物质资本的人们能够从他们的投资中获利。对于人力资本也是如此，花费时间和资源建立该资源的人以高收入的职业、更满意或者较高地位的工作或者对于周围世界更多了解带来的愉悦等形式获益"，但是"社会资本的大多数类型并非如此。例如，使社会准则成为可能的各种社会结构和确保这些准则落实的制裁，无法使通过有效努力促进其产生的主要个人和人群受益，而使组成该结构的所有人受益"。

部分学者认为社会资本是私人物品。其中，布迪厄（Bourdieu，1986）认为："这种'体制化网络关系'与某个团体的会员制相联系，获得这种身份就为个体赢得'声望'，进而为获得物质或象征的利益提供保证。"

有的学者认为，社会资本既具有公共性也具有私人性。普特南是该类学者中的典型，他先前将社会资本看作"公共物品"，认为它是其他社会活动的副产品，而且可以在不同的背景下进行转换；后来，他认为社会资本既具有公共物品的特性也具有私人物品的特性。

3. 社会资本的功能

社会资本的积极功能。科尔曼（1999a）认为社会资本具有为生产活动提供便利的积极功能，"与成员之间互不信任相比，一个相互恪守承诺、彼此信任的群体更有利于生产活动的进行"。林南（2005）认为，社会资本具有四个方面的积极功能，即促进信息的流动，对代理人在涉及行动者的决定中扮演着关键角色——施加影响者，被组织或代理人确定为个人的社会信用的证明，强化身份和认同。

社会资本的消极功能。科尔曼（1999a）指出，为某种特定行动提供便利条件的社会资本，对其他行动不仅可能无用，甚至会有害。系统论述社会资本消极功能的代表人物是波茨。他不仅提出了"消极社会资本"的概念，而且归纳了社会资本四个方面的消极功能，即排斥圈外人，对团体成员要求过多，限制个人自由，用规范消除差异（Portes，1998）。

4. 社会资本的分类

二元划分法。部分学者将社会资本分为结构型社会资本和认知型社会资本两大类。其中，美国学者诺曼·厄普霍夫指出："社会资本通常被理解成作用或规则上的（结构性）源泉与精神或态度上的（认知性）源泉之间的某种组合。"（参见达斯古普特、撒拉格尔丁，2005）结构型社会资本是外在的和可观察的，而认知型社会资本是内在的和不易观察的。

三元划分法。格鲁特尔特、范·贝斯特莱尔认为，微观社会资本研究的是个人、家庭之间的横向网络以及构成这些网络基础的共享价值观与规范，中观社会资本研究的是群体、社团或组织之间横向和纵向的联系，宏观社会资本关注的是作为所有社会、经济活动背景的政治和制度性环境以及政府治理机制的质量（参见吴军、夏建中，2012）。

二 社会资本理论的中国发展

1. 社会资本理论的中国化

对社会资本概念的修订。当前社会资本概念存在泛化问题，若不能明确其含义，限制其使用范围，将会影响社会资本理论的说服力，制约其进一步发展。部分学者对社会资本概念进行了修订。他们认为，社会资本是个体或组织为实现一定目标，能够调动和利用的嵌入于其所拥有的社会关系网络中的各种社会资源，包括权力、资金、保障、信息、机会、劳力、决策、合作等（张广利、陈仕中，2006）。

对社会资本特点的修正。社会资本的不可转让性是西方社会资本理论的一个重要特征。然而，中国是以血缘为纽带的人际关系圈，不仅与西方社会不同，而且与日本以社团为中心的社会也存在明显差异。我国部分学者结合中国国情，对此特征进行了修正。在基本价值取向是家庭本位的中国社会的实际生活中，很多社会资本是可以借用、转让甚至继承的（桂勇、张广利，2003）。

对社会资本测量方法的改进。边燕杰（2004）不仅从网络规模、网络顶端、网络差异和网络构成四个方面定义个人社会资本，而且以春节拜年交往为事件依托，运用这四个指标测度城市居民个人社会资本状况，这是社会资本测量方法的一大发明。

2. 运用社会资本理论研究农民工市民化问题

社会资本虽然有利于农民工在城市就业，但会限制和固化农民工群体的职业层次和工资收入。李培林（1996）、蔡昉（1997）指出，以亲缘、地缘为主要维系方式的社会关系，在进城农民工的就业、流动、生活和交往的全过程中发挥着重要作用。但是，进一步研究发现，与市民亲属关系和非市民关系相比，市民非亲属关系对农民工的文化融合和心理融合均具有显著的正向促进作用，但对社会经济融合的影响较小（悦中山等，2011）；"跨越型"社会资本对农民工职业发展的实现具有显著的促进作用，"整合型"社会资本则会抑制农民工职业发展的实现和职业地位的提升（朱志胜，2015）。总体来看，农民工边缘性社会地位的形成与其社会资本匮乏、质量低下高度相关（刘传江、周玲，2004），为推进农业转移人口市民化，需要增加制度型社会资本（宏观层面）、组织型社会资本（中观层面）以及私人型社会资本（微观层面）的存量（王傲蕾，2009）。

第六节 制度变迁理论

一 国外制度变迁理论概述

1. 马克思主义制度变迁理论

马克思（1972）在《〈政治经济学批判〉序言》中指出："物质生活的生产方式制约着整个社会生活、政治生活和精神生活的过程。……社会的物质生产力发展到一定阶段，便同它们一直在其中活动的现存生产关系或财产关系发生矛盾。于是这些关系便由生产力发展的形式变成生产力的桎梏。那时社会革命的时代就到来了。随着经济基础的变更，全部庞大的上层建筑也或慢或快地发生变革。"由此可以看出，马克思认为制度变迁的最终根源是社会物质生产力的发展，生产力决定生产关系，经济基础决定上层建筑。

2. 传统制度学派制度变迁理论

制度的实质。制度学派的奠基者、美国经济学家凡勃伦（1964）认为，制度实质上就是个人或社会对有关的某些关系或某些作用的一般思想习惯。美国经济学家康芒斯认为，制度就是"集体行动控制个体行动"，集体行动是通过物质的、道德的或经济制裁等方式或形式来控制个体行动的（蒋雅文，2003）。

制度变迁的机理。凡勃伦（1964）指出："制度必须随着环境的变化而变化，因为就其性质而言，它就是对这类环境引起的刺激发生反应时的一种习惯方式。而这些制度的发展也就是社会的发展。"康芒斯将制度变迁的原因归结为以下两个方面：一是为保障"可行性"的要求，制度系统随着外界条件的变化而变化；二是制度系统内部个人和机构为追求自身利益而采取行动的结果。其中，个人和机构的活动尤为重要（参见蒋雅文，2003）。

制度变迁的动力。在凡勃伦看来，新知识尤其是技术知识改变了生活的基本模式，并最终改变了制度和文化规范。他强调，技术进步可以导致环境变化，环境压力可以产生变革现有制度的动力。

3. 新制度学派制度变迁理论

制度的内涵。1993 年诺贝尔经济学奖获得者、美国经济史学家道格拉斯·诺斯认为："制度是社会博弈的规则，并且会提供特定的激励框架，从而形成各种经济、政治、社会组织。制度由正规规则（法律、宪法、规则）、非正式规则（习惯、道德、行为准则）及其实施效果构成。"（参见顾钰民，2005）美国斯坦福大学教授青木昌彦（2001）把制度定义为"参与人主观博弈模型中显明和共同的因素，即关于博弈实际进行方式的共有信念（Shared Beliefs）"。

制度变迁的原因（动力）。英国经济学家、1974 年诺贝尔经济学奖得主哈耶克认为，制度演化并不是由一个所谓更高明的团体去设计的，而是一个群体中的个人通过竞争了解其他人主观偏好信息，并通过竞争不断修正自己错误的过程。因此，他指出，制度变迁产生于个体发现和传递分散于不同人群的知识，以不同个体的竞争来逐步演进式地推进制度的变迁（参见黄鑫鼎，2009）。诺斯认为，制度的非均衡状态是推动制度变迁的动力。当制度变迁的收益大于成本时，往往会引发制度变迁，并且通过确立新制度以实现制度均衡（科斯等，1991）。美国农业发展经济学家拉坦（1991）指出："对制度变迁需求的转变是由要素与产品的相对价格的变化以及与经济增长相关联的技术变迁所引致的；对制度变迁供给的转变是由社会科学知识及法律、商业、社会服务和计划领域的进步所引致的。"

政府在制度变迁中的作用。哈耶克虽然明确反对政府是制度变迁的主体，但他认为政府在制度变迁中能够发挥较大的辅助作用（参见黄鑫鼎，2009）。美国马里兰大学教授、公共选择理论的主要奠基者奥尔森（2018）认为，为有效推进制度变迁，政府应主动采取措施，弥补制度供给的不足。诺斯认为，政府在制度变迁中起着决定性作用（科斯等，1991）。青木昌彦（2001）认为，政府在制度变迁中起着至关重要的作用。

制度变迁的方式。诺斯根据政府在制度变迁中的作用，对制度变迁方式进行分类，将政府起主导性作用的制度变迁称为强制性制度变迁，将政府起辅助性作用的制度变迁称为自发性制度变迁（科斯等，1991）。

制度变迁的路径依赖。诺斯认为，制度变迁过程与技术变迁过程一样，存在着报酬递增和自我强化的机制（科斯等，1991）。这种机制使得制度变迁一旦走上了某一路径，它的既定方向会在以后的发展中得到自我强化。所以，"人们过去做出的选择决定了他们现在可能的选择"。沿着既定的路径，经济和政治制度的变迁可能进入良性循环轨道，迅速优化；也可能顺着原来的错误路径继续下滑，甚至被"锁定"（Lock - in）在某种无效率的状态而导致停滞不前（周飞跃，2016）。青木昌彦（2001）指出："由于存在着自我约束性，一旦实现了的制度就很难顺利地变更。为此，现存制度体系框架中相当一部分是由其经济的历史条件所规定下来的，这是典型的历史的路径依赖性（Historical Path Dependence）的观点。"

二　制度变迁理论的中国发展

1. 中国制度变迁的理论假说

林毅夫的"制度变迁二元并存"。林毅夫（1991）指出，在社会所有制度的安排中，政府是最重要的一个。根据制度变迁发生机制的不同，他将制度变迁划分为诱致性制度变迁和强制性制度变迁两种。诱致性制度变迁指的是一群（个）人在响应由制度不均衡引致的获利机会时所进行的自发性变迁；强制性制度变迁指的是由政府法令引起的变迁。

杨瑞龙的"中国经济制度变迁方式三阶段论"和"中间扩散型制度变迁方式假说"。杨瑞龙（1998）认为，在中国渐进式改革的初始阶段，改革的倡导者和组织者都是权力中心，权力中心的制度创新能力和意愿是决定制度变迁方向的主导因素。当制度变迁由命令控制转变为谈判协调时，事实上地方政府在向市场经济体制过渡的过程中起到了中间扩散新制度规则的作用。中国成功向市场经济体制渐进过渡的现实路径是，由改革之初的供给主导型制度变迁方式逐步向中间扩散型制度变迁方式转变，并且随着排他性产权的逐步建立，最终过渡到需求诱致型制度变迁方式，从而完成向市场经济体制的过渡。

黄少安的"制度变迁主体角色转换假说"。黄少安（1999）认为，制度创新总是涉及多元利益主体，也总是由不同主体联合行动（当然也有矛盾）才能完成。不同主体在制度创新中扮演的角色、所起的作用不同，而且在创新过程的不同阶段或不同方面，这种角色是变化的。

金祥荣的"多种制度变迁方式并存和渐进转换假说"。金祥荣

（2000）认为，在整个改革过程中，推行单一供给主导型的强制性制度变迁方式并不是改革成本最小的最佳方案。随着改革深化，尤其是随着进一步解放思想，中国应走供给主导型、准需求诱致型和需求诱致型等多种制度变迁方式并存和渐进转换的改革道路。

2. 制度变迁理论的中国运用

制度供给状况研究。农业转移人口市民化是政府制度供给水平不断提高，农业转移人口制度需求不断得到满足的动态过程（何一鸣等，2014）。依据农业转移人口市民化意愿需求与制度供给状况，农业转移人口市民化进程大致可分为虚化、弱化、强化与深化四个阶段。与此相对应，制度供给存在匹配错位、归位、合位、到位四种情形（吴波等，2018）。由于城乡二元制度使然，农业转移人口市民化的制度障碍集中表现为制度缺失与制度不当并存，从而导致制度供给不足，这已经成为农业转移人口市民化的制度瓶颈。

制度改革研究。从制度层面来看，加快农民工市民化进程的关键是，以制度变迁的低成本为原则，改革与创新农民工市民化的土地退出制度、户籍进入制度、社会保障融合制度（王竹林、王征兵，2008）。建立土地退出权的实施机制，主要包括明晰土地所有权，制定退出权行使规则，建立退出工作程序，对退地农民（工）进行经济补偿，建立退出扶持资金和退出土地处置原则（傅晨、陈漆日，2017）。居住证管理制度作为户籍制度改革的一项"过渡性"工具，通过"累积赋权"配置社会福利资源，为有条件、有能力的农业转移人口定居并落户城市开辟了通道（王春蕊，2015）。

第三章
农业转移人口市民化水平

坚持把推进农业转移人口市民化作为新型城镇化的首要任务，存量优先、带动增量，稳妥有序推进户籍制度改革，推动城镇基本公共服务均等化，健全配套政策体系，提高农业转移人口市民化质量。

——《"十四五"新型城镇化实施方案》

第一节　农业转移人口市民化水平表征

一　数据来源

本书数据选自 2017 年①全国流动人口卫生计生动态监测调查数据（以下简称"2017 年全国流动人口监测调查数据"）。该调查以全国 31 个省（区、市）和新疆生产建设兵团 2016 年全员流动人口年报数据为基本抽样框，采用分层、多阶段、与规模成比例的 PPS 抽样方法随机抽样。调查对象为在流入地居住 1 个月以上，非本区（县、市）户口的 15 周岁及以上（截至 2017 年 5 月 1 日）流入人口，样本总量

---

① 尽管已经获取 2018 年全国流动人口卫生计生动态监测调查数据，但是 2017 年数据无论在调查内容还是在调查数量方面都超过（胜于）2018 年数据，本书采用 2017 年数据进行实证分析。

为 169989 个。

数据筛选过程如下。首先，本书的研究对象是农业转移人口，因此删除了农业户口以外的样本，即户口性质为非农业、农业转居民、非农转居民、居民、其他 5 种类型的样本，获得数据 132555 个。其次，本书的研究主题是农业转移人口市民化，因此删除样本点类型是"村委会"以及现居住地址是"新疆生产建设兵团"的样本，获得数据 91599 个。再次，按照对农业转移人口主体——农民工的一般理解，他们主要以"务工"获得经济收入，因此仅保留了就业身份是"有固定雇主的雇员""无固定雇主的雇员""自营劳动者"的样本，删除了就业身份是"雇主""其他"以及无效样本，获得有效数据 69766 个。最后，删除明显违背常规的样本（包括月总收入畸大，高达 20 万元；或者畸小，月总收入为 0 甚至为负数），以及缺失关键信息的样本，最后获得有效数据 69654 个，主要变量统计描述结果如表 3 - 1 所示。

表 3 - 1　样本主要变量统计描述

单位：%

	变量	占比		变量	占比
性别	男	55.88	年龄	15 ~ 19 岁	2.95
	女	44.12		20 ~ 29 岁	31.81
				30 ~ 39 岁	32.09
				40 ~ 49 岁	24.42
				50 ~ 59 岁	7.48
				60 岁及以上	1.24
民族	汉族	55.88	流动范围	跨省	46.74
	少数民族	44.12		省内跨市	34.54
				市内跨县	18.72
				跨境	0

续表

	变量	占比		变量	占比
受教育程度	未上过学	2.06	婚姻状况	未婚	17.38
	小学	14.14		初婚	78.01
	初中	46.98		再婚	1.75
	高中/中专	23.04		离婚	1.78
	大学专科	9.44		丧偶	0.47
	大学本科	4.10		同居	0.61
	研究生	0.23			
流动原因	务工/工作	62.89			
	经商	29.67			
	家属随迁	4.88			
	婚姻嫁娶	1.27			
	拆迁搬家	0.29			
	投亲靠友	0.44			
	学习培训	0			
	参军	0			
	出生	0.18			
	异地养老	0.02			
	其他	0.36			

由表 3-1 可以看出，（1）从性别结构来看，男性多于女性，男性所占比重高出女性 11.76 个百分点；（2）从民族构成来看，汉族人口所占比重高于少数民族人口所占比重；（3）从年龄构成来看，青壮年人口成为农业转移人口的主力军，40 岁以下人口所占比重高达 66.85%，经计算得知，有效样本的平均年龄为 35.11 岁；（4）从受教育程度来看，初中及以下学历的占比为 63.18%，农业转移人口的受教育程度有待提升；（5）从婚姻状况来看，初婚人口的占比高达 78.01%，进一步分析发现，家庭型迁移已经成为主流；（6）从流动原因来看，经济型迁移流动成为主流，因务工/工作与经商而流动的人口所占比重高达

92.56%；（7）从流动范围来看，没有跨境流动人口，跨省流动与省内流动平分秋色，省内跨市流动人口所占比重高出市内跨县流动人口所占比重（前者高出后者 15.82 个百分点）。

二　农业转移人口经济社会状况

1. 就业方面

农业转移人口从事的职业是商业、服务业和生产、运输设备操作。有效数据显示，农业转移人口职业分布状况如表 3-2 所示。

表 3-2　农业转移人口职业分布

单位：%

主要职业	所占比重
国家机关、党群组织、企事业单位负责人	0.27
专业技术人员	7.58
公务员、办事人员和有关人员	1.02
商业、服务业人员	67.56
农、林、牧、渔、水利业生产人员	0.96
生产、运输设备操作人员及有关人员	18.08
无固定职业	2.27
其他	2.27

由表 3-2 可以看出，农业转移人口的主要职业是商业、服务业人员，占比为 67.56%；其次是生产、运输设备操作人员及有关人员，占比为 18.08%；处于第三位的是专业技术人员，占比为 7.58%；作为公务员、办事人员和有关人员的相对较少，占比为 1.02%；农、林、牧、渔、水利业生产人员更少，占比为 0.96%；最少的是国家机关、党群组织、企事业单位负责人，占比仅有 0.27%。

农业转移人口在商业、服务业和生产、运输设备操作内部的分布表现出明显不同。农业转移人口在这两种职业内部的分工状况如图 3-1、

图 3 - 2 所示。由图 3 - 1 可以看出，农业转移人口在商业、服务业内部的占比按照从大到小排列依次是经商，其他商业、服务业，餐饮，装修，商贩，保洁，保安，快递，家政。由图 3 - 2 可以看出，农业转移人口在生产、运输设备操作内部的分布状况，其中生产人员的占比为42.39%，建筑人员的占比为22.51%，运输人员的占比为14.05%。

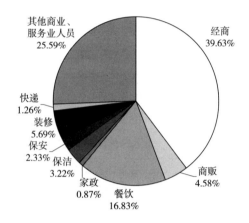

图 3 - 1　商业、服务业内部分布

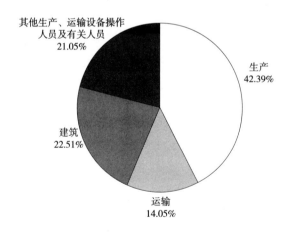

图 3 - 2　生产、运输设备操作内部分布

农业转移人口就业的主要行业是批发零售业和制造业。有效数据显示，农业转移人口就业的行业分布状况如表 3 - 3 所示。

表3-3 农业转移人口就业行业分布

单位: %

行业	占比	行业	占比
农、林、牧、渔	1.21	房地产	3.04
采矿	0.53	租赁和商务服务	0.42
制造	23.12	科研和技术服务	0.22
电、煤、水、热生产供应	0.34	水利、环境和公共设施管理	0.38
建筑	7.44	居民服务、修理和其他服务业	12.48
批发零售	25.23	教育	1.73
交通运输、仓储和邮政	3.60	卫生和社会工作	2.22
住宿餐饮	14.40	文体和娱乐	0.89
信息传输、软件和信息技术服务	1.26	公共管理、社会保障和社会组织	0.45
金融	1.04	国际组织	0.00

由表3-3可以看出，按照农业转移人口就业人员所占比重从大到小排序，处于前5位的依次是批发零售，制造，住宿餐饮，居民服务、修理和其他服务业，建筑。进一步分析发现，这些行业属于劳动密集型产业。在新型城镇化过程中，劳动密集型产业将继续发挥重要的作用。2021年5月，习近平总书记（2021）在河南省南阳市调研时指出："我们一方面要发展技术密集型产业，另一方面也要发展就业容量大的劳动密集型产业，把就业岗位和增值收益更多留给农民。"

农业转移人口就业人员在制造业内部的行业分布差异较大。农业转移人口就业人员在制造业内部的分布状况如表3-4所示。

由表3-4可以看出，按照农业转移人口就业人员在制造业内部的占比从大到小排列依次是食品加工，纺织服装，计算机及通信电子设备制造，电器机械及制造，木材家具，交通运输设备制造，专业设备制造，印刷、文体、办公、娱乐用品，等等。

表 3 - 4　农业转移人口就业人员制造业内部分布

单位：%

行业	占比	行业	占比
食品加工	16.83	专业设备制造	5.12
纺织服装	16.17	交通运输设备制造	5.12
木材家具	6.51	电器机械及制造	7.62
印刷、文体、办公、娱乐用品	4.25	计算机及通信电子设备制造	11.34
化学制品加工	2.72	仪器仪表制造	0.95
医药制造	2.30	其他制造业	21.08

农业转移人口就业单位以个体工商户、私营企业为主。农业转移人口就业单位性质分布状况如表 3 - 5 所示。

表 3 - 5　农业转移人口就业单位性质分布

单位：%

就业单位性质	占比	就业单位性质	占比
机关、事业单位	2.07	港澳台独资企业	1.66
国有及国有控股企业	3.72	外资独资企业	1.27
集体企业	0.92	中外合资企业	0.89
股份/联营企业	3.54	社团/民办组织	0.37
个体工商户	47.11	其他	1.88
私营企业	25.67	无单位	10.91

由表 3 - 5 可以看出，按照农业转移人口在不同性质就业单位的占比从大到小排列，第一位是个体工商户，第二位是私营企业，两项合计为 72.78%；第三位是无单位，前三项占比高达 83.69%。与此相对，在国有及国有控股企业和机关、事业单位就业的较少。

2. 收入方面

农业转移人口上个月（或上次就业）收入水平总体不高。有效数据显示，农业转移人口个人上个月（或上次就业）平均收入为 4039 元，高于 2017 年农民工月均收入（3485 元），但是低于 2017 年城镇非私营单位就业人员月均收入。《中国统计年鉴 2018》显示，2017 年，我国城镇非私营单位就业人员月均收入为 6193 元，其中，国有单位月均收入为 6760 元，城镇集体单位月均收入为 4604 元，其他单位月均收入为 5942 元。有效数据显示，农业转移人口个人上个月（或上次就业）收入中，四分之一分位为 2500 元，四分之二分位为 3300 元，四分之三分位为 5000 元；月均收入小于或等于 2500 元的占 29.07%，处于 2501～3300 元的占 21.03%，处于 3301～5000 元的占 32.32%，大于 5000 元的占 17.59%。由此可以看出，82.42% 的农业转移人口月均收入不高于 5000 元。

农业转移人口月均收入变化不大。有效数据显示，与去年同期相比，认为月收入减少的占 34.62%，基本不变的占 49.05%，增加的占 13.89%，因为去年同期无收入不适合对比的占 2.44%。

3. 社会保障方面

不足三成的农业转移人口在本地建立居民健康档案。有效数据显示，仅有 29.88% 的农业转移人口在本地建立了居民健康档案；30.72% 的"没建"，也"没听说过"；23.88% 的"没建，但听说过"；16.01% 的"不清楚"。

不足一半的农业转移人口办理过个人社会保障卡。有效数据显示，仅有 48.72% 的农业转移人口已经办理了个人社会保障卡；30.01% 的虽然"没办"，但"听说过"；14.69% 的"没办"，也"没听说过"；6.58% 的"不清楚"。

不足两成的农业转移人口参加城镇职工医疗保险。有效数据显示，参加城镇居民医疗保险的占 3.52%，参加城镇职工医疗保险的占 19.86%，参加公费医疗的占 1.40%。

4. 居住方面

农业转移人口以租赁私房为主。有效数据显示，农业转移人口中，租住私房（包括整租与合租）的占 58.14%，自购房（包括自购商品房、自购保障性住房与自购小产权住房）的占 23.20%。农业转移人口现住房性质具体状况如表 3-6 所示。

表 3-6 农业转移人口现住房性质分布

单位：%

现住房性质	占比	现住房性质	占比
单位/雇主房	10.24	自购小产权住房	1.81
租住私房（整租）	48.51	借住房	1.34
租住私房（合租）	9.63	就业场所	3.64
政府提供公租房	1.20	自建房	1.77
自购商品房	20.48	其他非正规居所	0.47
自购保障性住房	0.91	合计	100

由表 3-6 可以看出，农业转移人口中，整租私房的占比最高，自购商品房的处于第二位，排在第三位的是居住在单位/雇主房的，第四位是合租私房的，其他性质的占比相对较小。由此来看，采用市场经济形式解决住房问题是农业转移人口的主流。

5. 消费方面

近六成农业转移人口全家 2016 年在本地的月均支出不超过 3000 元。有效数据显示，农业转移人口全家 2016 年在本地的月均支出为 3589 元，四分之一分位为 2000 元，四分之二分位为 3000 元，四分之三分位为 4500 元；2016 年全家月均支出小于或等于 2000 元的占 30.63%，处于 2001～3000 元的占 26.84%，处于 3001～4500 元的占 19.03%，大于 4500 元的占 23.50%。由此可以看出，57.47% 的农业转移人口全家 2016 年在本地的月均支出不高于 3000 元。

50.56% 的农业转移人口全家 2016 年月均支出占月总收入的一半以上。有效数据显示，农业转移人口全家 2016 年月均支出占月总收入的

57.67%，四分之一分位为40.00%，四分之二分位为53.33%，四分之三分位为70.00%；27.70%的农业转移人口全家2016年月均支出占月总收入的比重小于40.00%，21.74%的占比在40.00%~53.33%，25.88%的占比在53.33%~70.00%，24.68%的占比大于或等于70.00%。由此可以看出，50.56%的农业转移人口全家2016年月均支出大于月总收入的53.33%。

接近一半的农业转移人口全家2016年月均住房支出高于500元。有效数据显示，农业转移人口全家2016年月均住房（仅房租/房贷）支出为866元。四分之一分位为0元，四分之二分位为500元，四分之三分位为1200元；月均住房支出小于或等于500元的占51.51%，501~1200元的占25.89%，大于1200元的占22.59%。由此可以看出，48.48%的农业转移人口全家2016年月均住房支出高于500元。

近四分之一的农业转移人口全家2016年月均住房支出占月总收入的37.50%以上。有效数据显示，农业转移人口全家2016年月均住房支出占月总收入的23.34%，四分之一分位为0%，四分之二分位为20.00%，四分之三分位为37.50%；53.64%的农业转移人口全家2016年月均住房支出占月总收入的比重小于20.00%，22.30%的占比在20.00%~37.50%，24.07%的占比大于37.50%。由此可以看出，近四分之一的农业转移人口全家2016年月均住房支出占月总收入的37.50%以上。

6. 落户/居留意愿

农业转移人口落户意愿较低。有效数据显示，如果符合本地落户条件，愿意把户口迁入本地的农业转移人口占33.88%，不愿意的占38.48%，没想好的占27.64%。

农业转移人口本地居留意愿较高。有效数据显示，农业转移人口中，打算继续留在本地的占比高达81.93%，不打算留在本地的占2.47%，没想好的占15.60%。进一步分析打算留在本地的农业转移人口发现，预计留在本地 1～2 年的占 8.36%，3～5 年的占 16.06%，6～10 年的占 6.45%，10 年以上的占 10.78%，定居本地的占 32.09%，没想好的占 26.26%。

大部分农业转移人口办理了居住证/暂住证。有效数据显示，农业转移人口中，办理了居住证/暂住证的占 64.99%，没有办理的占 32.73%，不清楚的占 1.56%，不适合办理的占 0.72%。

第二节　农业转移人口市民化水平测度

一　农业转移人口市民化水平测算过程

1. 构建评价指标体系

在借鉴国内相关研究成果的基础上，本书结合 2017 年全国流动人口监测调查问卷内容，构建农业转移人口市民化水平评价指标体系，具体构成如表 3－7 所示。

在表 3－7 中，需要说明的内容包括如下几个方面。（1）2017 年全国流动人口监测调查问卷中，第 104 题的题目为"过去一年，您家在本地平均每月总支出为多少?"，第 105 题的题目是"过去一年，您家平均每月总收入为多少?"对指标 X_1、X_2 赋值，即计算人均月支出、人均月收入时需要知道家庭户均规模。《中国流动人口发展报告 2017》指出，近年来我国人口流动的家庭化趋势明显，家庭户平均规模在 2.5 人以上。鉴于此，本书假定农业转移人口家庭户均规模为 2.5 人。（2）2017 年全国流动人口监测调查问卷第 503 题中，"我感觉本地人看不起外地人""按照老家的风俗习惯办事对我比较重要""我的卫生习惯与本地市民存在较大差别"为农业转移人口市民化反向衡量指标，因此，对这 3 个题目的答案进行反向赋值，即完全不同意 = 4，不同意 = 3，基本同意 = 2，完全同意 = 1。

表 3 - 7 农业转移人口市民化水平评价指标体系

指标名称（序号）	赋值
人均月支出（X_1）	以 10 为底取对数
人均月收入（X_2）	以 10 为底取对数
劳动合同签订（X_3）	未签订、不清楚 = 1，一次性工作任务、试用期 = 2，有固定期限 = 3，无固定期限 = 4
工资收入/纯收入（X_4）	月工资收入占城镇非私营单位就业人员平均工资之比（2017 年）
现住房性质（X_5）	自购、自建房 = 4，租住私房 = 3，单位/雇主房、公租房、借住房 = 2，其他 = 1
社交网络（X_6）	很少与人来往 = 1，同乡（户口老家、其他）= 2，同乡（本地）、外地人 = 3，本地人 = 4
户口迁入意愿（X_7）	不愿意或没想好 = 1，愿意 = 2
居民健康档案（X_8）	没建或不清楚 = 1，已经建立 = 2
接受健康教育（X_9）	否 = 0，是 = 1
参与本地组织活动（X_{10}）	否 = 0，是 = 1
给所在单位/社区提建议（X_{11}）	没有 = 1，偶尔 = 2，有时 = 3，经常 = 4
喜欢现在居住的城市（X_{12}）	完全不同意 = 1，不同意 = 2，基本同意 = 3，完全同意 = 4
关注现在居住城市的变化（X_{13}）	完全不同意 = 1，不同意 = 2，基本同意 = 3，完全同意 = 4
愿意融入本地人当中（X_{14}）	完全不同意 = 1，不同意 = 2，基本同意 = 3，完全同意 = 4
感觉本地人看不起外地人（X_{15}）	完全不同意 = 4，不同意 = 3，基本同意 = 2，完全同意 = 1
按老家风俗习惯办事较重要（X_{16}）	完全不同意 = 4，不同意 = 3，基本同意 = 2，完全同意 = 1
卫生习惯与本地市民存在差别（X_{17}）	完全不同意 = 4，不同意 = 3，基本同意 = 2，完全同意 = 1
觉得已经是本地人（X_{18}）	完全不同意 = 1，不同意 = 2，基本同意 = 3，完全同意 = 4
医疗保险（城镇居民、职工，公费）（X_{19}）	否 = 0，是 = 1
社会保障卡（X_{20}）	没办或不清楚 = 1，已经办理 = 2
暂住证/居住证（X_{21}）	否或不清楚 = 1，是或不适合 = 2

2. 计算过程

第一，运用 SPSS 26.0 统计软件对农业转移人口市民化水平指标进行因子分析，KMO 值为 0.704，大于最低标准 0.70，可以做因子分析；Bartlett 球形检验 $p < 0.001$，由此否定相关矩阵为单位阵的零假设，即认为各变量之间存在显著的相关性。

第二，基于特征值大于 1 的标准提取了 7 个因子，方差贡献率达到 52.66%，也就是说，总体 52.66% 的信息可以由这 7 个公共因子来解释。方差解释表（见表 3 - 8）给出了每个因子所解释的方差贡献值、方差贡献率和累计方差贡献率。

表 3 - 8 总方差解释

单位：%

指标	总计	初始特征值方差百分比	累计百分比	总计	提取载荷平方和方差百分比	累计百分比	总计	旋转载荷平方和方差百分比	累计百分比
X_1	2.94	14.00	14.00	2.94	14.00	14.00	2.51	11.95	11.95
X_2	1.73	8.25	22.24	1.73	8.25	22.24	1.71	8.14	20.09
X_3	1.61	7.68	29.92	1.61	7.68	29.92	1.60	7.60	27.69
X_4	1.35	6.44	36.36	1.35	6.44	36.36	1.53	7.30	34.98
X_5	1.27	6.05	42.41	1.27	6.05	42.41	1.27	6.06	41.04
X_6	1.12	5.32	47.73	1.12	5.32	47.73	1.23	5.84	46.88
X_7	1.03	4.92	52.66	1.03	4.92	52.66	1.21	5.78	52.66
X_8	0.98	4.64	57.30						
X_9	0.96	4.58	61.88						
X_{10}	0.94	4.45	66.33						
X_{11}	0.86	4.09	70.42						
X_{12}	0.84	3.99	74.41						
X_{13}	0.80	3.80	78.20						
X_{14}	0.77	3.67	81.88						
X_{15}	0.75	3.57	85.45						
X_{16}	0.72	3.41	88.85						
X_{17}	0.62	2.94	91.79						
X_{18}	0.60	2.88	94.67						
X_{19}	0.43	2.03	96.70						
X_{20}	0.37	1.77	98.47						
X_{21}	0.32	1.53	100.00						

第三，对于每个因子，把系数和对应指标相乘后再求和，就可以得到每个因子的得分。因子得分系数矩阵如表 3-9 所示。

表 3-9　因子得分系数矩阵

指标	因子						
	1	2	3	4	5	6	7
X_1	-0.009	0.520	0.007	0.004	-0.024	-0.003	0.018
X_2	-0.010	0.525	0.002	-0.003	-0.023	0.017	0.030
X_3	0.019	0.187	-0.007	0.002	0.050	-0.047	-0.077
X_4	-0.099	-0.007	-0.062	0.025	0.098	0.461	0.251
X_5	0.006	-0.030	-0.068	-0.074	-0.127	0.066	0.634
X_6	-0.045	-0.039	0.036	0.019	0.074	-0.096	0.508
X_7	0.092	-0.023	-0.064	-0.017	0.071	0.411	-0.062
X_8	-0.034	0.002	0.477	0.011	-0.144	0.011	-0.056
X_9	-0.021	0.008	0.499	0.015	-0.072	-0.037	-0.064
X_{10}	-0.033	-0.020	0.304	-0.053	0.210	0.050	0.085
X_{11}	-0.005	0.000	0.192	-0.113	0.235	-0.04	0.048
X_{12}	0.357	0.013	-0.040	-0.055	0.019	-0.003	-0.106
X_{13}	0.347	0.008	-0.026	-0.064	0.037	-0.002	-0.068
X_{14}	0.333	0.001	-0.048	-0.030	0.018	0.031	-0.005
X_{15}	-0.002	0.008	0.017	0.458	-0.028	-0.092	-0.023
X_{16}	-0.119	-0.021	-0.051	0.468	0.017	0.107	0.029
X_{17}	-0.018	0.016	-0.025	0.497	-0.006	-0.008	-0.090
X_{18}	0.211	-0.007	0.028	-0.014	-0.088	-0.099	0.211
X_{19}	0.024	0.023	-0.159	0.015	0.627	-0.038	-0.148
X_{20}	-0.012	0.017	0.033	0.026	0.458	-0.017	0.034
X_{21}	-0.039	-0.033	0.107	0.005	-0.207	0.634	-0.138

注：提取方法为主成分分析法，旋转方法为凯撒正态化最大方差法。

由表 3-9 可以得出，因子 1、因子 2、因子 3、因子 4、因子 5、因子 6、因子 7 的得分表达式依次为：

$$f_1 = -0.009X_1 - 0.010X_2 + 0.019X_3 + \cdots\cdots + 0.024X_{19} - 0.012X_{20} - 0.039X_{21}$$

$$f_2 = 0.520X_1 + 0.525X_2 + 0.187X_3 + \cdots\cdots + 0.023X_{19} + 0.017X_{20} - 0.033X_{21}$$

$$f_3 = 0.007X_1 + 0.002X_2 - 0.007X_3 + \cdots\cdots - 0.159X_{19} + 0.033X_{20} + 0.107X_{21}$$

$$f_4 = 0.004X_1 - 0.003X_2 + 0.002X_3 + \cdots\cdots + 0.015X_{19} + 0.026X_{20} + 0.005X_{21}$$

$$f_5 = -0.024X_1 - 0.023X_2 + 0.050X_3 + \cdots\cdots + 0.627X_{19} + 0.458X_{20} - 0.207X_{21}$$

$$f_6 = -0.003X_1 + 0.017X_2 - 0.047X_3 + \cdots\cdots - 0.038X_{19} - 0.017X_{20} + 0.634X_{21}$$

$$f_7 = 0.018X_1 + 0.030X_2 - 0.077X_3 + \cdots\cdots - 0.148X_{19} + 0.034X_{20} - 0.138X_{21}$$

第四，为了使各因子值能简单明了地表现农业转移人口市民化水平，计算出因子值后，运用 Min - Max 标准化方法对其进行标准化处理，得到各因子的百分制得分 S_1、S_2、S_3、S_4、S_5、S_6、S_7。然后将 $S_1 \sim S_7$ 以 7 个因子的方差贡献率为权重加总，除以累计方差贡献率得到综合得分。农业转移人口市民化水平的计算公式如式 3 - 1 所示：

$$S = \frac{11.95 \times S_1 + 8.14 \times S_2 + 7.60 \times S_3 + 7.30 \times S_4 + 6.06 \times S_5 + 5.84 \times S_6 + 5.78 \times S_7}{52.66}$$

$$(3-1)$$

二　测算结果分析

1. 基于全国层面的分析

农业转移人口市民化水平总体不高。测算结果表明，我国农业转移人口市民化水平是53.00，基本处于"半市民化"状态。

农业转移人口市民化水平分项差异较大。前文已述及，基于特征值大于1的标准提取了7个因子，按照各因子得分从高到低排列，依次是融入意愿市民化水平（$S_1 = 70.78$）、思想观念市民化水平（$S_4 = 61.01$）、社会权利市民化水平（$S_6 = 57.82$）、经济收支市民化水平（$S_2 = 52.27$）、居住条件市民化水平（$S_7 = 51.35$）、健康服务市民化水平（$S_3 = 40.41$）、社会保障市民化水平（$S_5 = 21.77$），其中融入意愿市民化水平高出社会保障市民化水平49.01。

2. 基于各省份的分析

各省份农业转移人口市民化水平差异明显。测算结果显示，全国31个省（区、市）中，农业转移人口市民化水平最高的是北京（56.25），最低的是新疆（50.37）。农业转移人口市民化水平超过全国平均水平（53.00）的有14个，占比为45.16%；低于全国平均水平的有17个，占比为54.84%。各省份农业转移人口市民化水平如表3-10所示。

表3-10 各省份农业转移人口市民化水平

地区	S_1	S_2	S_3	S_4	S_5	S_6	S_7	S
北京	71.38	57.35	38.88	61.86	26.00	68.84	57.94	56.25
天津	70.70	52.71	40.11	62.34	23.84	63.98	56.29	54.65
河北	70.72	49.01	39.96	60.92	23.22	61.54	54.47	53.32
山西	71.07	48.27	40.10	62.16	25.23	63.67	55.60	54.07
内蒙古	70.60	50.70	39.81	60.92	21.29	59.35	54.12	53.03
辽宁	70.50	50.67	39.57	62.18	24.57	63.42	55.84	54.16
吉林	71.49	49.19	41.19	60.75	22.26	61.50	55.75	53.70
黑龙江	71.33	47.67	41.10	61.51	21.35	58.99	54.10	52.96
上海	71.02	60.26	40.65	60.07	19.92	57.95	52.83	54.15
江苏	70.89	55.26	40.39	60.74	22.67	58.81	53.34	53.87
浙江	70.60	54.51	40.81	61.71	21.67	60.24	53.35	53.93
安徽	72.21	55.47	41.09	60.73	20.20	56.09	52.42	53.62

续表

地区	S_1	S_2	S_3	S_4	S_5	S_6	S_7	S
福建	70.75	55.60	40.79	61.13	22.06	58.92	51.55	53.75
江西	71.72	51.32	41.35	59.80	20.82	55.70	51.06	52.65
山东	69.79	53.81	40.51	61.40	23.75	59.54	53.60	53.74
河南	70.72	48.13	40.16	61.57	22.14	59.25	52.34	52.69
湖北	71.37	53.30	40.95	60.79	20.82	56.69	51.03	53.07
湖南	71.04	51.20	40.70	60.66	19.47	55.94	50.45	52.31
广东	70.99	53.42	40.52	61.06	20.68	54.85	49.39	52.57
广西	71.49	50.44	40.74	60.25	20.99	56.99	49.61	52.44
海南	70.86	53.79	40.71	60.32	20.29	54.16	48.67	52.33
重庆	69.74	52.62	40.35	61.47	21.98	57.48	49.02	52.60
四川	70.02	50.30	40.97	60.45	21.29	55.94	49.32	52.04
贵州	69.89	51.05	39.96	61.48	20.80	54.50	48.72	51.84
云南	70.84	46.57	40.38	61.13	20.58	53.40	47.74	51.12
西藏	70.42	49.34	39.59	60.84	21.07	53.46	46.60	51.24
陕西	69.22	48.99	39.91	60.31	21.58	55.73	46.67	51.20
甘肃	70.71	49.66	39.81	60.05	20.74	51.91	46.55	51.06
青海	69.03	49.40	40.57	60.36	21.87	52.76	44.75	50.81
宁夏	70.05	50.90	40.16	61.42	20.99	50.68	43.56	50.90
新疆	70.76	50.13	39.90	59.69	20.91	49.30	42.31	50.37

各省份农业转移人口市民化水平分项差异较大。由表3-10可以看出，(1) 农业转移人口融入意愿市民化水平（S_1）最高的是安徽（72.21），最低的是青海（69.03）。农业转移人口融入意愿市民化水平超过全国平均水平（70.78）的有14个，占比为45.16%；低于全国平均水平的有17个，占比为54.84%。（2）农业转移人口经济收支市民化水平（S_2）最高的是上海（60.26），最低的是云南（46.57）。农业转移人口经济收支市民化水平超过全国平均水平（52.27）的有12个，占比为38.71%；低于全国平均水平的有19个，占比为61.29%。（3）农业转移人口健康服务市民化水平（S_3）最高的是江西（41.35），最低的是

北京（38.88）。农业转移人口健康服务市民化水平超过全国平均水平
（40.41）的有 15 个，占比为 48.39%；低于全国平均水平的有 16 个，
占比为 51.61%。（4）农业转移人口思想观念市民化水平（S_4）最高的
是天津（62.34），最低的是新疆（59.69）。农业转移人口思想观念市民
化水平超过全国平均水平（61.01）的有 14 个，占比为 45.16%；低于全
国平均水平的有 17 个，占比为 54.84%。（5）农业转移人口社会保障市
民化水平（S_5）最高的是北京（26.00），最低的是湖南（19.47）。农业
转移人口社会保障市民化水平超过全国平均水平（21.77）的有 12 个，
占比为 38.71%；低于全国平均水平的有 19 个，占比为 61.29%。（6）农
业转移人口社会权利市民化水平（S_6）最高的是北京（68.84），最低的
是新疆（49.30）。农业转移人口社会权利市民化水平超过全国平均水平
（57.82）的有 14 个，占比为 45.16%；低于全国平均水平的有 17 个，占
比为 54.84%。（7）农业转移人口居住条件市民化水平（S_7）最高的是北
京（57.94），最低的是新疆（42.31）。农业转移人口居住条件市民化水
平超过全国平均水平（51.35）的有 15 个，占比为 48.39%；低于全国平
均水平的有 16 个，占比为 51.61%。

3. 基于不同地区的分析

农业转移人口市民化水平地区之间差异明显。测算结果表明，东部
地区农业转移人口市民化水平最高，为 53.86；东北地区次之，为
53.61；中部地区处于第三位，为 53.07；西部地区最低，为 51.55。各
地区市民化水平如表 3 - 11 所示。

各地区农业转移人口市民化水平分项差异较大。由表 3 - 11 可以看
出，（1）农业转移人口融入意愿市民化水平（S_1）得分最高的是中部
地区，其次是东北地区，再次是东部地区，最后是西部地区。（2）农
业转移人口经济收支市民化水平（S_2）得分最高的是东部地区，其次
是中部地区，再次是西部地区，最后是东北地区。（3）农业转移人口

表3-11　各地区农业转移人口市民化水平

地区	S_1	S_2	S_3	S_4	S_5	S_6	S_7	S
东部地区	70.77	54.57	40.33	61.16	22.41	59.88	53.14	53.86
中部地区	71.36	51.28	40.73	60.95	21.45	57.89	52.15	53.07
西部地区	70.23	50.01	40.18	60.70	21.17	54.29	47.41	51.55
东北地区	71.11	49.18	40.62	61.48	22.73	61.30	55.23	53.61

注：东部地区包括北京、天津、河北、上海、江苏、浙江、福建、山东、广东和海南；中部地区包括山西、安徽、江西、河南、湖北和湖南；西部地区包括内蒙古、广西、重庆、四川、贵州、云南、西藏、陕西、甘肃、青海、宁夏和新疆；东北地区包括辽宁、吉林和黑龙江。

健康服务市民化水平（S_3）得分最高的是中部地区，其次是东北地区，再次是东部地区，最后是西部地区。（4）农业转移人口思想观念市民化水平（S_4）得分最高的是东北地区，其次是东部地区，再次是中部地区，最后是西部地区。（5）农业转移人口社会保障市民化水平（S_5）得分最高的是东北地区，其次是东部地区，再次是中部地区，最后是西部地区。（6）农业转移人口社会权利市民化水平（S_6）得分最高的是东北地区，其次是东部地区，再次是中部地区，最后是西部地区。（7）农业转移人口居住条件市民化水平（S_7）得分最高的是东北地区，其次是东部地区，再次是中部地区，最后是西部地区。

第三节　影响农业转移人口市民化水平的制度因素

一　户籍制度

1. 城乡二元户籍制度对农业转移人口市民化的影响

城乡二元户籍制度的形成。1958年1月9日通过的《中华人民共和国户口登记条例》规定，公民由农村迁往城市，必须持有城市劳动部门的录用证明、学校的录取证明或者城市户口登记机关的准予迁入的证明，向常住地户口登记机关申请办理迁出手续。该条例的出台标志着我国城乡二元传统户籍制度的正式确立。广义的城乡二元户籍管理制度不仅包括户口登记条例中的相关规定，而且包括其他一系列辅助性的行政措施，诸如城市人口"定量商品粮供给制度"等。

城乡二元户籍制度影响农村劳动力转移。户籍制度对农村劳动力转移的影响突出表现在两个方面：一是户籍制度导致农村转移劳动力同工不同酬，即工资歧视；二是户籍制度提高了农村劳动力的转移成本。换句话说，直接给农村劳动力转移设置了种种障碍（翁杰、张锐，2017）。传统户籍制度通过影响农村劳动力转移间接影响农业转移人口市民化水平。户籍人口城镇化率长期低于常住人口城镇化率是有力证据。

城乡二元户籍制度阻滞农业转移人口市民化程度。传统户籍制度把城乡人口人为地划分为两大类，依赖户籍身份，两者成为极不平等且很难逾越的两大社会阶层。传统户籍制度不仅强化了城乡二元社会结构，而且阻碍了农业转移人口市民化进程，即便是进城多年并改变了职业和居住地的进城农民工，仍然被排斥在"主流群体"之外，难以平等享有城市经济、社会和文化权利，与生活在同一空间、工作在同一单位的城镇市民存在着巨大差别，作为"二等公民"难以融入城市社会（杨风，2014）。农业转移人口向市民转变的进程中，必须同时具有市民化意愿和市民化能力，户籍墙所形成的制度障碍弱化了市民化预期，阻塞了获得市民化能力的正常渠道，从而阻碍了市民化进程（刘传江、程建林，2009）。

2. 对城乡二元户籍制度的改革

带有标志性意义的改革措施。《国务院关于农民进入集镇落户问题的通知》（国发〔1984〕141号）指出，凡申请到集镇务工、经商、办服务业的农民和家属，在集镇有固定住所，有经营能力，或在乡镇企事业单位长期务工的，公安部门应准予落常住户口，及时办理入户手续，发给《自理口粮户口簿》，统计为非农业人口。尽管该通知对农民及其家属落户集镇附加了部分限制条件，如落户地"不含县城关镇"，通过"加价粮油"方式解决口粮问题，但总体来看，严格的户籍限制开始出现松动。随着上述通知的实施，我国出现了转户热潮。据统计，1984～1986 年的短短两年时间，全国办理自理口粮的人口高达 4542988 人。随着经济社会发展，特别是发展社会主义市场经济的需要，改革传统户籍管理制度被提上议事日程。《国务院批转公安部小城镇户籍管理制度改革试点方案和关于完善农村户籍管理制度意见的通知》（国发〔1997〕20 号）指出，在小城镇已有合法稳定的非农职业或者已有稳定的生活来源，而且在有了合法固定的住所后居住已满两年的，可以办理城镇常住户口。与以前相比，农民落户地发生了显著变化，由集镇到小城镇——县或县级市城区的建成区和建制镇的建成区；不变的是限定落户数量。在总结试点工作经验的基础上，《国务院批转公安部关于推进小城镇户籍管理制度改革意见的通知》（国发〔2001〕6 号）指出，对办理小城镇常住户口的人员，不再实行计划指标管理。鉴于地方探索中出现的一系列问题，为积极稳妥推进户籍管理制度改革，《国务院关于积极稳妥推进户籍管理制度改革的通知》（国办发〔2011〕9 号）提出了"分类明确户口迁移政策"，对直辖市、副省级市和其他大城市，不含以上设区的市，以及县级市市区、县人民政府驻地镇和其他建制镇落户政策做了具体指导说明。为促进有能力在城镇稳定就业和生活的常住人口有序落户，《国务院关于进一步推进户籍制度改革的意见》（国发〔2014〕25 号）出台以下三项措施。（1）强调实施差别化落户政策。根据城市人口规模、行政级别，提出四种不同的落户条件。全面放开、有序放开、合理确定、严格控制分别与城市规模（城市行政级别）从小到大一一对应。（2）建立城乡统一的户口登记制度。恢复户籍制度的人口登记管理功能，不再区分农业户口与非农业户口，统一登记为居民户口。（3）建立居住证制度。明确居住证申领条件，即离开常住户口所在地到其他设区的市级以上城市居住，居住时间为半年以上。意见的出台标志着新一轮户籍制度改革的全面推开。

3. 户籍制度改革任重道远

分立式改革是当前户籍制度改革的现实选择。所谓分立式改革，是指从两个方面分别推进户籍制度改革。一方面是剥离户籍的附加利益，另一方面是扩展居住证的附加利益。"利益剥离"是通过替代性机制或工具分离户口利益，使城市居民的户口利益减少（但总的利益不一定减少）；"利益扩展"是通过发明新的载体性工具（居住证）复制户籍制度的利益分配功能，使外来常住人口的利益增加（郭秀云，2016）。

户籍制度改革的局限性和艰巨性。（1）户籍制度改革的有限性。尽管越来越多的地区实行城乡统一的户籍登记制度，但是社会福利和公共服务仍然内在地依托城乡二元身份差别，因此，这种所谓的改革其实只是一种"换汤不换药"的障眼法（任远，2016）。从上海模式（2003年）到重庆模式（2010年）、成都模式（2010年）以及广东模式（2010年）的探索实践来看，尽管随着时间推移，各地改革更加注重采取弹性措施，更多关注进城农民工（农业转移人口）的权益，但是归根到底这些户籍改革都属于"经济"范畴，而不是"权利"范畴（陈云，2014）。尽管新一轮户籍制度改革开始了户籍利益的协调与重组，但是由于地方层面的户籍改革带有鲜明的"选择性"而非"普惠性"特征，改革的推进速度与地区户籍利益的高低呈现明显倒置关系，现有改革措施还没有全面撬动东部地区与特大、超大城市的户籍利益调整，尤其是排他性不当利益的逐步取消，从而表明我国新一轮户籍制度改革还远远没有"突破利益固化的藩篱"（张国胜、陈明明，2016）。由此来看，相对于农业转移人口所期待的共享城市经济、社会、文化权利，前期所进行的户籍制度改革只是对某些不合理因素的局部修正或修补。

（2）居住证是户口簿的"变形"。居住证积分制是我国发达城市户籍改革的一块正面"补丁"，具有淡化户籍管理色彩、加强流动人口服务管理、促进本地经济发展和社会融合等积极意义，但也存在着忽视低收入流动人口服务管理、以效率手段解决公平问题、关键性服务可能虚化、难防造假寻租等不足或问题（谢宝富，2014）。从暂住证到居住证、从居住证与常住户口接续、从计划控制向准入条件调控转变的户籍改革进程，更多的是户籍名目的改换和"姿态上"的进步，并未真正触及城市公共资源供给和分配的地方利益根源（吴开亚等，2010）。

（3）户籍制度改革的主观性。当前的户籍制度改革根据城市规模来确定落户门槛，逐渐形成小城镇、中小城市全面放开，大城市严格控制的差别性政策，其目的在于防止和减轻由大城市"人口爆炸"引发的"城市病"，以及由此给城市政府带来的维稳压力。然而，这种违背经济要素自由流动规律和城市发展规律的"城市单元模式"，割裂了城市之间的协同，不仅遮蔽了大城市的集聚效应，也使小城市发展裹足不前（李晓飞，2017）。2019年中国家庭金融调查数据显示，在1000万人以上的超大城市中，46.4%的跨省流动农民工愿意在居住地城镇落户，但是面临较高落户门槛，需要积分落户；城区常住人口300万以下的城市全面取消落户限制，愿意落户的跨省流动农民工占比较低，只有25%左右。《"十四五"新型城镇化实施方案》明确提出"加快农业转移人口市民化"，在农业转移人口落户意愿总体不高，农业转移人口"愿落不能落、能落不想落"的现实背景下，户籍制度改革面临的压力和挑战不言而喻。

二 土地制度

1. 城乡二元土地制度的形成

1982 年通过的《中华人民共和国宪法》（以下简称《宪法》）指出，城市的土地属于国家所有；农村和城市郊区的土地属于集体所有（由法律规定属于国家所有的除外）；宅基地和自留地、自留山也属于集体所有。1987 年 1 月 1 日实施的《中华人民共和国土地管理法》（以下简称《土地管理法》）指出，"国家为了公共利益的需要，可以依法对集体所有的土地实行征用"，除此之外，"任何单位和个人不得侵占、买卖、出租或者以其他形式非法转让土地"。《土地管理法》经过 1988 年、2004 年、2019 年三次修正和 1998 年修订，不仅内容更为丰富，而且部分内容有明显变化。其中，"任何单位和个人进行建设，需要使用土地的，必须依法申请使用国有土地""农民集体所有的土地的使用权不得出让、转让或者出租用于非农业建设"。由此来看，《宪法》《土地管理法》为城乡土地分属二元主体和市场提供了法律"土壤"。我国城乡土地制度二元特征表现在产权、用途、市场、价格、规划和管理等不同方面（张合林、郝寿义，2007）。

2. 土地制度对农业转移人口市民化的影响

集体土地所有权的张力。土地产权缺陷集中表现在以下两个方面。一是土地产权模糊。我国现行农村土地制度存在着奇特的现象：土地所有权既不是集体的（名义上是，实际上不是），也不是农民的（农民对土地没有处置权），同时不是国家的（国家也不能对农村土地随意处置，国家为公共利益征用除外）。由于没有一个主体能够拥有土地的处置权（包括转让、抵押、租赁、使用等权利），我国的农村土地所有权实际上虚化了（郭熙保，2014）。二是缺少退出权。农民对集体土地的权利是一种"成员权"，只有作为集体经济组织的成

员时才拥有此项权利，如果选择"退出"，不再是集体经济组织的成
员，也就失去了曾经拥有的权利，即所谓"与生俱来，死不带走"
（傅晨、任辉，2014）。

原有农村土地承包法对农业转移人口市民化的影响。2003 年 3 月
1 日起施行的《中华人民共和国农村土地承包法》指出：承包期内，承
包方全家迁入小城镇落户的，应当按照承包方的意愿，保留其土地承包
经营权或者允许其依法进行土地承包经营权流转。承包期内，承包方全
家迁入设区的市，转为非农业户口的，应当将承包的耕地和草地交回发
包方。《2015 年农民工监测调查报告》显示①，2015 年，流入地级以上
城市的农民工占外出农民工总量的 66.3%。其中，跨省流动农民工中，
流入地级以上大中城市的占 80.0%；流动范围在省内乡外的农民工中，
流入地级以上大中城市的占 54.6%。根据《中华人民共和国农村土地
承包法》的规定，以上这部分农业转移人口要想在流入地落户必须交
回承包地。鉴于城镇生活成本高以及交回承包土地将会失去既得利益，
不落户是农业转移人口的理性选择。"2010 年国家人口和计划生育委员
会流动人口监测调查"数据显示，如果不涉及承包地等土地问题，
20.15% 的"80 前"农民工还愿意转变为"非农户口"；如果要求其交
回承包地，愿意转变为非农户口的人数占比下降到 11.04%。不涉及承
包地等土地问题，24.66% 的"80 后"农民工愿意转变为非农户口；如
果要求其交回承包地，愿意转户的比重就降低到 12.86%。对于不愿意
转变为非农户口的农民工来说，"80 前"农民工"想保留承包地"的
占 45.26%，"80 后"农民工为 33.47%（张翼，2011）。尽管不涉及土
地问题时，农业转移人口落户意愿也不高，但是当把交出承包地作为落

---

① 之所以选择 2015 年数据，是因为 2016～2021 年《农民工监测调查报告》中不再涉及农
民工流入地级以上城市数据。

户前提条件时，落户意愿下降水平明显，它们之间的负相关关系一目了然。为推进农业转移人口市民化，《中华人民共和国农村土地承包法（2018 年修正）》第二十七条规定，"国家保护进城农户的土地承包经营权。不得以退出土地承包经营权作为农户进城落户的条件"。

征地补偿标准低制约失地农民市民化能力。《中华人民共和国土地管理法（2004 年）》指出：征收耕地的补偿费用包括土地补偿费、安置补助费以及地上附着物和青苗的补偿费。其中，征收耕地的土地补偿费，为该耕地被征收前三年平均年产值的 6～10 倍。征收耕地的安置补助费，每一个需要安置的农业人口的安置补助费标准为该耕地被征收前三年平均年产值的 4～6 倍，最高不得超过 15 倍。另外，土地补偿费和安置补助费的总和不得超过土地被征收前三年平均年产值的 30 倍。农业产值较低，外加分配不公平，导致失地农民获得的征地补偿安置费相对较少。由美国农村发展研究所联合中国人民大学、美国密歇根州立大学对我国 17 个省的农业人口（这 17 个省的农业人口占全国农业人口的 83%）所开展的一项调查显示，60% 经历了征地的村庄的农民对补偿不满意；69.7% 的人认为补偿太低，35.8% 的人认为补偿不足以维持长期生活，24.0% 的人认为市场价格远高于补偿水平，23.4% 的人表示大量补偿款被截留及挪用，16.4% 的人表示没有任何补偿，9.0% 的人称补偿被拖欠（辛红，2011）。较低的征地补偿安置费对失地农民市民化能力和水平的影响可想而知。

土地流转价格较低影响农业转移人口市民化能力。在农村，特别是偏远农村，土地经营权流转市场发育并不完善，土地流转服务平台建设相对滞后。由此带来的问题是，农民工进城务工后即便愿意流转土地，也常常面临土地流转价格低或者干脆流转不出去的困境。最终的结果是，要么让自家留守人员粗放耕作，要么接受低价转租。由于农业转移人口土地承包经营权不能变现或者仅能部分折现，其市民化能力自然会大打折扣。

3. 深化农村土地制度改革

《国务院关于深化改革严格土地管理的决定》（国发〔2004〕28号）指出，土地补偿费和安置补助费的总和达到法定上限，尚不足以使被征地农民保持原有生活水平的，当地人民政府可以用国有土地有偿使用收入给予一定补贴。《中共中央关于全面深化改革若干重大问题的决定》指出，"完善对被征地农民合理、规范、多元保障机制""建立兼顾国家、集体、个人的土地增值收益分配机制，合理提高个人收益"。《关于农村土地征收、集体经营性建设用地入市、宅基地制度改革试点工作的意见》的出台标志着我国农村土地制度改革即将进入试点阶段。为进一步健全农村土地产权制度，《关于完善农村土地所有权承包权经营权分置办法的意见》（中办发〔2016〕67号）将土地承包经营权一分为二，进一步划分为承包权和经营权，开始实行所有权、承包权、经营权"三权分置"。为进一步赋予农民充分而有保障的土地权利，提高农业农村现代化水平，2017年10月31日审议的《中华人民共和国农村土地承包法修正案（草案）》删除了现行法律中关于"承包方全家迁入设区的市，转为非农业户口的，应将承包地交回发包方"的规定，改为"维护进城务工农民的土地承包经营权，不得以退出土地承包权作为农民进城落户的条件。是否保留土地承包经营权，由农民选择而不代替农民选择。"

三　财政制度

1. 财政分权制度的形成

计划经济时期，我国实行的是高度集中、统收统支的财政体制，突出特点是预算管理权限、财力全都集中在中央，地方政府没有独立的财政支配权。十一届三中全会指出："现在我国经济管理体制的一个重要缺点是权力过于集中，应该有领导地大胆下放，让地方和工农企业在国家统一计划的领导下，有更多的经营管理自主权。"自此以后，我国先后实行了"划分收支、分级包干、一定五年不变"（1980 年），"划分税种、核定收支、分级包干"（1984 年），收入递增包干法、总额分成办法、总额分成加增长分成办法、上解额递增包干办法、定额上解办法等"多种形式包干办法"（1988 年）的财政体制，采取了一系列"分权"措施。1994 年，为解决财政包干产生的诸如地方政府重复建设、盲目竞争、转移预算内财政资源、中央政府调控能力弱化等突出问题，中央政府调整了与地方政府之间的财政关系，开始实施分税制改革（匡远配、周凌，2017）。分税制改革标志着财政分权制度的正式确立。

2. 财政制度改革

实施支持农业转移人口市民化的财政政策。《国务院关于实施支持农业转移人口市民化若干财政政策的通知》（国发〔2016〕44 号）对于实施支持农业转移人口市民化的财政政策做了明确规定：一是加大对农业转移人口市民化的财政支持力度，并建立动态调整机制；二是建立农业转移人口市民化奖励机制；三是安排专项资金给予适当政策倾斜。中央财政在安排城市基础设施建设和运行维护、保障性住房等相关专项资金时，对吸纳农业转移人口较多的地区给予适当支持。

改革中央与地方财权与事权。《国务院关于推进中央与地方财政事权和支出责任划分改革的指导意见》（国发〔2016〕49 号）指出，按照"谁的财政事权谁承担支出责任"的原则，确定各级政府支出责任。目前存在的最大问题是如何科学划分中央政府与地方政府（特别是城市政府）在农业转移人口市民化中的财政事权。

3. 财政分权制度对农业转移人口市民化的影响

财政分权制度是地方政府不愿为农业转移人口提供基本公共服务

的缘由。在现有财政体制下，基本公共服务和基础设施建设的筹资、承担和投入主体是地方政府，而不是中央政府。因此，流入地政府没有积极性和动力为农业转移人口市民化提供基本公共服务，而流出地政府也不愿让流出人口在流入地市民化而失去中央的部分转移支付。在这样的格局下，尽管中央政府多次强调要解决农业转移人口（绝大部分就是农民工）的基本权益和生活问题，但是各地按兵不动（王春光，2016）。

分税制是土地财政产生，以及城市政府"要地不要人"的重要原因。统计数据显示，1993年，地方一般公共预算收入占全国一般公共预算收入的57.57%。1994年分税制实施以来，地方一般公共预算收入占全国一般公共预算收入的比重呈下降趋势。2016年、2017年、2018年该比重依次为54.65%、52.99%、53.40%。与此相对，地方一般公共预算支出占全国一般公共预算支出的比重持续偏高。2016年、2017年、2018年该比重分别是85.41%、85.32%、85.19%。分税制财政体制使中央和地方的财政收支状况发生了显著变化，极大地改变了地方政府的行为方式，财政收支的不平衡致使地方政府把眼光投向最大的经济资源——土地（肖全章、郭欢，2012），土地财政应运而生。据统计，1995年全国土地出让收入是420亿元，2011～2017年，全国土地出让收入依次为3.32万亿元、2.84万亿元、4.13万亿元、4.29万亿元、3.26万亿元、3.75万亿元、5.18万亿元。2017年土地出让收入是1995年的120多倍。此外，分税制所带来的财权与事权失衡，大量公共事务由城市政府承担，导致城市政府在财力有限的条件下，财政支出只能优先覆盖城市户籍居民（市民），以满足其基本公共服务需求，而把农业转移人口排斥在外。部分城市政府"要地不要人"的行为制约了农业转移人口市民化进程。

四 就业制度

1. 二元就业制度的形成

二元就业制度与限制农民进城一脉相承。1952年8月6日，政务院发布的《关于劳动就业问题的决定》指出，城市与工业的发展，国家各方面建设的发展，将要从农村吸收整批的劳动力，但这一工作必须是有计划有步骤地进行，而且在短时期内不可能大量吸收。故必须大力说服农民，以克服农民盲目地向城市流动的情绪。此决定的发布昭示着城乡分割的二元就业制度雏形渐成。农村劳动力流动势必增加城市就业压力，为优先解决城镇居民就业问题，"必须大力说服农民"不要盲目进城。1953年4月，政务院发布了《关于劝止农民盲目流入城市的指示》；1954年3月，内务部和劳动部联合发布了《关于继续贯彻〈关于劝止农民盲目流入城市〉的指示》，强调未经劳动部门许可和介绍，不得在农村招收工人，明令禁止农民进城就业。1955年4月12日，中央在《关于第二次全国省、市计划会议总结报告》中指示："一切部门的劳动调配必须纳入计划，增加人员必须通过劳动部门统一调配，不准随便招收人员，更不准从乡村中招收人员。"1956年8月通过的《关于解决城市失业问题的意见》指出：各企事业单位招收人员时，应遵守先城市后农村的原则。1956年12月30日，国务院签发了《关于防止农村人口盲目外流的指示》；1957年3月2日，国务院又签发了《关于防止农村人口盲目外流的补充指示》；1957年9月14日，国务院再次发出《关于防止农民盲目流入城市的通知》；1957年12月18日，中共中央和国务院联合发出《关于制止农村人口盲目外流的指示》。从劝止到防止再到制止，从国务院一个部门发布到中共中央与国务院联合发布，国家禁止农民进城务工就业的态度不言而喻。

二元就业制度与城市就业问题如影随形。农村家庭联产承包责任制的实施不仅解放了农村生产力，实现了农业大发展，而且把农民从土地上解放了出来，大批农民纷纷进城务工，城镇就业压力骤然增加。1978年城镇登记失业人口为530万人，1979年升至568万人，比上年增长了7.17%；1978年城镇登记失业率为5.3%，1979年为5.4%。为解决城镇失业问题，1981年12月30日，国务院发布了《关于严格控制农村劳动力进城做工和农业人口转为非农业人口的通知》（国发〔1981〕181号）。通知明确要求，各地区、各部门要大力发展农村经济，引导农村多余劳动力在乡村搞多种经营，不要往城里挤。同时，要采取有效措施，严格控制农村劳动力进城做工和农业人口转为非农业人口。通过"堵"和"遣"，城镇失业问题有所缓解。1983年城镇登记失业人口为271万人，登记失业率降至2.3%；1984年城镇登记失业人口为236万人，登记失业率进一步下降为1.9%。

2. 国家重视农民工就业问题

取消对农民进城务工的歧视性规定。《国务院办公厅关于做好农民进城务工就业管理和服务工作的通知》（国办发〔2003〕1号）指出，"各地区、各有关部门要取消对企业使用农民工的行政审批，取消对农民进城务工就业的职业工种限制，不得干涉企业自主合法使用农民工"。《关于进一步清理和取消针对农民跨地区就业和进城务工歧视性规定和不合理收费的通知》（发改价格〔2004〕1405号）明确指出，除法律、行政法规规定外，各地设立的针对农民跨地区就业和进城务工的各种行政许可和非行政许可审批事项，一律取消。

多种措施促进农业转移人口就业。党中央、国务院高度重视农业转移人口就业问题，为解决农民工就业问题，国务院制定并出台了一系列政策措施。其中，《国务院关于解决农民工问题的若干意见》（国发〔2006〕5号）指出，"输出地和输入地要加强协作，开展有组织的就业、创业培训和劳务输出"。对于输入农民工的城镇，向农民工开放公共职业介绍机构,"免费提供政策咨询、就业信息、就业指导和职业介绍"。《国务院办公厅关于切实做好当前农民工工作的通知》(国办发〔2008〕130号)以及《国务院关于进一步做好为农民工服务工作的意见》(国发〔2014〕40号),都对着力稳定和扩大农民工就业创业做了具体部署。

3. 二元就业制度的负面影响短期内难以消除

在就业服务方面,由于存在较为明显的歧视政策,进城务工的农民工不能同等享受城市公共就业服务,农民工就业服务供给严重不足,就业服务效果较差(或一般)是这一问题的集中表现。对上海、天津、广州、沈阳、昆明五个城市的一项调查结果显示,从未获得职业介绍和职业培训就业服务的农民工占比分别是73.1%、71.5%;农民工对就业服务效果评价的平均值为63.3分,比一般(60分)稍高一点(魏下海、黄乾,2011)。

在就业准入方面,部分城市政府以优先保障城市市民就业为目标或规则,在招工比例、务工领域、户口等方面设置门槛,农民工遭受就业歧视较为普遍。有的公司不要外地人,有的公司只招本地人,部分在沪企业招聘时设置户籍门槛(叶赟、钱培坚,2017)。由于缺乏城乡统一的劳动力市场,大多数进城农民工集中于制造业、建筑业、居民服务业、住宿餐饮业、批发零售业等劳动密集型行业,与其他行业相比,这些行业或工种劳动强度大、工作环境差、工伤事故多。

在就业待遇方面,受所处职业环境和自身能力的影响,农民工在工资、保障、福利、工作条件与环境等方面受到歧视性对待。与城镇职工相比,"同工不同酬""同工不同时""同工不同权"现象普遍存在。

五　社会保障制度

1. 农民工社会保障制度的建立

农民工社会保障制度长期处于缺失状态。由于城乡二元户籍制度和农民工"亦工亦农"的特殊身份，农民工不但无法与正式职工享有同等社会保障待遇，而且相当长一段时期农民工城镇社会保障权利处于空白或缺失状态。1989年10月5日国务院发布的《全民所有制企业临时工管理暂行规定》（国务院令第41号）指出，"企业招用临时工，从城镇招用的应当实行社会养老保险制度，保险基金的缴纳标准和支付、管理办法，可比照《国营企业实行劳动合同制暂行规定》办理"。对从农村招用的临时工的养老保险缴纳标准、支付和管理根本没有提及。

农民工社会保障制度不健全、不完善。制定社会保障制度的初衷主要是为了解决国企改革下岗职工而设计的配套措施，这个制度自建立以来始终没有提出和制定过改善流动人口参保可及性的具体措施（郑秉文，2008）。尽管近年来，我国加快了农民工社会保障制度建设的速度，初步形成了不同的保障模式，但是由于受到城乡二元制度和地方政府、企业、农民工支付能力的限制，整体来看，农民工社会保障制度仍然存在诸多缺陷，既不健全也不完善。缺陷集中体现在社会保障项目少、社会保障水平低、社会保险关系难以转移（接续）、社会保障门槛高、地区差异明显五个方面（黄锟，2011a）。

对农民工社会保障制度改革的探索。《关于完善城镇职工基本养老保险政策有关问题的通知》（劳社部发〔2001〕20号）首次对农民合同制职工的养老保险关系接续、转移问题做出明确规定。《中共中央、国务院关于推进社会主义新农村建设的若干意见》（中发〔2006〕1号）指出，逐步建立务工农民社会保障制度，依法将务工农民全部纳入工伤保险范围，探索适合务工农民特点的大病医疗保障和养老保险办法。《国务院关于解决农民工问题的若干意见》（国发〔2006〕5号）明确指出，"积极稳妥地解决农民工社会保障问题"。具体措施包括"所有用人单位必须及时为农民工办理参加工伤保险手续，并按时足额缴纳工伤保险费""各统筹地区要采取建立大病医疗保险统筹基金的办法，重点解决农民工进城务工期间的住院医疗保障问题""抓紧研究低费率、广覆盖、可转移，并能够与现行的养老保险制度衔接的农民工养老保险办法"。

2. 农民工社会保障制度改革

十八大以来，党中央、国务院高度重视农业转移人口，特别是农民工的社会保障权益问题，制定、颁布了一系列重要文件。其中，《国务院关于建立统一的城乡居民基本养老保险制度的意见》（国发〔2014〕8号）指出，到"十二五"末，在全国基本实现新农保和城居保制度合并实施，并与职工基本养老保险制度相衔接。《国务院关于整合城乡居民基本医疗保险制度的意见》（国发〔2016〕3号）提出，整合城镇居民基本医疗保险和新型农村合作医疗两项制度，建立统一的城乡居民基本医疗保险制度。《国务院关于深入推进新型城镇化建设的若干意见》（国发〔2016〕8号）指出，允许在农村参加的养老保险和医疗保险规范接入城镇社保体系，推进城镇基本公共服务常住人口全覆盖。《国务院关于实施支持农业转移人口市民化若干财政政策的通知》（国发〔2016〕44号）指出，中央和省级财政部门要配合人力资源社会保障等有关部门做好将持有居住证人口纳入城镇社会保障体系和城乡社会保障制度衔接等工作。《国务院办公厅关于印发推动1亿非户籍人口在城市落户方案的通知》（国办发〔2016〕72号）指出，落实进城落户农民参加城镇养老保险、基本医疗保险等政策。

3. 社会保障制度对农民工市民化的影响

对农民工市民化意愿的影响。社会保险是城镇农民工社会保障的核心，现以社会保险为例，分析其对农民工市民化意愿的影响。王桂新、胡健（2015）通过定量研究发现，养老保险、医疗保险对农民工市民化意愿具有显著的正向影响。其中，与未参加养老保险者相比，拥有养老保险的城镇农民工想要转为城镇户口的意愿更大，是未参加者的

1.48 倍。采用等权重法（将养老、医疗、工伤、失业和生育保险 5 个变量整合成社会保险参与度一个指标）进一步研究发现，社会保险参与度越高，农民工市民化意愿的概率越大（优势比为 1.25）。

对农民工落户大中城市的影响。大中城市制定落户政策时，往往把参加城镇社会保险年限作为主要条件之一（根据要求，大城市落户条件中对参加城镇社会保险的年限要求不得超过 5 年，中等城市不得超过 3 年）。然而，参加城镇社会保险的农民工相对较少。《2016 年度人力资源和社会保障事业发展统计公报》显示，2016 年，参加城镇职工基本养老保险的农民工人数为 5940 万人，参加城镇基本医疗保险的农民工人数为 4825 万人，分别占农民工总量（28171 万人）的 21.09%、17.13%。《2017 年度人力资源和社会保障事业发展统计公报》显示，2017 年，参加城镇职工基本养老保险的农民工为 6202 万人，参加城镇基本医疗保险的农民工是 6225 万人，分别占农民工总量（28652 万人）的 21.65%、21.73%。带来的结果就是能落户大中城市的农民工"屈指可数"。据报道，2017 年通过积分制落户广州的有 15670 人，其中，入户人员有 6001 人，随迁人员有 9669 人（张丹羊，2018），与广州市 552 万外来人口（2017 年末，广州市常住人口有 1449.84 万人，户籍人口有 897.87 万人）相比，通过积分落户的占比偏低（仅有 0.28%）。绝大多数农民工不能落户工作、居住、生活的大中城市，势必影响城镇化水平，制约市民化进程。

对农民工养老保险城乡衔接的影响。2014 年 2 月，人力资源和社会保障部出台了《城乡养老保险制度衔接暂行办法》（以下简称"《暂行办法》"），意在解决城镇职工基本养老保险（以下简称"城镇职保"）与城乡居民基本养老保险（以下简称"城乡居保"）两种制度之间的衔接问题。但《暂行办法》存在一定的不足，就统筹区域内城镇职保和城乡居保的转移衔接而言，主要体现在以下两个方面。一是从城乡居保转入城镇职保不折算缴费年限。《暂行办法》规定：参保人从城乡居保转入城镇职保，城乡居保个人账户全部储存额并入城镇职保个人账户，城乡居保缴费年限不合并计算或折算为城镇职保缴费年限。参保人员从城镇职保转入城乡居保的，城镇职保个人账户全部储存额并入城乡居保个人账户，参加城镇职保的缴费年限合并计算为城乡居保的缴费年限。城乡居保转入城镇职保不折算缴费年限的原因在于二者的缴费水平差异太大，折算后的年份太少。但是，随着经济发展，农村居民可支配收入的提高，在参加城乡居保时可能会选择较高档次缴费。因此，仅因现在的参保者普遍选择较低档次缴费，可折算缴费年限很少而不折算，这将使选择较高档次缴费的参保者的养老保险权益受损，与鼓励城乡居民选择较高档次和较长年限缴费的政策初衷相悖。二是由城镇职保转入城乡居保不转移统筹账户基金。从《暂行办法》可以看出，从城镇职保转入城乡居保不转移统筹账户基金。对此的解释是，城乡居保中无统筹账户，且统筹基金不属于个人，不转移统筹基金也不影响个人权益。对这一问题，有学者指出，不转移城镇职保社会统筹账户资金势必有损参保者作为劳动者的权益。因为城镇职保中企业缴费部分是对劳动者贡献的一种补偿，是劳动者基本权益的重要组成部分。以灵活就业人员身份参加城镇职保的，其权益受损最为严重。参保人以灵活就业方式缴费，其中 60% 的个人缴费要纳入社会统筹基金，只有 40% 的记入本人的个人账户。按现行衔接政策，其个人缴费的社会统筹账户资金将全部损失，这有违社会保障促进社会公平正义的原则。

本书之所以详细阐述了影响农业转移人口市民化水平的制度因素，是因为尽管影响农业转移人口市民化水平的因素是复杂的、多层面的、综合的，但是制度因素是最重要、最根本的因素，其他因素在某种程度上受到制度因素的制约（黄锟，2011）。

第四章
农业转移人口市民化意愿与能力

解决好人的问题是推进新型城镇化的关键。从目前我国城镇化发展要求来看，主要任务是解决已经转移到城镇就业的农业转移人口落户问题，努力提高农民工融入城镇的素质和能力。

——2013年《中央城镇化工作会议公报》

第一节 农业转移人口市民化意愿

一 农业转移人口市民化意愿差异

1. 研究背景

"十三五"时期，我国户籍制度改革成效显著，1亿左右农业转移人口有序实现市民化。2015～2020年，我国常住人口城镇化率由56.10%增至63.89%，户籍人口城镇化率由39.9%增至45.4%，但两者之间的差距基本未变。2020年，受国内国际以及新冠肺炎疫情等多重因素的影响，常住人口城镇化率有所下降。《中华人民共和国2020年国民经济和社会发展统计公报》显示，2020年，全国农民工总量比上年下降1.8%，其中外出农民工数量下降2.7%。《中共中央关于制定国民经济和社会发展第十四个五年规划和二〇三五年远景目标的建议》

指出，"推进以人为核心的新型城镇化……深化户籍制度改革……加快农业转移人口市民化"。2021 年 1 月 11 日，习近平总书记在省部级主要领导干部学习贯彻党的十九届五中全会精神专题研讨班上的讲话中语重心长地指出："农民落户城市意愿下降等问题要抓紧研究、明确思路。"缩小常住人口城镇化率与户籍人口城镇化率之间的差距，提高农业转移人口市民化意愿，任重而道远。

已有研究的不足。已有研究成果为本书奠定了坚实的基础，然而已有研究存在以下不足。（1）部分研究数据区域范围较小，代表性不足。部分学者运用区域调查数据研究全国情况，存在"以偏概全"的风险。其中，黄祖辉等（2004）采用的数据是浙江省 328 名进城农民（已经农转非的 146 人）的调查数据，梅建明（2006）采用的数据是对武汉市 782 名进城务工农民的调查数据。（2）部分研究成果将市民化意愿选项进行合并。全国流动人口卫生计生动态监测调查流动人口问卷中，问题"如果您符合本地落户条件，您是否愿意把户口迁入本地？"实际有 3 个选项，即"愿意""不愿意""没想好"。但是，部分研究成果将"没想好"归并到"不愿意"之中，致使"不愿意"的占比大幅上升。（3）部分研究结论相互矛盾。其中，刘传江（2010）研究发现，与第一代农民工相比，第二代农民工（新生代农民工）更期待成为城市居民。但是，张翼（2011）研究指出，在进城落户意愿上，"80 前"与"80 后"农民工的态度基本一致。黄祖辉等（2004）认为，与男性相比，女性进城者更希望"农转非"。与之不同，张洪霞（2014）认为，男性农民工市民化的倾向比女性更强。黄锟（2011）明确指出，性别对市民化意愿的影响并不明显。王桂新等（2010）研究指出，婚姻状况对城市农民工市民化意愿的影响最为显著。张洪霞（2014）认为，婚姻状况对农民工城镇户籍转换意愿没有影响。此外，黄锟（2011）指出，外出打工时间对农民工市民化意愿没有影响。然而，梅建明、袁玉洁（2016）研究发现，外出务工时间对农民工市民化意愿有显著影响。鉴于此，本书运用 2017 年全国流动人口动态监测数据，研究农业转移人口市民化意愿的差异及其影响因素。

2. 农业转移人口市民化意愿总体差异

在 2017 年全国流动人口动态监测调查问卷中，"如果您符合本地落户条件，您是否愿意把户口迁入本地？"选项有"愿意""不愿意""没想好"三项，本书将"愿意把户口迁入本地"作为市民化意愿的肯定回答，并用"愿意把户口迁入本地"的占比衡量农业转移人口市民化意愿强度。

经过数据清洗后，获得有效数据 40464 个。有效数据显示，在农业转移人口中，明确表示愿意把户口迁入本地城市的占 37.0%，不愿把户口迁入本地城市的占 35.4%，没想好的占 27.6%。由此来看，农业转移人口市民化意愿较低，有序推进农业转移人口市民化仍然任重道远。

3. 农业转移人口市民化意愿个体差异

性别差异。有效数据显示，男性农业转移人口中，愿意把户口迁入本地城市的占 37.4%；女性农业转移人口中，愿意把户口迁入本地城市的占 36.5%。由此来看，男性农业转移人口市民化意愿略高于女性。

年龄差异。有效数据显示，农业转移人口中的"80 后"（截至 2017 年 5 月，年龄小于等于 37 岁）群体中愿意把户口迁入本地城市的占 37.0%，"70 后"（截至 2017 年 5 月，年龄大于 37 岁但小于等于 47 岁）群体中愿意把户口迁入本地城市的占 36.2%，"60 后"（截至 2017 年 5 月，年龄大于 47 岁但小于等于 57 岁）群体中愿意把户口迁入本地城市的占 38.3%，"50 后"（截至 2017 年 5 月，年龄大于 57 岁但小于等于 67 岁）群体中愿意把户口迁入本地城市的占 39.0%。由此来看，农业转移人口市民化意愿与其年龄呈"V"形关系。

婚姻状况差异。有效数据显示，非在婚（未婚、离婚、丧偶）的农业转移人口中，愿意把户口迁入本地城市的占35.2%；在婚（初婚、再婚、同居）的农业转移人口中，愿意把户口迁入本地城市的占37.6%。由此来看，在婚群体的市民化意愿略高于非在婚群体。

受教育程度差异。有效数据显示，农业转移人口中，未上过学的愿意把户口迁入本地城市的占36.2%，小学学历的占36.6%，初中学历的占37.0%，高中/中专学历的占37.2%，大学专科学历的占37.0%，大学本科及以上学历的占37.0%。由此来看，农业转移人口市民化意愿与其受教育程度之间的关系并不明显。

4. 农业转移人口市民化意愿城市因素差异

流动时间差异。农业转移人口中，流动时间小于等于5年的愿意落户城市的占同类群体的35.0%；流动时间大于5年但小于等于10年的，愿意落户的占38.5%；流动时间大于10年但小于等于15年的，愿意落户的占42.7%；流动时间大于15年但小于等于20年的，愿意落户的占43.9%；流动时间大于20年的，愿意落户的占50.3%。由此可以看出，农业转移人口市民化意愿与其流动时间呈正相关。

流入地类型差异。有效数据显示，农业转移人口中，流入东部地区①的，愿意把户口迁入本地城市的占37.7%；流入中部、西部地区②的，愿意把户口迁入本地城市的占比依次是40.1%、33.6%。由此来看，流入中部地区的农业转移人口市民化意愿最高，东部地区的次之，

---

① 东部地区包括北京、天津、河北、辽宁、上海、江苏、浙江、福建、山东、广东、海南11个省（直辖市）。由于有效数据中东北地区数据较少，本书将东北三省的数据整合到东部、中部地区之中。各地区划分详见 http://www.stats.gov.cn/tjsj/sjjd/202210/t20221011_1889094.html。

② 中部地区包括山西、吉林、黑龙江、安徽、江西、河南、湖北、湖南8个省；西部地区包括内蒙古、广西、重庆、四川、贵州、云南、西藏、陕西、甘肃、青海、宁夏、新疆12个省（区、市）。

西部地区的最低。

流入城市规模差异。本书首先根据《2017 年城市建设统计年鉴》相关数据，按照 2014 年印发的《国务院关于调整城市规模划分标准的通知》要求①对流入城市进行了划分，然后分析农业转移人口市民化意愿与流入城市规模之间的关系。有效数据显示，农业转移人口市民化意愿与流入城市规模呈倒 U 形关系，"拐点"以特大城市为界。"拐点"前，农业转移人口市民化意愿随着城市规模的增大而上升，流入特大城市的意愿最强（愿意把户口迁入本地的高达 40.1%）；"拐点"后，尽管流入城市规模变大，由特大城市变为超大城市，但是市民化意愿出现了断崖式下降。

流入地家庭收入差异。有效数据显示，农业转移人口市民化意愿与其家庭总收入呈正相关。

劳动合同签订差异。有效数据显示，农业转移人口中，没有签订劳动合同的，愿意把户口迁入本地城市的占 32.1%；签订了劳动合同（包括固定期限、无固定期限、完成一次性任务、试用期）的，愿意把户口迁入本地城市的占 40.2%。由此来看，农业转移人口市民化意愿与其劳动合同的签订息息相关。

现住房性质差异。有效数据显示，农业转移人口中，现住房性质为就业场所、其他非正规居所的，愿意落户其移居城市的占 28.8%；现住房性质为单位房或雇主房（不包括就业场所）、政府提供公租房、借住房的，愿意落户的占 31.0%；现住房性质为租住私房（整租或合租）的，愿意落户的占 40.1%；现住房性质为自购房（包括自购商品房、

---

① 《国务院关于调整城市规模划分标准的通知》指出，城区常住人口 50 万以下的城市为小城市，城区常住人口 50 万以上 100 万以下的城市为中等城市，城区常住人口 100 万以上 500 万以下的城市为大城市，城区常住人口 500 万以上 1000 万以下的城市为特大城市，城区常住人口 1000 万以上的城市为超大城市（以上包括本数，以下不包括本数）。

自购保障性住房、自购小产权房）或自建房的，愿意落户的占 36.1%。租住私房的农业转移人口市民化意愿最高，自购房或自建房的次之，现住房性质为单位房或雇主房、政府提供公租房、借住房的处于第三位，居住在就业场所、其他非正规居所的农业转移人口市民化意愿最低。

社会交往差异。有效数据显示，农业转移人口中，主要与同乡交往的，愿意落户本地城市的占 36.8%；主要与本地人交往的，愿意落户的占 38.9%；主要与其他外地人交往的，愿意落户的占 38.8%；很少与人来往的，愿意落户的占 33.11%。由此来看，业余时间与谁交往对市民化意愿有一定的影响。主要与本地人或其他外地人交往的农业转移人口市民化意愿较高，与同乡交往的次之，很少与人来往的市民化意愿最低。

5. 农业转移人口市民化意愿农村因素差异

从农业转移人口市民化作用力来看，无论是城镇还是农村，都是既存在推力也存在拉力。对一部分人来说是"推力"，对另一部分人来说也可能是"拉力"或"黏力"，反之亦成立。农村因素的差异性、作用力的复杂性导致农业转移人口市民化意愿的多样性。

老家承包地、宅基地、集体分红等农村经济权益拥有状况与市民化意愿差异。有效数据显示，老家有无承包地、宅基地，以及是否参与集体分红对市民化意愿都有一定的影响。老家有承包地或宅基地的落户意愿较低，而老家没有承包地或宅基地的落户意愿较高。与此相对，尽管参与农村老家集体分红的农业转移人口仅占样本总体的 2.6%，但是愿意落户的占参与农村集体分红人口总体的比例高达 38.4%。

户籍地（流出地）、老家地理位置与市民化意愿差异。有效数据显示，户籍地（流出地）是中部地区的，市民化意愿最高（39.7%），东部地区的次之（38.9%），西部地区的最低（32.9%）。此外，农业转移人口中，老家（户籍所在地）是农村、乡镇、县城、地级市、省会城市的，愿意落户本地（流入地）的比重依次为 36.1%、41.3%、49.5%、58.5%、60.4%，即市民化意愿随着其老家地理位置的升级（按照行政级别）而增强。但是，老家地理位置是直辖市的农业转移人口愿意落户本地（流入地）的仅占 29.2%，市民化意愿出现断崖式下降。

二　农业转移人口市民化意愿影响因素分析

1. 模型构建

鉴于市民化意愿的答案有三种（"愿意""不愿意""没想好"），本书建立了两个二元 Logistic 回归模型。具体模型如式 4-1、式 4-2所示：

$$\text{Logit} \frac{P_{愿意}}{P_{不愿意}} = \alpha_1 + \beta_{11} X_1 + \beta_{12} X_2 + \cdots + \beta_{1m} X_m \qquad (4-1)$$

$$\text{Logit} \frac{P_{没想好}}{P_{不愿意}} = \alpha_2 + \beta_{21} X_1 + \beta_{22} X_2 + \cdots + \beta_{2m} X_m \qquad (4-2)$$

式 4-1、式 4-2 中，$P_{愿意}$ 表示愿意市民化的概率，$P_{不愿意}$ 表示不愿意市民化的概率，$P_{没想好}$ 表示没想好的概率；α 为截距项，X_m 表示第 m 个影响因素，β_{1m}、β_{2m} 为影响因素的回归系数。

2. 变量设置

本书将"愿意把户口迁入本地"作为市民化意愿的肯定表达，设置为因变量，将性别、年龄等 18 个变量作为自变量，分为个体因素、城市拉力或斥力因素、农村推力或黏力因素三种类型。各变量名称及赋值情况如表 4-1 所示。

表 4-1　变量名称及赋值

变量类型	变量名称	赋值
因变量	市民化意愿	愿意 = 1，不愿意 = 2，没想好 = 3

续表

变量类型		变量名称	赋值
自变量	个体因素	性别	男=1，女=2
		年龄（岁）	≤37=1，>37&≤47=2，>47&≤57=3，>57&≤67=4
		婚姻状况	非在婚（未婚、离婚、丧偶）=1，在婚（初婚、再婚、同居）=2
		受教育程度	未上过学=0，小学=6，初中=9，高中/中专=12，大学专科=14，大学本科=16，研究生=20
		流动范围	跨省=1，省内跨市=2，市内跨县=3
		流动时间（年）	≤5=1，>5&≤10=2，>10&≤15=3，>15&≤20=4，>20=5
	城市拉力或斥力因素	流入地类型	东部=1，中部=2，西部=3
		流入城市规模	小城市=1，中等城市=2，大城市=3，特大城市=4，超大城市=5
		家庭月均收入（元）	≤3000=1，>3000&≤5000=2，>5000&≤10000=3，>10000&≤15000=4，>15000=5
		现住房性质	单位、雇主、政府提供或借住房=1，租住私房=2，自购房、自建房=3
		劳动合同	已签订=1，未签订或不清楚=2
		居住证	已办理=1，未办理=2
		与谁交往最多	很少与人来往=1，本地人=2，其他外地人=3，同乡=4
	农村推力或黏力因素	老家承包地	有=1，没有或不清楚=2
		老家宅基地	有=1，没有或不清楚=2
		农村集体分红	有=1，没有或不清楚=2
		户籍地类型	东部=1，中部=2，西部=3
		老家地理位置	农村=1，乡镇=2，县城=3，地级市=4，省会城市=5，直辖市=6

3. 回归分析

本书首先分析个体因素对市民化意愿的影响，建立模型1。其次，将个体因素作为控制变量，把城市拉力或斥力因素纳入模型，建立模型2。再次，将个体因素作为控制变量，把农村推力或黏力因素纳入模型，建立模型 3。最后，将各类因素全部纳入模型，建立模型 4。本书运用 SPSS Statistics 21 软件进行回归分析，回归分析结果如表 4－2 所示。

表 4－2　农业转移人口市民化意愿影响因素回归分析结果

	模型 1	模型 2	模型 3	模型 4
	Exp（B）	Exp（B）	Exp（B）	Exp（B）
个体因素				
性别（女性）：男性	1.203	0.971	0.976	1.027
年龄（"50 后"）：		1.012	1.013	
"80 后"	0.975			0.962
"70 后"	0.918			0.914
"60 后"	1.057			1.043
婚姻状况（在婚）：非在婚	0.925＊＊	1.042	1.052	0.954
受教育程度（研究生）：		1.001	1	
未上过学	1.011			1.032
小学	0.987			1.039
初中	1.023			1.038
高中/中专	1.036			1.049
大学专科	1.025			1.037
大学本科	0.996			0.996
流动范围（市内跨县）：		0.790＊＊＊	0.738＊＊＊	
跨省	2.076＊＊＊			1.623＊＊＊
省内跨市	1.760＊＊＊			1.546＊＊＊
流动时间（＞20 年）：		1.071＊＊＊	1.105＊＊＊	
≤5 年	0.632＊＊＊			0.664＊＊＊
＞5 年 & ≤10 年	0.711＊＊＊			0.680＊＊＊
＞10 年 & ≤15 年	0.793＊＊			0.767＊
＞15 年 & ≤20 年	0.804＊			0.797＊
城市拉力或斥力因素				
流入地类型（西部）：				
东部		1.103＊＊＊		0.996

	模型 1	模型 2	模型 3	模型 4
	Exp（B）	Exp（B）	Exp（B）	Exp（B）
中部		1.125***		1.039
流入城市规模（超大城市）：				
小城市		1.005		0.98
中等城市		0.988		0.978
大城市		1.002		0.982
特大城市		1.153**		1.144**
家庭月均收入（>15000元）：				
≤3000元		0.494***		0.467***
>3000元&≤5000元		0.466***		0.457***
>5000元&≤10000元		0.488***		0.498***
>10000&≤15000		0.663***		0.698***
劳动合同（未签订或不清楚）：已签订		1.425***		1.375***
现住房性质（自购房、自建房）：				
单位、雇主、政府提供或借住房		0.796***		0.858***
租住私房		1.263***		1.311***
居住证（未办理）：已办理		1.652***		1.620***
与谁交往最多（同乡）：				
很少与人来往		0.961		0.926*
本地人		1.267***		1.220***
其他外地人		1.115**		1.088*
农村推力或黏力因素				
老家承包地（没有或不清楚）：有			0.641***	0.671***
老家宅基地（没有或不清楚）：有			0.760***	0.737***
农村集体分红（没有或不清楚）：有			1.07	1.005
户籍地类型（西部）				

续表

	模型 1	模型 2	模型 3	模型 4
	Exp（B）	Exp（B）	Exp（B）	Exp（B）
东部			1.205 ***	1.254 ***
中部			1.221 ***	1.162 ***
老家地理位置（直辖市）：				
农村			1.547	1.703
乡镇			1.959	2.056
县城			2.528	2.577
地级市			3.138	3.14
省会城市			3.194	3.21
df	34	46	32	88
Sig.	0.000	0.000	0.000	0.000
N		40464		

注：括号内为参照组；Wald 检验的 sig 值为 P，以 $P < 0.05$ 为有显著意义，$0.01 \leqslant P < 0.05$ 用 * 标注，$0.001 \leqslant P < 0.01$ 用 ** 标注，$P \leqslant 0.001$ 用 *** 标注。

由表 4-2 可以看出，4 个模型的显著性水平均为 0，显著性较高。各因素与市民化意愿的具体回归分析结果如下。

个体因素与市民化意愿的回归分析结果。模型 1 的回归结果显示，婚姻状况、流动范围、流动时间对市民化意愿的影响显著；性别、年龄、受教育程度对市民化意愿的影响并不显著。其中，（1）婚姻状况的 Exp（B）=0.925，表示在其他变量不变的情况下，非在婚的农业转移人口市民化意愿的概率是在婚的 92.5%，即在婚的农业转移人口市民化意愿更高。（2）流动范围属于跨省、省内跨市的农业转移人口，其在模型 1 中的 Exp（B）值分别为 2.076、1.760，即其市民化意愿的概率分别是市内跨县的 2.076 倍和 1.760 倍，表明流动范围越大，市民化意愿越强。（3）与流动时间大于 20 年的农业转移人口相比，流动时间小于或等于 5 年、流动时间大于 5 年小于或等于 10 年、流动时间大于10年小于等于15年、流动时间大于15年小于等于20年的，其在模型1中的Exp（B）值分别为0.632、0.711、0.793、0.804，则其市民化意愿的概率分别是前者的63.2%、71.1%、79.3%、80.4%。由此来看，农业转移人口市民化意愿与其流动时间呈正相关关系。

城市拉力或斥力因素与市民化意愿的回归分析结果。模型2的回归结果显示，流入地类型、家庭月均收入、劳动合同、现住房性质、居住证对农业转移人口市民化意愿均有显著影响。其中，（1）除流入城市规模是特大城市外，其余各类流入城市规模Wald检验的Sig值均大于0.05，表明它们对模型的贡献无显著意义。在模型2中，特大城市的Exp（B）=1.153，表明流入城市规模是特大城市的农业转移人口市民化意愿的概率是超大城市的农业转移人口市民化意愿的概率的1.153倍。（2）流入地是东部、中部的农业转移人口的Exp（B）值分别为1.103和1.125，表明其市民化意愿的概率比流入地是西部的分别高出10.3个、12.5个百分点。（3）从家庭月均收入来看，与家庭月均收入在15000元以上的相比，其他类收入的Exp（B）值分别为0.494、0.466、0.488、0.663，则其市民化意愿的概率分别是前者的49.4%、46.6%、48.8%、66.3%，表明经济收入与市民化意愿呈正相关关系。（4）已经签订劳动合同的农业转移人口，其市民化意愿的概率是未签订或不清楚是否签订劳动合同者的1.425倍。（5）与现住房性质为自购房、自建房的农业转移人口相比，现住房性质为单位、雇主、政府提供或借住房以及租住私房的，其市民化意愿的概率分别是前者的79.6%、126.3%。（6）办理了居住证的农业转移人口，其市民化意愿的概率是未办理者的1.652倍。（7）与平时主要交往对象为同乡的农业转移人口相比，平时交往对象主要是本地人、其他外地人的，其市民化意愿的概率分别是前者的1.267倍、1.115倍。另外，模型2中"很少与人来往"这一变量的显著性水平大于0.05，表明其对模型的贡献无显著意义。

农村推力或黏力因素与市民化意愿的回归分析结果。模型 3 的回归结果显示，老家承包地、老家宅基地、户籍地类型对市民化意愿有显著影响。其中，（1）在老家有承包地的农业转移人口，其市民化意愿的概率比在老家没有承包地或不清楚的降低了 35.9%。（2）在老家有宅基地或不清楚的农业转移人口，其市民化意愿的概率是在老家没有宅基地或不清楚的 76.0%。（3）与户籍地是西部的农业转移人口相比，户籍地为东部、中部的，其市民化意愿的概率分别是前者的 1.205 倍、1.221 倍。

综合因素与市民化意愿的回归分析结果。模型 4 的回归结果显示，随着所有变量的纳入，婚姻状况、流入地类型对市民化意愿的影响不再显著；流动范围、流动时间、家庭月均收入、劳动合同、现住房性质、居住证、与谁交往最多、老家承包地、老家宅基地、户籍地类型等变量对农业转移人口市民化意愿的影响依然显著。其中，流动范围、劳动合同、居住证、与谁交往最多、老家宅基地等变量在模型 4 中的 Exp（B）值比在模型 1、模型 2、模型 3 中的小，意味着其影响力有所减弱。与此相对，现住房性质、老家承包地在模型 4 中的 Exp（B）值比在模型 2、模型 3 中的值大，意味着影响力有所增强。流动时间、家庭月均收入、户籍地类型等变量在模型 4 中的 Exp（B）值与在模型 1、模型 2、模型 3 中的相比，有的增大，有的减少，情况较为复杂。

4. 主要结论

农业转移人口市民化意愿较低，有序推进农业转移人口市民化任重道远。有效数据显示，明确表示愿意把户口迁入本地城市的仅占 37.0%。从"全面放开建制镇和小城市落户限制"到"城区常住人口 300 万以下城市全面取消落户限制"，城市落户门槛不断降低。如果说农民跳"农门"在以前是"能不能"的问题，在今天则更多是"愿不愿"的问题。农业转移人口市民化意愿低迷的症结何在，值得深究。

农业转移人口市民化意愿与其流动范围、流动时间呈正相关。需要引起我们注意的是，与流动范围是市内跨县的相比，跨省流动、省内跨市流动的农业转移人口市民化意愿更强。这一现象告诉我们，农业转移人口市民化的着眼点应从就地市民化向异地市民化转变。

经济收入、劳动合同签订、现住房性质、居住证、与谁交往最多等因素对农业转移人口市民化意愿有一定的影响。与普遍的观点不同的是，流入地类型、流入城市规模对农业转移人口市民化意愿的影响并不显著。回归分析结果显示，流入特大城市的农业转移人口市民化意愿概率是流入超大城市的1.14倍，这可能与2017年超大城市"苛刻"的落户政策有关。

老家承包地、宅基地等农村土地权益拥有状况已经成为制约农业转移人口市民化的重要因素。这一研究结果告诉我们，推进农业转移人口市民化，除了继续深化户籍制度改革，还应建立健全转户农民利益保障或补偿机制，解决农民进城落户的后顾之忧（杨风，2021b）。

第二节 农业转移人口市民化能力

一 农业转移人口市民化能力测度指标体系

1. 农业转移人口市民化能力的含义

农民工是农业转移人口的主体，以往对农业转移人口市民化能力的研究多以农民工市民化能力为主。范维（2014）认为，农民工市民化能力是指农民工在城市生存生活并最终融入城市所必须具备的能力。刘荣（2016）认为，农民工市民化能力是指具有市民化意愿的农民工所需要具备的适应城市生活、参与城市社区事务、完成从农民工到市民角色转换的一种主动的综合能力。林竹（2016）认为，农民工市民化能力是各种能力加总，是一个统称，是指有利于农民工在城市中获得就业、提高收入、得到职业发展机会、提升社会地位、取得各项平等市民权利、拓展社交网络、增加乐观自信、促进融入城市社会的各项能力。沙占华、赵颖霞（2013）指出，农民工市民化能力是指农民工立足城市并融入城市过程中所必须具备的能力。本书认为，农业转移人口市民化能力是指农业转移人口在城市生产生活并最终融入城市所需要具备的基本能力。

2. 农业转移人口市民化能力构成

陈俊峰、杨轩（2012）认为，农民工融入城镇能力由经济应对能力、生活适应能力和认知转变能力三个维度组成。沙占华、赵颖霞（2013）认为，农民工市民化能力包括就业能力、城市生活适应能力、政治参与和利益表达能力、学习能力等。范维（2014）认为，农民工市民化能力包括就业与收入能力、城市生活适应能力、政治参与和利益表达能力等。林竹（2016）认为，农民工市民化能力主要由经济能力、社交能力、文化心理能力以及政治能力组成。李练军（2015）认为，与农民工市民化三个环节（农村退出、城市进入、城市融合）匹配，农民工市民化能力包括土地退出补偿能力、城市就业能力和城市融入能力。王竹林、范维（2015）认为，农民工市民化能力分为农民工职业转化能力、城市生存生活能力和城市融合发展能力。本书认为，农业转移人口市民化能力主要包括城市就业能力、城市生活适应能力、认知转变能力、政治参与能力。

3. 农业转移人口市民化能力测评指标体系

在综合分析国内相关研究成果的基础上，本书探索性地构建农业转移人口市民化能力评价指标体系，具体构成如表4-3所示。

在表4-3中，需要说明的是：（1）赋值 X_3 指标时，事务型包括国

表4-3 农业转移人口市民化能力测评指标体系

一级指标	二级指标（序号）	赋值
城市就业能力	受教育程度（X_1）	未上过学 = 0，小学 = 6，初中 = 9，高中/中专 = 12，大学专科 = 14，大学本科 = 16，研究生 = 20
	健康状况（X_2）	健康 = 1，基本健康 = 2，不健康，但能自理 = 3，不能自理 = 4
	主要职业（X_3）	事务型 = 1，服务型 = 2，劳务型 = 3，农业型 = 4，其他 = 5
	劳动合同签订（X_4）	未签、不清楚 = 1，一次性、试用期 = 2，固定期限 = 3，无固定期限 = 4
	开始此项工作时间（X_5）	实际值
	月工资收入占比（X_6）	月工资收入与城镇单位就业人员工资之比
城市生活适应能力	流动时间（X_7）	实际值
	流动范围（X_8）	跨境 = 0，跨省 = 1，省内跨市 = 2，市内跨县 = 3
	家庭人均支出占比（X_9）	家庭人均月支出与城镇居民人均月支出之比
	家庭人均收入占比（X_{10}）	家庭人均月收入与城镇居民人均月收入之比
	流动城市数量（X_{11}）	实际值
	与谁交往最多（X_{12}）	很少与人来往 = 0，同乡（户口老家、其他） = 1，同乡（户口本地）、其他外地人 = 2，本地人 = 3
认知转变能力	愿意融入本地人（X_{13}）	完全不同意 = 1，不同意 = 2，基本同意 = 3，完全同意 = 4
	按老家风俗习惯办事重要（X_{14}）	完全不同意 = 1，不同意 = 2，基本同意 = 3，完全同意 = 4
	卫生习惯存在差别（X_{15}）	完全不同意 = 1，不同意 = 2，基本同意 = 3，完全同意 = 4
	感觉已是本地人（X_{16}）	完全不同意 = 1，不同意 = 2，基本同意 = 3，完全同意 = 4
政治参与能力	参加本地组织活动（X_{17}）	赋值（是 = 1，否 = 0）后加总
	政治参与行为（X_{18}）	赋值（没有 = 0，偶尔或有时 = 1，经常 = 2）后加总

家机关、党群组织、企事业单位负责人，专业技术人员，公务员、办事人员和有关人员；服务型包括经商、商贩、餐饮、家政、保洁、保安、快递以及其他商业、服务业人员；劳务型包括装修、生产、运输、建筑以及其他生产、运输设备操作人员及有关人员；农业型包括农、林、牧、渔、水利业生产人员。（2）赋值 X_7 指标时，《中国统计年鉴2018》数据显示，2017 年城镇非私营单位就业人员平均工资为 74318 元，即月均工资为 6193 元。进一步查询发现，《中国统计年鉴 2018》中的 2016 年城镇非私营单位就业人员平均工资与《中国统计年鉴 2017》中的 2016 年城镇单位就业人员平均工资相同，同为 67569 元。（3）赋值 X_9、X_{10} 指标时，《中国统计年鉴 2017》数据显示，2016 年城镇居民人均支出（消费支出）为 23078.9 元，人均收入（可支配收入）为 33616.2 元，即城镇居民人均月支出为 1923 元，人均月收入为 2801 元。（4）除 X_2、X_3、X_8、X_{14}、X_{15} 指标为逆向（反向）指标以外，其余指标皆为正向指标。

二　城镇农业转移人口市民化能力差异

1. 数据来源与统计描述

本书继续选用 2017 年全国流动人口动态监测调查数据，经过数据清洗后获得有效样本 40460 个，样本统计值如表 4-4 所示。

表 4-4　样本统计值

指标	最小值	最大值	均值	标准差
受教育程度	0.00	20.00	9.78	2.88
健康状况（逆向指标）	1.00	4.00	1.16	0.40
主要职业（逆向指标）	1.00	5.00	2.38	0.95
劳动合同签订	1.00	4.00	2.37	1.09
开始此项工作时间	0.00	53.00	3.59	4.69
月工资收入占比	0.00	10.13	0.55	0.35

指标（逆向指标）	最小值	最大值	均值	标准差
流动时间	0.00	55.00	5.00	5.62
流动范围（逆向指标）	1.00	3.00	1.74	0.76
家庭人均支出占比	0.01	15.81	0.70	0.49
家庭人均收入占比	0.02	12.85	0.93	0.63
流动城市数量	1.00	80.00	2.02	1.88
与谁交往最多	0.00	3.00	1.59	1.13
愿意融入本地人	1.00	4.00	3.32	0.63
按老家风俗习惯办事重要（逆向指标）	1.00	4.00	2.55	0.83
卫生习惯存在差别（逆向指标）	1.00	4.00	1.93	0.72
感觉已是本地人	1.00	4.00	2.92	0.77
参加本地组织活动	0.00	6.00	0.83	1.06
政治参与行为	0.00	10.00	0.70	1.01

2. 权重确定过程

利用熵值法确定评价指标权重。熵值法是一种根据各项指标观测值所提供的信息量大小来确定指标权重的方法，属于客观赋权法的一种。熵的概念来自热力学，是系统状态不确定性的一种度量。在信息论中，熵表示的是不确定性的量度，又称为平均信息量。运用熵值法确定指标权重的过程如下：

第一步，对原始数据进行无量纲化处理。X_{ij}（$i = 1$，2，$\cdots$，n；$j = 1$，2，$\cdots$，m）为第 i 个样本（总样本 $n = 40460$）的第 j 项指标（总指标 $m = 18$）的数值。由于各项指标的计量单位不统一，我们需要进行标准化处理。正向指标、逆向指标归一化处理的公式分别如式 4 - 3、式 4 - 4 所示。

$$X_{ij} = \frac{X_j - X_{j\min}}{X_{j\max} - X_{j\min}} \tag{4-3}$$

$$X_{ij} = \frac{X_{j\max} - X_j}{X_{j\max} - X_{j\min}} \tag{4-4}$$

在式 4 - 3、式 4 - 4 中，X_j 为第 j 项指标值，X_{jmax} 为第 j 项指标的最大值，X_{jmin} 为第 j 项指标的最小值，X_{ij} 为标准化后的值。

第二步，计算第 j 项指标的熵值（e_j），计算公式如式 4 - 5 所示。

$$e_j = -\frac{1}{lnn}\sum_{i=1}^{n}P_{ij}ln\,(P_{ij})\qquad(j=1,\,2,\,\cdots,\,m)\qquad(4-5)$$

式 4 - 5 中，$P_{ij} = X_{ij}/\sum_{i=1}^{n}X_{ij}$，为避免 $P_{ij}=0$ 时不能取对数，计算 e_j 时，本书将 P_{ij} 值增加了 10^{-10}。

第三步，计算第 j 项指标的差异系数（g_j），计算公式如式 4 - 6 所示：

$$g_j = 1 - e_j\qquad(4-6)$$

第四步，计算第 j 项指标的权重（ω_j），计算公式如式 4 - 7 所示：

$$\omega_j = \frac{g_j}{\sum_{j=1}^{m}g_j}\qquad(4-7)$$

式 4 - 7 中，$0\leqslant\omega_j\leqslant1$，且 $\sum_{j=1}^{m}\omega_j = 1$。

经过以上运算过程，各指标权重如表 4 - 5 所示。

表 4 - 5　指标权重

一级指标	二级指标	熵值	差异性	权重
城市就业能力	受教育程度	0.9955	0.0045	0.0077
	健康状况	0.9992	0.0008	0.0013
	主要职业	0.9908	0.0092	0.0158
	劳动合同签订	0.9559	0.0441	0.0753
	开始此项工作时间	0.9333	0.0667	0.1139
	月工资收入占比	0.986	0.014	0.0238

一级指标	二级指标	熵值	差异性	权重
城市生活适应能力	流动时间	0.9464	0.0536	0.0914
	流动范围	0.9747	0.0253	0.0431
	家庭人均支出占比	0.9823	0.0177	0.0303
	家庭人均收入占比	0.9832	0.0168	0.0287
	流动城市数量	0.905	0.095	0.1622
	与谁交往最多	0.9691	0.0309	0.0528
认知转变能力	愿意融入本地人	0.9964	0.0036	0.0061
	按老家风俗习惯办事重要	0.9804	0.0196	0.0335
	卫生习惯存在差别	0.9926	0.0074	0.0126
	感觉已是本地人	0.9908	0.0092	0.0158
政治参与能力	参加本地组织活动	0.921	0.079	0.1348
	政治参与行为	0.9116	0.0884	0.1509

3. 农业转移人口市民化能力指数

农业转移人口市民化能力指数的计算公式如式 4-8 所示：

$$A = \sum \omega_j P_{ij} \qquad (4-8)$$

农业转移人口市民化能力指数均值为 0.1965，最大值是 0.5300，最小值为 0.0200。其中，城市就业能力指数均值为 0.0588，最大值是 0.1800，最小值为 0；城市生活适应能力指数均值为 0.0689，最大值是 0.2700，最小值为 0；认知转变能力指数均值为 0.0396，最大值是 0.0700，最小值为 0；政治参与能力指数均值为 0.0328，最大值是 0.2600，最小值为 0。由此来看，农业转移人口市民化能力总体偏低，4 个维度的市民化能力差异明显，并且表现为城市生活适应能力指数＞城市就业能力指数＞认知转变能力指数＞政治参与能力指数。

按照农业转移人口市民化能力指数大小五等分，等分点上的指数情况如表 4-6 所示。

表4-6 农业转移人口市民化能力指数（五等分点）

百分位	城市就业能力	城市生活适应能力	认知转变能力	政治参与能力	市民化能力
20%	0.0214	0.0467	0.0300	0.0000	0.1420
40%	0.0635	0.0635	0.0345	0.0151	0.1777
60%	0.0718	0.0767	0.0421	0.0225	0.2098
80%	0.0828	0.0907	0.0474	0.0526	0.2478
100%	0.1813	0.2653	0.0680	0.2632	0.5250

由表4-6可以看出，总体来看，农业转移人口市民化能力个体差异较大。尽管农业转移人口市民化能力在四个维度上存在差异，但是城市就业能力、认知转变能力的个体差异相对较小，而城市生活适应能力、政治参与能力的个体差异较大。

4. 农业转移人口市民化能力差异分析

农业转移人口市民化能力的性别差异。计算结果显示，男性农业转移人口市民化能力指数均值为0.2006，比女性农业转移人口市民化能力指数均值（0.1915）高了0.0091。由此来看，农业转移人口市民化能力的性别差异不明显。

农业转移人口市民化能力的年龄差异。计算结果显示，1980年以前出生的农业转移人口市民化能力指数均值为0.1889，比1980年以后出生的新生代农业转移人口市民化能力指数均值（0.1999）低了0.0110；1980年以后出生的农业转移人口市民化能力指数均值，比1990年以后出生的农业转移人口市民化能力指数均值（0.1943）高了0.0056。由此来看，农业转移人口市民化能力的年龄差异不太明显。

农业转移人口市民化能力的受教育程度差异。计算结果显示，未上过学的农业转移人口市民化能力指数均值是0.1535，小学的是0.1935，初中的为0.1845，高中/中专的为0.2053，大学专科的为0.2257，研究生的为0.2617。[①] 由此来看，农业转移人口市民化能力指数与受教育年

---

① 受教育程度为大学本科的没有样本。

限呈正相关，差异比较明显。

农业转移人口市民化能力的流动范围差异。计算结果显示，农业转移人口中，跨省流动者的市民化能力指数均值为 0.2097，省内跨市流动者为 0.1936，市内跨县流动者为 0.1707。由此可以看出，农业转移人口市民化能力与其流动范围存在正相关关系，即流动范围越大，市民化能力指数越高。

三 农业转移人口市民化能力影响因素

1. 农业转移人口在流入城市面临的主要困难

2017 年全国流动人口动态监测调查数据中，40492 个样本（占总体样本的 58.13%）表示家庭在本地（流入城市）存在各种困难，主要困难统计如图 4-1 所示。由图 4-1 可以看出，农业转移人口在流入城市生活面临的首要难题是"收入太低"（所占比重为 75.63%）。由于收入低，外加打工城市房价高，自然"买不起房子"（占比为 63.65%）。至于收入低的原因，对于自谋职业者来说，是"生意不好做"（占比为 54.23%）；对于"打工人"来说，是"难以找到稳定的工作"（占比为 39.09%）。由此可以得出，城市就业能力制约农业转移人口市民化，提升城市就业能力是推进农业转移人口市民化的关键。城市就业能力强的农业转移人口不仅容易找到合法稳定的工作，获得相对较高的收入，而且其消费能力（特别是购房能力）、城市适应能力和融入能力相应也更高。与此相反，城市就业能力较弱的农业转移人口往往很难在城镇落户，也很难实现市民化。

2017 年全国流动人口动态监测调查数据中，57066 个打算留在本地的样本中，其留在本地的主要原因按照从大到小排列，依次是子女有更好的教育机会（23.74%），个人发展空间大（20.91%），收入水平高（14.78%），家人习惯本地生活（9.96%），城市交通发达、生活方便

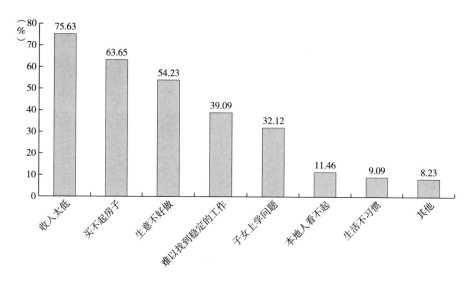

图 4 - 1　农 业 转 移 人 口 在 流 入 城 市 面 临 的 主 要 困 难

（9.57%），积累工作经验（8.35%），其他（5.04%），社会关系网都在本地（3.83%），与本地人结婚（2.91%），医疗技术好（0.48%），政府管理规范（0.43%）。

2. 农业转移人口市民化能力影响因素回归分析

农业转移人口市民化能力强弱（大小）与其人力资本、社会资本、物质（财力）资本、心理资本、社会环境（包括制度环境、社会人文环境）等因素息息相关（李练军，2015）。人力资本是农民工市民化能力形成的基础和决定性因素（王竹林、范维，2015）。阿马蒂亚·森（2001）指出，一个人支配粮食的能力或他支配任何一种他希望获得或拥有东西的能力，都取决于他在社会中的所有权和使用权的权利关系。因此，权利要素是农民工市民化能力形成的保障机制（宋艳菊、谢剑锋，2019）。

为进一步分析各主要因素对农业转移人口市民化能力的影响，本书对农业转移人口市民化能力进行分位数回归分析，分析结果如表 4 - 7 所示。

表 4 - 7　农业转移人口市民化能力分位数回归分析结果

	10%	25%	50%	75%	90%
常数项	0.066***	0.075***	0.083***	0.095***	0.105***
性别	0.001**	0.001***	0***	0	-0.001***
年龄	0.001***	0.001***	0.001***	0.001***	0.001**
受教育程度	0.001***	0.001***	0.001***	0.001***	0.001***
健康状况	-0.002***	-0.001***	-0.002***	-0.002***	-0.001***
流动范围	-0.020***	-0.021***	-0.021***	-0.021***	-0.021***
流动时间	0.002***	0.002***	0.002***	0.002***	0.002***
开始此项工作时间	0.002***	0.002***	0.002***	0.002***	0.002***
与谁交往最多	0.019***	0.019***	0.019***	0.019***	0.019***
劳动合同签订	0.026***	0.025***	0.025***	0.025***	0.025***
参加本地组织活动	0.023***	0.023***	0.023***	0.023***	0.023***
政治参与行为	0.016***	0.016***	0.016***	0.016***	0.016***
个人社保卡	0.001***	0.001***	0.001***	0.001***	0.001***
调整 R^2	0.778	0.785	0.786	0.784	0.782

注:***、**、*分别表示在1%、5%和10%的水平上显著。

由表4-7可以看出,年龄、受教育程度、健康状况、流动范围、流动时间、开始此项工作时间、与谁交往最多、劳动合同签订、参加本地组织活动、政治参与行为、个人社保卡等变量在农业转移人口市民化能力各个分位数上都有显著影响。其中,健康状况、流动范围对农业转移人口市民化能力的影响之所以是负值,是因为它们是逆向(反向)指标。

第五章
农业转移人口市民化成本

建立健全由政府、企业、个人共同参与的农业转移人口市民化成本分担机制，根据农业转移人口市民化成本分类，明确成本承担主体和支出责任。

——《国家新型城镇化规划（2014—2020 年）》

第一节　农业转移人口市民化成本构成

一　农业转移人口市民化成本研究概况

1. 国外研究概况

外来人口成本研究。舒尔茨（Schults，1961）认为，劳动力在向城镇迁移的过程中会发生交通、住房、生活、心理等成本，这些成本既包括货币化的成本也包括非货币化的成本。Desai 和 Potter（2008）认为，乡村人口向城镇迁移会在居住、教育、医疗等方面产生相应的社会成本。Versantvoort 等（2006）认为，劳动人口的跨国迁移为迁入国提供了丰富的劳动力，但是可能会带来失业率上升、种族冲突及社会治安混乱等经济社会治理成本。Ferber（2008）的研究表明，虽然移民可能造成失业率上升，但是控制了年龄变量后，移民不太需要失业救济，不会导致迁入国福利成本上升，而且第一代移民的福利支出高于第二代移民，处在较高的水平。美国移民研究中心主任卡玛洛塔（Camarota，2004）测算发现，美国政府每年为外来移民支付的公共成本大约是104亿美元。如果这些外来移民最终实现国民化，公共成本支出将会更多，达到288亿美元。成本主要用于支付外来移民国民化后增加的公共服务项目。Joppke（2010）从成本－效益视角分析了非西方移民对荷兰公共部门净收益的影响。他指出，非西方移民在25岁之前迁入荷兰对公共部门的净贡献是负的；如果25岁以后来到荷兰，对公共部门的净贡献往往是积极的。Borjas和Trejo（1991）研究发现，移民在美国生活的时间越长，政府为他们支付的公共成本就越多。Borjas（1994）研究发现，虽然移民的流入会使政府为他们支付的公共成本逐年增加，但他们为流入地经济发展做出了积极贡献。从长期来看，移民的流入对当地经济发展具有正向作用。

政府支付责任研究。关于政府间的支出责任划分，英国学者巴斯特布尔（Bastable）提出了三个原则。一是受益原则。受益对象是全体国民，属于中央政府公共支出；受益范围只限于地方，属于地方政府公共支出。二是行动原则。全国范围统一实施的支出属于中央，需要地方政府根据当地情况因地制宜实施的支出属于地方。三是技术原则。凡是地方难以胜任的、技术难度大的支出应由中央负责；技术要求低的支出归地方，并且由中央政府监管（郑贤君，2000）。

2. 国内研究概况

关于农业转移人口市民化成本含义的研究。农民工是农业转移人口的主体，因此，农民工市民化成本成为重要研究对象。张国胜（2009）、申兵（2012）等认为，农民工市民化成本是指原来只覆盖城镇户籍人口的基本公共服务扩展到城镇常住人口身上，进城农民工全面向市民转换并顺利融入城市社会所必须支付的最低资金量。曹兵、郭玉辉（2012）认为，农民工市民化成本有广义和狭义之分。广义的市民化成本包括农民退出农业和农村进入非农产业和城镇，最后融入城镇成为市民的全部费用；狭义的市民化成本特指农民工融入城镇成为市民的费用。冯俏彬（2013）认为，农民工市民化成本是指将现在已经在城市居住的农民工纳入城市公共服务体系，使他们"有活干、有学上、有房住、有保障"，以及按照现行政策由政府支付的那部分新增财政资金。

关于农业转移人口市民化成本构成的研究。陈广桂（2004）、张广裕（2015）指出，农业转移人口市民化成本可分为私人成本（由个人支付）和公共成本（由政府支付）两大类。前者包括日常生活成本、住房成本；后者包括人均公共管理成本、人均公共基础设施建设成本、子女人均义务教育成本、基本医疗卫生成本、社会保障成本、就业创业成本、住房成本。张国胜、杨先明（2009）认为，农民工市民化的社会成本既包括城市基本公共产品（服务）的供给成本、社会保障成本、城市安居成本、农民工的教育与培训成本等历史积累的成本，也包括农民工的私人生活成本和市民化后社会保障继续投入成本等其他成本。

关于农业转移人口市民化成本测算的研究。近年来，国内学者对农业转移人口（农民工）市民化公共（社会）成本的测算情况如表 5 - 1所示。此外，屈小博、程杰（2013）以基本公共服务与福利均等化为核心测算户籍改革成本①。其中，静态情景下户籍改革总成本累计为7.3 万亿元，大约相当于当年全国财政累计用于与民生密切相关支出的10.7%；在动态情景下户籍改革总成本是静态方案的 4 倍多，大约是30万亿元。但是，考虑到财政收入和支出同样动态增长的情况，户籍改革总成本仅相当于全国财政累计用于与民生密切相关支出的 15.6%，比

---

① 户籍改革成本与市民化成本有所不同。该研究认为，与户籍直接关联的公共服务与福利是成本核算主体，城市基础设施、公共管理等投入内化到城镇化发展中，不应该纳入户籍改革成本之中。

静态情景下高出近 5 个百分点。

表 5-1 市民化公共（社会）成本测算

研究者	年份	公共（社会）成本内容	测算值
陈广桂	2004	—	超大城市：3.5 万元；大城市：1.9 万元；中等城市：1.1 万元；小县城：0.8 万元；小城镇：0.4 万元
中科院可持续发展战略研究组	2005	基础设施、生存空间、智力、社会保障	全国：2.5 万元
武汉大学战略管理研究院	2006	—	小城镇：2 万元；中等城市：3 万元；大城市：6 万元；特大城市：10 万元
张国胜	2009	智力成本、社会保障成本、住房成本、基础设施成本	沿海：第一代为 10 万元、第二代为 9 万元。内陆：第一代为 6 万元、第二代为 6 万元
中国发展研究基金会	2010	养老保险、医疗保障、城市基础设施、义务教育、公共管理、住房保障	全国平均：10 万元
周小刚	2010	城镇固定资产、失业及养老保险、随迁子女教育、城市管理、医疗保障	江西：16.6 万元
国务院发展研究中心课题组	2011	城市管理、义务教育、住房保障、居民合作医疗保险、基本养老保险、其他社保	重庆、嘉兴、郑州、武汉平均为 8 万元
周晓津	2011	—	一个 25 岁的农民工变成广州市民需支付的最低成本为 119.7 万元
周向东	2012	智力、基础设施、社会保障、随迁子女教育	重庆：11.2 万元
中国科学院	2013	城镇维护建设、公共管理服务、社会保障、随迁子女义务教育	全国：26.2 万元
陆成林	2014	社会保障、义务教育、公共服务管理、市政设施	辽宁：7.5 万元

关于农业转移人口市民化成本成因的研究。陈广桂（2004）认为，房价虚高导致房屋租金的传导性虚高是我国市民化成本过高的主要经济因素。张国胜、陈瑛（2013）指出，由于长期存在农民工劳动的制度性贬值与基本权利缺失，我国才形成了目前矫正权利缺失与劳动贬值的资金需求，即农民工市民化的社会成本。也就是说，农民工市民化的社会成本是长期以来我国的户籍制度、就业制度、社会保障制度、土地制度等失灵的一种"历史性存淀"，是我国城镇政府、企业与其他经济行为主体对农民工劳动贬值与权利缺失的一种"补偿"。

关于农业转移人口市民化成本分担的研究。张国胜、杨先明（2009）认为，以农民工所在地政府的公共财政支出为主、以中央政府转移支付为辅，农民工以农地流转收益为界，公共分担历史积累成本；农民工所在企业通过给予农民工正常的就业待遇和基本的社会保障，培育其市民化能力，农民工以自身工资收入承担私人生活成本。申兵（2012）认为，地方政府承担公共卫生、教育、就业扶持和权益维护方面的主要投入，中央政府和省级政府重点加强对跨省（市）农民工集中流入地区的支持，企业分担就业培训、权益维护、社会保障和住房条件改善方面的成本。魏后凯（2013）提出，建立由政府、企业、社会共同参与的多元化成本分担机制，建议三方各自承担三分之一左右的市民化成本。张国胜、陈瑛（2013）建议采取以下措施：一是通过培育农民工具有"城市经济适应能力"分摊市民化的私人成本；二是矫正相关利益主体（包括政府）的行为，通过内部化措施分摊农民工市民化的外部成本；三是推动政府公共财政承担所有不能内部化的外部成本。谌新民、周文良（2013）认为，基于中央政府、地方政府、个人、企业在城镇化进程中的收益，决定各自所承担的成本比例，建立中央政府与流出地、流入地政府间的成本补偿机制。高拓、王玲杰（2013）提出构建农民工市民化成本"一主二层三辅"多元化的分担主体。其中，"一主"是指以政府为主，"二层"是指中央政府和地方政府两个层次，"三辅"是指企业、个人和社会三方参与成本分担。蔡瑞林等（2015）认为，在主动市民化情形下，应构建政府主导、企业为辅、农民参与的多主体成本分担机制；但在被动市民化情形下，政府理应承担市民化产生的公共成本。

3. 研究现状述评

国内外研究视角差异较大。由于国情不同，国外不存在农业转移人口市民化问题，国外学者的关注点是外来人口（移民）成本以及政府的责任。

名称缺乏规范。农民工市民化成本、农民市民化成本、农业转移人口市民化成本、农村劳动力转移成本、城市化成本、户籍改革成本等名称纷至沓来，令人眼花缭乱。部分文献对这些名称的界定和使用处于混乱或交织状态，给读者造成诸多困惑。仅仅市民化成本中的私人成本，不同的学者就有不同的称谓，诸如私人发展成本、个人成本、个体成本等。

范畴界定存在分歧。不同研究者对公共成本范畴的界定存在分歧。比如，多数研究者认为应该把城市基础设施的成本计算在内，但是也有部分研究者，如刘洪银（2013），谢建社、张华初（2015）等认为城市基础设施建设成本不应该包括在公共成本之中。具体的理由是，在目前的政策框架下，即使没有完成市民化的农民工也已经享受到与城市户籍居民均等的公共基础设施服务，与有没有城市户籍没有必然联系，该成本在农民工进入城市之后、完成市民化之前已经支付，不存在严格意义上的新增财政开支。

市民化成本计算存在不足。绝大多数研究仅考虑了农业转移人口进入城镇之后政府需要增加的各项财政支出，而忽略了这部分人口在农村地区所享受的各项政府补贴（王志章、韩佳丽，2015）。

测算结果相差悬殊。学者们对成本的认定差异较大，导致市民化成本的测算相差悬殊。即便针对同一个项目、同一个地区，不同学者测算的数据往往也相差甚远。以农民工市民化公共成本为例，刘洪银（2013）以地市一般预算支出中的 5 项支出（教育支出、社会保障与就业支出、医疗卫生支出、一般公共服务支出和住房保障支出）推算，得出新生代农民工市民化的公共成本为 1.254 万元。张继良、马洪福（2015）研究指出，按照江苏省外来农民工平均年龄和预期寿命测算，每位农民工市民化成本（包括社会保障成本、生活成本、随迁子女义务教育成本、住房成本）为 12.3 万元；按照每位外来农民工实现市民化后到去世为止测算，公共财政需要为其支付的成本为 92.7 万元。对于同一城市来说，周晓津测算的结果显示，2010 年，一个 25 岁的农民工成为广州市民需支付的最低成本为 119.7 万元（参见陶达嫄、陆彬彬，2011）。谢建社、张华初（2015）测算得出，G 市（广州市）农民工市民化公共成本（包括义务教育、就业扶持、社会保障、公共卫生、住房保障）为 3265 元/（人·年）。按 2013 年不变价格计算，G 市农民工市民化的人均成本是 15.7 万元（预期寿命为 80 岁）。

二　农业转移人口市民化成本的构成与特征

1. 农业转移人口市民化成本及其构成

农业转移人口市民化成本。农业转移人口市民化成本是指农业转移人口到城镇定居并获得相应福利待遇和均等化公共服务所需要的各项经济投入，即为了保障进城农业转移人口实现人有所载、劳有所得、住有所居、学有所教、病有所医、老有所养，全面享受城镇市民所拥有的各种公共服务和基本权利，融入城镇社会所必须投入的最低资金量。

农业转移人口市民化成本由公共成本、个人成本、企业成本三部分构成。各项成本的含义及构成如下。

公共成本。农业转移人口市民化公共成本主要由城市公共管理和公共服务成本、城市基础设施建设维护成本、随迁子女义务教育成本、保障性住房成本、最低生活保障成本和社会保障成本等构成。（1）城市公共管理和公共服务成本（C_1）是指迁入地政府为满足农业转移人口公共管理和公共服务需要而新增的投入，包括相关人员工资、设施购置以及其他物质消耗等成本支出。（2）城市基础设施建设维护成本（C_2）主要是指财政为保障和改善新增加的市民化人口在城镇生活需要而增加的城市市政公用设施建设和维护支出。（3）随迁子女义务教育成本（C_3）是指农业转移人口随迁子女从农村迁入城镇接受义务教育，政府需要增加的财政支出。（4）保障性住房成本（C_4）是指流入地政府为满足农业转移人口的居住需求，将部分农业转移人口纳入城镇住房保障体系所需要增加的居住方面的投入。（5）最低生活保障成本（C_5）是指流入地政府对农业转移人口市民化后家庭人均收入低于当地城镇最低生活标准的给予一定资助，以保证该家庭成员的基本生活所需而支付的资金。（6）社会保险成本（C_6）是指农业转移人口市民化以后，除个人和企业按照规定缴纳一定的社会保险费用之外，政府为他们市民化后给予的财政补贴比市民化前增加的部分，特别表现在进城农民工参加城镇职工养老保险后政府财政补贴增加的部分。

个人成本。个人成本主要由城市生活成本、居住成本、自我保障成本、机会成本等构成。（1）城市生活成本（C_7）是指农业转移人口由农村转移到城市后，由于城市物价水平普遍高于农村，为达到与城市市民相当的消费水平而需要额外支出的费用。（2）居住成本（C_8）是指农业转移人口在城市定居后，相对于在农村拥有自有住房所产生的在居住方面的额外支出费用。（3）自我保险成本（C_9）是指农业转移人口参加城镇职工社会保障体系需要个人支付的"五险一金"费用，减去农业转移人口参加城乡居民基本养老、医疗保险的费用。（4）机会成本（C_{10}）是指农业转移人口由于市民化而放弃农业生产、农村生活而损失的成本。

企业成本。企业成本主要由社会保险成本、教育培训成本、职工居住成本等构成。（1）社会保险成本（C_{11}）是指企业为农民工缴纳的养老保险、医疗保险、工伤保险、失业保险、生育保险、住房公积金等费用。（2）教育培训成本（C_{12}）是指企业按照职工工资总额的 1.5%[①]提取的，用于职工教育、培训的费用。（3）职工居住成本（C_{13}）是指企业为解决农民工住房困难，改善农民工居住条件所投入的成本。

2. 农业转移人口市民化成本特征

类别多样性。从成本内容来看，农业转移人口市民化成本包括公共成本、个人成本和企业成本三部分。从支付主体来看，包括政府、企业和个人三个方面。从成本类型来看，可以分为显性成本和隐性成本（机会成本）两部分。从时间跨度来看，可以分为一次性成本和中长期成本。

动态积累性。一是成本形成的动态积累性。农业转移人口市民化成本的形成是城乡二元制度长期实行、动态积累的结果，具有沉淀积累的属性。二是成本支付的动态积累性。部分农业转移人口市民化成本并不需要一次性支付，而是随着时间的推移慢慢释放，直至突然"爆发"。以农业转移人口的养老问题为例，农业转移人口进入城市后所缴纳的职工基本养老保险不仅不会增加流入地政府的当期养老金支付，相反，流入地政府还能分得"一杯羹"。但是，当这部分人口退休并开始领取养老金时，他们所领取的养老金将大大超出本人缴纳的养老保险个人统筹部分，届时就需要政府进行财政补贴。

---

① 《国务院关于大力推进职业教育改革与发展的决定》（国发〔2002〕16 号）指出，一般企业按照职工工资总额的 1.5% 足额提取教育培训经费，从业人员技术要求高、培训任务重、经济效益较好的企业，可按 2.5% 提取。本书选取 1.5% 的提取教育培训经费标准。

第二节 农业转移人口市民化成本测算

一 构建农业转移人口市民化成本模型

1. 基本假设

新冠肺炎疫情是新中国成立以来我国遭遇的传播速度最快、感染范围最广、防控难度最大的重大突发公共卫生事件,对经济社会发展,特别是城镇就业产生了极大影响。鉴于此,本书选择 2018 年作为时间节点测算农业转移人口市民化成本。由于农业转移人口个体差异较大,为简化研究,本书做出如下假定。

(1) 关于农业转移人口平均年龄的假定。《2018 年农民工监测调查报告》指出,农民工平均年龄为 40.2 岁。由于农民工是农业转移人口的主体,本书假定 2018 年农业转移人口平均年龄为 40 岁。

(2) 关于农业转移人口户均规模与义务教育阶段随迁子女系数的假定。《中国流动人口发展报告 2017》指出,近年来我国人口流动的家庭化趋势明显,平均家庭户规模在 2.5 人以上。本书假定,2018 年我国农业转移人口户均规模为 3 人。《2018 年农民工监测调查报告》显示,2018 年我国农民工总量为 28836 万人。《2018 年全国教育事业发展统计公报》指出,2018 年,全国义务教育阶段在校生中进城务工人员随迁子女共 1424.04 万人。由此得知,2018 年,4.94% 的农民工随迁子女属于义务教育阶段在校生。鉴于此,本书假定农业转移人口义务教育阶段随迁子女系数为 5%。

(3) 关于农业转移人口住房情况的假定。《2018 年农民工监测调查报告》显示,进城农民工户中,购买住房的占 19.0%,与上年持平。

其中，购买商品房的占 17.4%，自购保障性住房的占 1.6%。租房居住的占 61.3%，其中，租赁公租房的占 1.3%。单位或雇主提供住房的占 12.9%。由此来看，进城农民工户中，2.9% 享受保障性住房。《国务院办公厅关于印发推动 1 亿非户籍人口在城市落户方案的通知》（国办发〔2016〕72 号）指出，加快完善城镇住房保障体系，确保进城落户农民与当地城镇居民同等享有政府提供基本住房保障的权利。住房保障逐步实行实物保障与租赁补贴并举，通过市场提供房源、政府发放租赁补贴方式，支持符合条件的进城落户农民承租市场住房。本书假定 10%①的农业转移人口需要政府提供公租房、廉租房等实物保障，或者租赁补贴，以解决居住问题，租赁补贴与实物保障可以互换。

（4）关于边际成本的假定。公共成本中的城市公共管理和公共服务成本、城市基础设施建设维护成本、随迁子女义务教育成本、保障性住房成本、社会保障成本等属于公共物品或准公共物品，存在边际成本递减规律（在一定条件下，新增一个市民需要增加的费用呈下降趋势），但是鉴于相关数据的获得性障碍，本书假定公共成本不存在边际成本递减效应。

2. 成本模型

农业转移人口市民化成本模型如式 5-1 所示：

$$T_c = C_p + C_g + C_e = \sum_{i=1}^{6} C_i + \sum_{i=7}^{10} C_i + \sum_{i=11}^{13} C_i$$

$$= \sum_{i=1}^{6} (C_{i城} - C_{i乡}) + \sum_{i=7}^{10} (C_{i城} - C_{i乡}) + \sum_{i=11}^{13} C_i \quad (5-1)$$

式 5-1 中，T_c 表示农业转移人口市民化总成本，C_p 表示公共成本，C_g 表示个人成本，C_e 表示企业成本；$C_{i城}$ 表示农业转移人口市民化后

---

① 进城农民工户中，已解决住房的约 80%（购买住房的 19% 加上租房的 61.3%），假如剩下的 20% 由政府和企业分担，各占 10%。

i 项成本，$C_{i后}$ 表示农业转移人口市民化前 i 项成本。

3. 数据来源

所需数据主要来源于《中国统计年鉴 2019》《2018 年城市建设统计年鉴》《2018 年全国教育事业发展统计公报》《关于 2016 年全国教育经费执行情况统计公告》等。

二 公共成本测算

1. 城市公共管理和公共服务成本测算

城市公共管理和公共服务的内容与投入占比。城市公共管理和公共服务的具体内容并没有明确规定。《社会管理和公共服务标准化发展规划（2017—2020 年）》指出，社会管理和公共服务标准化重点领域包括基本社会服务、劳动就业、社会保险、公共教育、公共医疗和基本医疗、文化体育与旅游公共服务、公共交通运输、公共安全、公共法律、公共专业技术服务、基层社会治理、公共数据服务等。本书借鉴这一规定，把一般公共财政预算支出项下的一般公共服务支出、公共安全支出、文化体育与传媒支出、医疗卫生与计划生育支出、交通运输支出作为公共管理和公共服务成本的重要内容，并且假定我国公共管理和公共服务支出中的 80% 投入城市，20% 投入农村。

成本测算。《中国统计年鉴 2019》数据显示，2018 年，我国一般公共预算支出中，一般公共服务支出为 18374.69 亿元，公共安全支出为 13781.48 亿元，文化体育与传媒支出为 3537.86 亿元，医疗卫生与计划生育支出为 15623.55 亿元，交通运输支出为 11282.76 亿元。2018 年末，我国城镇人口为 83137 万人，乡村人口为 56401 万人。代入公式：农业转移人口城市公共管理和公共服务成本 = 我国公共管理和公共服务支出×城市支出比重（80%）/城镇人口－我国公共管理和公共服务支出×农村支出比重（20%）/乡村人口。计算得知，2018 年农业转移人口人均城市公共管理和公共服务成本大约是 3804 元。

2. 城市基础设施建设维护成本测算

在城市居住生活的农业转移人口已经享受了城市市政公用设施，因此，测算城市基础设施建设维护成本时不需要剔除这部分人口。

《2018 年城市建设统计年鉴》数据显示，2018 年，城区总人口为 51151.72 万人，其中城区人口为 42730.01 万人，城区暂住人口为 8421.71 万人。2016 年全国城市市政公用设施建设维护管理财政性资金支出为 13832.65 亿元①。根据 2010 ~ 2016 年全国城市市政公用设施建设维护管理财政性资金支出变化，运用指数模型（ $y = 7E + 07\ e^{0.0923x}$，$R^2 = 0.9448$ ）预测 2018 年全国城市市政公用设施建设维护管理财政性资金支出为 16064.46 亿元。代入公式：农业转移人口城市基础设施建设维护成本 = 城市市政公用设施建设维护管理财政性资金支出/城区总人口。其中，城区总人口等于城区人口加城区暂住人口。计算得知，2018 年农业转移人口人均城市基础设施建设维护成本大约是 3141 元。

3. 随迁子女义务教育成本测算

随迁子女义务教育成本的成因是城乡义务教育经费支出存在不同。按照现行政策，我国幼儿园、高中、大学以及研究生教育阶段的学杂费通常由受教育者个人承担。总体来看，这些阶段的教育费用不会因户籍性质的改变而新增财政支出，只有中小学九年义务教育阶段的教育经费由政府负担，流入地政府会因随迁子女户籍变化而增加财政支出。随着大量农业转移人口由农村转入城镇，增加城镇义务教育支出的同时，农村义务教育支出势必会相应减少。因此，从政府财政角度来看，农业转移人口市民化随迁子女义务教育成本主要表现为城乡之间的财政支出差额，而非单方面的城镇财政支出增加。

---

① 《2018 年城市建设统计年鉴》中，全国历年城市维护建设资金收支只显示到 2016 年。

农业转移人口随迁子女义务教育成本测算过程如下所述。

（1）城乡普通小学生均一般公共预算教育经费差异计算。《关于2018年全国教育经费执行情况统计公告》显示，2018年，全国普通小学生均一般公共预算教育经费为11328.05元，其中，农村为10548.62元。《中国统计年鉴2019》数据显示，2018年，我国普通小学在校学生有103392541人，其中，城镇有76728403人（城区有37221569人，镇区有39506834人），乡村有26664138人。代入公式：城乡普通小学生均一般公共预算教育经费之差＝（全国普通小学生均一般公共预算教育经费×全国普通小学在校生规模－农村普通小学生均一般公共预算教育经费×乡村普通小学在校生规模）÷城镇普通小学在校生规模－农村普通小学生均一般公共预算教育经费。计算得知，2018年城乡普通小学生均一般公共预算教育经费之差大约是1050元。

（2）城乡普通初中生均一般公共预算教育经费差异计算。《关于2018年全国教育经费执行情况统计公告》显示，2018年，全国普通初中生均一般公共预算教育经费为16494.37元，其中，农村为14634.76元。《中国统计年鉴2019》数据显示，2018年，我国普通初中在校学生有46525854人，其中，城镇有40041792人（城区有16918809人，镇区有23122983人），乡村有6484062人。代入公式：城乡普通初中生均一般公共预算教育经费之差＝（全国普通初中生均一般公共预算教育经费×全国普通初中在校生规模－农村普通初中生均一般公共预算教育经费×乡村普通初中在校生规模）÷城镇普通初中在校生规模－农村普通初中生均一般公共预算教育经费。计算得知，2018年城乡普通初中生均一般公共预算教育经费之差大约是2161元。

（3）随迁子女占比情况。《2018年全国教育事业发展统计公报》指出，2018年，全国义务教育阶段在校生中进城务工人员随迁子女共1424.04万人。其中，在小学就读的有1048.39万人，占总量的

73.62%；在初中就读的有 375.65 万人，所占比重为 26.38% 。

（4）农业转移人口随迁子女义务教育成本测算。代入公式：农业转移人口随迁子女义务教育成本 ＝（城乡普通小学生均一般公共预算教育经费之差×随迁子女小学占比＋城乡普通初中生均一般公共预算教育经费之差×随迁子女初中占比）×随迁子女系数。计算得知，2018 年农业转移人口人均随迁子女义务教育成本约为 67 元。

4. 保障性住房成本测算

各地租赁补贴标准差异较大。根据《市人民政府关于印发武汉市外来务工人员公租房保障暂行办法的通知》（武政规〔2018〕35 号）与《市人民政府关于推进公共租赁住房货币化保障工作的通知》（武政规〔2017〕58 号）的规定，符合条件的外来务工人员公租房租赁补贴是每人每月 240 元。2020 年南昌市对无房外来务工人员的租赁补贴标准是 150 元/（人·月）。为方便计算，本书假定人均租赁补贴面积为 20 平方米①，租赁补贴标准为每月每平方米 20 元②，政府向 10% 的农业转移人口发放租赁补贴（实物保障也可折算为租赁补贴）。代入公式：农业转移人口保障性住房成本 ＝（租赁补贴标准×人均租赁补贴面积×12 个月）×系数（10%）。计算得出，2018 年农业转移人口人均保障性住房成本为 480 元。

5. 最低生活保障成本测算

城乡最低生活保障差异。一是保障标准差异。《2018 年民政事业发展统计公报》显示，截至 2018 年底，全国城市低保平均保障标准为 579.7 元/（人·月），全国农村低保平均保障标准为 402.8 元/（人·月）。二

---

① 《住房城乡建设部　财政部关于做好城镇住房保障家庭租赁补贴工作的指导意见》（建保〔2016〕281 号）指出，原则上住房保障家庭应租住中小户型住房，户均租赁补贴面积不超过 60 平方米。本书假定农业转移人口户均规模为 3 人。如此计算，人均租赁补贴面积为 20 平方米。

② 《关于调整公共租赁住房申请条件和保障标准等有关问题的通知》（青建房字〔2020〕19 号）中，租赁补贴标准的最高档为每月每平方米 20 元。

是保障比例差异。《中华人民共和国 2018 年国民经济和社会发展统计公报》显示，截至 2018 年末，全国共有 1008 万人享受城市居民最低生活保障，3520 万人享受农村居民最低生活保障；城镇常住人口有 83137 万人，乡村常住人口有 56401 万人。由此可以得出，城镇低保对象占城镇常住人口的 1.21%，农村低保对象占农村常住人口的 6.24%。

成本测算。考虑到市民化初期农业转移人口收入水平相对较低，而城镇生活成本相对较高，因此市民化后享受城镇低保的比例会有所上升。本书假定届时农业转移人口市民化后享受城镇最低生活保障的比例将会提高到 3%。代入公式：农业转移人口最低生活保障成本 = 城乡居民最低生活保障待遇差 × 农业转移人口市民化后享受城镇最低生活保障的比例 × 12 个月。计算得出，2018 年农业转移人口人均最低生活保障成本约为 64 元。

6. 社会保险成本测算

社会保险是社会保障的核心内容，社会保险的主要项目包括养老保险、医疗保险、失业保险、工伤保险、生育保险（简称"五险"）。本书以养老保险为例进行测算。《中国财政年鉴 2019》显示，2018 年，对企业职工、城乡居民基本养老保险基金财政补贴分别为 5355.43 亿元、2775.74 亿元。《中华人民共和国 2018 年国民经济和社会发展统计公报》显示，2018 年末，全国参加城镇职工、城乡居民基本养老保险人数分别为 41848 万人、52392 万人。由此计算得出，2018 年，国家财政对企业职工、城乡居民基本养老保险补贴分别约为 1280 元/人、530 元/人，两者之间相差 750 元/人。

也就是说，2018 年农业转移人口社会保险成本为 750 元。

三　个人成本测算

1. 城市生活成本测算

成本测算原理。该指标主要考察农业转移人口转移前后生活成本的变化情况。生活成本包括吃、穿、用、行、娱乐等方面的日常消费支出。考虑到数据的可获得性，本书采用农村居民消费水平作为农业转移人口转移前的消费水平。由于下面将专门计算农业转移人口市民化的个人居住成本，计算农业转移人口城市生活成本时，我们从"城镇居民人均消费性支出"中扣除居住成本。与此相应，也从"农村居民人均消费性支出"中扣除同类支出，两者相减即为农业转移人口市民化城市生活成本。

成本测算。《中国统计年鉴 2019》显示，2018 年，我国城镇居民人均消费支出为 26112.3 元，其中居住消费支出为 6255.0 元；农村居民人均消费支出为 12124.3 元，其中居住消费支出为 2660.6 元。代入公式：农业转移人口城市生活成本 =（城镇居民人均消费支出 – 城镇居民人均居住消费支出）–（农村居民人均消费支出 – 农村居民人均居住消费支出）。计算得知，2018 年农业转移人口人均城市生活成本约为 10394 元。

2. 居住成本测算

农业转移人口市民化后需要有稳定的住所，为实现与城镇居民基本相同的居住水平，目前来看主要有两条途径：购房和租房。

购房成本测算。《中国房地产指数系统百城价格指数报告》显示，2018 年 1 ~ 12 月，全国 100 个城市（新建）住宅的平均价格依次为 14023 元/米^2、14074 元/米^2、14133 元/米^2、14194 元/米^2、14268 元/米^2、14336 元/米^2、14396 元/米^2、14472 元/米^2、14533 元/米^2、14601 元/米^2、14641 元/米^2、14678 元/米^2。由此可知，2018 年全国 100 个城市（新建）住宅的月平均价格的均值约为 14362 元/米^2。为计算方便，本书假定 2018 年全国城镇住宅价格为 14000 元/米^2，城镇居民人均住房建筑面积为 39 平方米[①]。代入公式：农业转移人口人均购房成本 =

---

① 国家统计局公布的数据显示，2018 年城镇居民人均住房建筑面积为 39 平方米，http：// www. stats. gov. cn/tjsj/zxfb/201907/t20190731_1683002. html。

（城镇住房均价 × 城镇居民人均住房建筑面积）。计算得知，2018 年农业转移人口人均购房成本为 54.6 万元。按照贷款期限为 20 年，年利率 5.5%，还款方式为等额本息，计算得出 2018 年度还款额为 45074 元。

租房成本。《中国统计年鉴》中对居民人均消费支出中的居住消费支出是这样解释的：指与居住有关的支出，包括房租、水、电、燃料、物业管理等方面的支出，也包括自有住房折算租金。农业转移人口租房成本等于城镇居民人均居住消费支出减去农村居民人均居住消费支出。计算得出，2018 年农业转移人口人均租房成本约为 3594 元。

3. 自我保险成本测算

自我保险成本内容。根据《中华人民共和国劳动合同法》规定，用人单位需要为聘用职工办理"五险一金"，其中养老保险、医疗保险、失业保险和住房公积金的保费需要企业和个人共同缴纳，工伤保险和生育保险则完全由企业承担。在个人需要缴纳的社会保险中，养老保险、医疗保险、失业保险和住房公积金（简称"三险一金"）的缴费比例分别为个人工资的 8%、2%、0.5%、5%①，四项加总为基本工资的 15.5%。职工个人月缴费基数确定办法：按照本人上一年度月平均工资确定，但不低于上一年度职工月平均工资的 60%，不高于上一年度职工月平均工资的 300%。

成本测算。《2017 年农民工监测调查报告》显示，农民工月均收入为 3485 元。假定该"标准农民工"按此缴费基数缴纳 2018 年的"三险一金"，费用合计为 6482 元，各部分具体数额如表 5 - 2 所示。

---

① 住房公积金缴存比例：最低为单位和个人各 5%，最高为单位和个人各 12%。本书选取比例为 5%。

表 5-2 自我保险成本数额

	社会保障成本	养老保险	医疗保险	失业保险	住房公积金
缴纳比例（%）	15.5	8	2	0.5	5
缴纳金额（元/年）	6482	3346	836	209	2091

假定该"标准农民工"没有参加城镇职工基本养老保险、基本医疗保险，而是参加城乡居民基本养老保险、基本医疗保险，每年缴纳费用分别为 300 元、220 元。计算得出，与参加城乡居民基本养老保险、基本医疗保险相比，农业转移人口参加城镇职工社会保险的自我保险成本为 5962 元。

4. 机会成本测算

机会成本的内容。农业转移人口市民化机会成本，既包括传统经济分析意义上的机会成本（农业转移人口离开农村到城市工作、生活后所丧失的农业收入，诸如种植业收入、副业收入，以及政府对农业或农民的补贴收入），也包括其他隐性机会成本。

农村文化建设专项资金。自 2011 年起，中央财政在整合"农村文化以奖代补资金""农村电影公益放映场次补贴资金"的基础上，新设农村文化建设专项资金，用于支持农村公共文化事业发展，保障基层农村群众基本文化权益。《财政部关于印发〈中央补助地方农村文化建设专项资金管理暂行办法〉的通知》（财教〔2013〕25 号）指出，行政村文化设施维护和开展文化体育活动等支出基本补助标准为每个行政村每年 10000 元。其中，全国文化信息资源共享工程村级基层服务点每村每年 2000 元；农家书屋出版物补充及更新每村每年 2000 元；农村电影公益放映活动按照每村每年 12 场，每场平均 200 元的补助标准，每年 2400 元；农村文化活动每村每年 2400 元；农村体育活动每村每年 1200 元。办法指出，中央财政对东部地区、中部地区、西部地区分别按照基本补助标准的 20%、50%、80% 安排补助资金，其余部分由地方统筹安排。

农村孕产妇住院分娩补助。《财政部、卫生部关于印发〈农村孕产妇住院分娩专项补助资金管理暂行办法〉的通知》（财社〔2009〕36号）指出，农村孕产妇住院分娩补助对象必须具备的条件之一就是农业户籍。据报道，2015年，福建对全省农村孕产妇住院分娩给予人均400元补助；海南农村贫困高危孕产妇住院分娩原则上每人补助1000元，特别贫困的危急重症农村孕产妇可酌情增加补助金额。随着形势发展，政策有所改变。《财政部、国家卫生计生委关于下达2017年重大公共卫生服务补助资金的通知》（财社〔2017〕72号）指出，按照《人力资源社会保障部、财政部关于做好2017年城镇居民基本医疗保险工作的通知》（人社部发〔2017〕36号）和《国家卫生计生委、财政部关于做好2017年新型农村合作医疗工作的通知》（国卫基层发〔2017〕20号）的有关要求，做好农村孕产妇住院分娩与城乡居民医保制度的衔接工作。自本通知下达后，不再在重大公共卫生项目中安排资金用于农村孕产妇住院分娩工作。自此以后，农村居民与城镇居民的此项福利差异得以消除。

家庭义务劳动收入。过去，农村外出打工家庭的义务劳动由留守农村的老人、妇女来完成。但是，随着城市化浪潮的推动，家庭将迁往城市，原先成员分工提供的家庭福利模式将发生改变，家庭规模变小，赡养老人的义务变重。倘若没有可替代的货币化方法，它势必将增加农业转移人口到城里安家的成本。农业转移人口市民化需要考虑的，正是家庭成员所承担的这种家庭义务对于家庭福利和消费支出提升的积极作用。成为市民以后，原先在农村老家由留守老人或留守妇女承担的义务劳动这一功能可能缺损或无法继续履行。另外，由于农民工难以带着老人一起进城以便照顾子女生活、送子女入托等，这些活动将不得不转向市场购买，农业转移人口市民化的这一机会成本难以避免。

农村经营性净收入。《中国统计年鉴2019》显示，2018年，农村居民可支配收入为14617.0元，其中工资性收入为5996.1元，经营净收入为5358.4元，财产净收入为342.1元，转移净收入为2920.5元。据此得知，2018年，农业转移人口市民化的农村经营性机会成本等于其经营性净收入，约为5358元。

本书综合分析后认为，农村经营性净收入是农业转移人口市民化机会成本的重要组成部分，2018年农业转移人口市民化的机会成本约为5358元[1]。

四　企业成本测算

1. 社会保险成本测算

企业社会保险成本的内容。农业转移人口的主体是农民工，农民工的主要就业单位是企业。根据《中华人民共和国社会保险法》规定，用人单位应当按照国家规定的本单位职工工资总额的比例缴纳基本养老保险、基本医疗保险、工伤保险、失业保险、生育保险，简称"五险"。由于各地"五险"缴费比例差异较大，本书假定城镇职工基本养老保险单位缴费费率为12%，城镇职工基本医疗保险单位缴费费率为6%，失业保险单位缴费费率为0.5%，生育保险单位缴费费率为0.45%，工伤保险单位缴费费率为0.7%[2]。

成本测算。2018年，企业需要为2017年月均收入为3485元的"标准农民工"缴纳的最低社会保险费用是8217元，具体数额如表5-3所示。

---

[1] 机会成本应是前面几项的加总，但是农村文化建设专项资金、家庭义务劳动收入等数据无法获取。

[2] 《关于调整工伤保险费率政策的通知》（人社部发〔2015〕71号）指出，不同工伤风险类别的行业执行不同的工伤保险行业基准费率。各行业工伤风险类别对应的全国工伤保险行业基准费率为，一类至八类分别控制在该行业用人单位职工工资总额的0.2%、0.4%、0.7%、0.9%、1.1%、1.3%、1.6%、1.9%左右。本书选取工伤保险缴费费率为0.7%。

表 5-3 企业社会保险成本数额

	社会保险总额	养老保险	医疗保险	失业保险	生育保险	工伤保险
缴纳比例（%）	19.65	12	6	0.5	0.45	0.7
缴纳金额（元/年）	8217	5018	2509	209	188	293

2. 教育培训成本

《国务院关于大力推进职业教育改革与发展的决定》（国发〔2002〕16 号）指出，一般企业按照职工工资总额的 1.5% 足额提取教育培训经费，从业人员技术要求高、培训任务重、经济效益较好的企业，可按2.5% 提取。本书以职工工资总额的 1.5% 足额提取教育培训经费。《2018 年农民工监测调查报告》显示，农民工月均收入为 3721 元。据此计算，2018 年企业职工教育培训成本约为 670 元。

3. 职工居住成本

企业为职工缴纳住房公积金。为职工缴存住房公积金是企业的法定义务。《住房公积金管理条例》（国务院令第 350 号）指出：单位录用职工的，应当自录用之日起 30 日内到住房公积金管理中心办理缴存登记，并持住房公积金管理中心的审核文件，到受委托银行办理职工住房公积金账户的设立或者转移手续。住房公积金缴存比例，最低为工资总额的 10%（单位和个人各 5%），最高为工资总额的 24%（单位和个人各 12%）。本书选取 5% 作为企业住房公积金缴存比例。2018 年，企业为 2017 年月均收入为 3485 元的"标准农民工"缴纳的住房公积金数额为 2091 元。

企业为职工提供公共租赁住房。《山东省人民政府办公厅关于进一步加快解决企业职工住房问题的意见》（鲁政办发〔2011〕71 号）指出，企业较为集中的各类开发区、工业园区和产业园区，距离城区较远的独立工矿企业和住房困难职工较多的企业，在符合土地利用总体规划、城市总体规划的前提下，经市、县人民政府批准，可以利用自有土地建设公共租赁住房和开展集资合作建房，向本企业符合条件的职工出租（出售）。《杭州市人民政府办公厅转发市规划和自然资源局关于降低企业职工住宿成本和建立"退二进三"调节平衡机制实施细则的通知》（杭政办函〔2019〕49号），对配套设施用地上企业自建职工租赁房、突出贡献企业自建人才租赁房，以及产业园区企业、产业园区政府集中建设职工租赁住房做了明确规定。由于像山东、杭州一样出台此类规定的地区较少，更关键的是，为职工特别是农民工提供公共租赁住房并不是企业的法定责任和义务，本书假定企业此项费用为0。

综合来看，2018年，企业为职工支付的居住成本为2091元。

五　农业转移人口市民化成本合计

1. 人均总成本

加总各子项目的测算结果，得到2018年农业转移人口市民化人均成本为44592元（租房）或86072元（购房）。其中，公共成本为8306元，个人成本为25308元（租房）或66788元（购房，20年等额本息还款），企业成本为10978元。农业转移人口市民化成本构成如表5-4所示。

表5-4　农业转移人口市民化成本构成

单位：元

成本构成	项目指标	人均成本
公共成本	城市公共管理和公共服务成本（C_1）	3804
	城市基础设施建设维护成本（C_2）	3141
	随迁子女义务教育成本（C_3）	67
	保障性住房成本（C_4）	480
	最低生活保障成本（C_5）	64
	社会保险成本（C_6）	750
	合计	8306

续表

成本构成	项目指标	人均成本	
个人成本	城市生活成本（C_7）	10394	
	居住成本（C_8）	租房成本	3594
		购房成本	45074
	自我保险成本（C_9）	5962	
	机会成本（C_{10}）	5358	
	合计	25308（租房），66788（购房）	
企业成本	社会保险成本（C_{11}）	8217	
	教育培训成本（C_{12}）	670	
	职工居住成本（C_{13}）	2091	
	合计	10978	
合计	44592（租房），86072（购房）		

由表 5-4 可知，2018 年农业转移人口市民化的公共成本、个人成本（租房）、企业成本占总成本的比重依次是 18.63%、56.75%、24.62%；公共成本、个人成本（购房）、企业成本占总成本的比重分别是 9.65%、77.60%、12.75%。城市公共管理和公共服务成本、城市基础设施建设维护成本、随迁子女义务教育成本、保障性住房成本、最低生活保障成本、社会保险成本占公共成本的比重依次是 45.80%、37.81%、0.81%、5.78%、0.77%、9.03%。城市生活成本、居住成本（租房）、自我保险成本、机会成本占个人成本的比重依次是 41.07%、14.20%、23.56%、21.17%；城市生活成本、居住成本（购房）、自我保险成本、机会成本占个人成本的比重分别是 15.56%、67.49%、8.93%、8.02%。企业社会保险成本、教育培训成本、职工居住成本占企业成本的比重分别是 74.85%、6.10%、19.05%。

2. 年度总成本

李克强总理在 2019 年《政府工作报告》中指出，2018 年，扎实推进新型城镇化，近 1400 万农业转移人口在城镇落户。为实现 1400 万农业转移人口在城镇落户，需要支付的市民化成本是 6242.88 亿元（租房）或 12050.08 亿元（购房）。其中，政府需要支付的公共成本是 1162.84 亿元；个人需要支付的成本是 3543.12 亿元（租房）、9350.32 亿元（购房）；企业需要支付的成本是 1536.92 亿元。

第三节　农业转移人口市民化成本分担博弈

一　农业转移人口市民化利益主体

1. 中央政府

新型城镇化意义重大。《1997 年世界发展报告：变革世界中的政府》指出，有 5 项基础性任务（其中 2 项是投资于基本的社会服务与基础设施，保护承受力差的阶层）处于每个政府使命的核心地位。如果这 5 项任务完不成，就不可能取得可持续的、共享的、减少贫困的发展（世界银行《1997 年世界发展报告》编写组，1997）。加快推进新型城镇化有利于完成基础性任务。2015 年 4 月，李克强总理视察吉林省时指出，新型城镇化是拉动经济增长的巨大内需潜力所在，也是结构调整，要加快推进群众急需的基础设施建设，增加公共产品供给，既能有效弥补发展"短板"，又能直接为其他产业发展创造需求，带动大量就业，对冲经济下行压力，并为长远发展打牢基础。

中央政府有责任承担市民化成本。中央政府作为城乡二元结构体制的制造者、基本公共服务的提供者、城乡统筹发展的设计者，有责任、有义务承担农业转移人口市民化成本。中央政府，一方面需要大力推进新型城镇化战略，逐步提升城镇化质量，向以城市经济为主要推动力的经济发展方式转变；另一方面需要围绕城乡居民的需求提供产品和服务，对农业转移人口市民化进行顶层设计，为农业转移人口市民化提供国家层面的资金支持和制度保障。

2. 地方政府

从主观层面看，地方政府在推进新型城镇化建设中应始终坚持以人为本，遵循中央"顶层设计"，把有序推进农业转移人口市民化作为核心要素和关键环节，在制度安排、政策导向、资金保障、工作部署上，把产城融合发展、促进农民工就业、完善社会保障体系、提高基本公共服务水平摆在更加突出的位置，走出一条新型城镇化与农业转移人口市民化协调发展的道路。

从客观层面看，地方政府兼具中央政策执行者以及地方经济和社会事务管理者的双重身份，在分级管理体制内存在着与中央政府利益相悖的一面。在当前财税体制以及以 GDP 和财政收入为核心的政绩考核体制背景下，农业转移人口流入地——城市政府存在着地方保护主义、重收益轻成本的倾向，会在保护本地户籍居民（市民）利益和福利的前提下视就业形势的变化而不断调整对外来劳动力的政策，重视低成本农业转移人口对当地财政的贡献而忽略保障其权益，有时候甚至会出台与中央政策不完全一致甚至背道而驰的地方政策。

3. 企业

企业应该积极承担在岗农民工在社会保险、教育培训以及最低工资保障等方面的社会责任，从而助推农业转移人口市民化。作为市场经济主体的企业，对所有职工应该一视同仁。但是，部分企业为获得更高利润，采用各种手段压低农民工的工资和福利，导致农民工与城镇职工同工不同酬。农民工与城镇职工同工不同酬的突出表现为农民工在工作选择上难以与城镇职工"同工"，在劳动收入上难以"同酬"，在社会保障上难以公平，在发展权利上难以平等（梁伟军、朱唐瑶，2018）。

4. 农业转移人口

农业转移人口是理性经济人。对农业转移人口来讲，从农村向城市迁移流动是城乡预期收入差异的反复权衡。托达罗模型可以简要表示为 $M = f(d)$。其中，M 表示从农村迁入城市的人口规模，d 表示城乡预期收入差异，$f' > 0$ 表示人口流动是预期收入差异的增函数。城乡预期收入差异可以表示为 $d = \omega \times \pi - \gamma$。其中，$\omega$ 表示城市实际工资率，π 表示就业概率，γ 表示农村平均实际收入。

城市经济收入与公共服务是影响农业转移人口进城落户的现实因素。陕西省统计局对全省 11 个中小地市的 1100 名农民工的随机调查结果显示，农民工进城落户意愿并不强（仅有四成农民工愿意进城落户），城镇生活成本、就业、住房成为影响农民工进城落户意愿的三大障碍（宋洁，2017）。进一步分析发现，制约农业转移人口落户城市的因素主要有两个。一是农业转移人口的收入相对较低。从农民工与城镇单位就业人员的收入来看。根据国家统计局数据，2016 年农民工月均收入为 3275 元，占城镇单位就业人员月均工资（5631 元）的 58.16%，占城镇国有单位就业人员月均工资（6045 元）的 54.18%，占城镇集体单位就业人员月均工资（4211 元）的 77.77%，占城镇单位在岗就业人员月均工资（5749 元）的 56.97%。从农民工的支出占收入的比重来看。《2015 年农民工监测调查报告》显示，2015 年，外出农民工月均生活消费支出（1012 元）占其月均收入（3359 元）的 30.13%。二是城市户籍含金量"缩水"。农民工先前之所以愿意落户城镇，主要是为了让子女接受更好的教育。随着城乡基本公共服务差距的缩小，农民工落户中小城市的意愿开始减弱。

二 农业转移人口市民化成本分担博弈分析

1. 农业转移人口与城市政府对市民化成本分担的博弈

城市政府分担市民化成本的缘由。随着刘易斯拐点的到来，农村剩余劳动力大幅减小，农业转移人口规模随之减小，人口红利逐渐消失。阻碍农业转移人口市民化进程的成本问题摆在城市政府与农业转移人口面前。当农业转移人口流入地政府不愿分担（或者希望尽量少分担）市民化成本时，农业转移人口往往"用脚投票"，要么流向愿意分担（或者愿意多分担）市民化成本的城市，要么回流农村，结果导致部分城市用工紧张，劳动力成本大幅上升。由于劳动力区域供给与需求的不平衡，为吸引更多劳动人口，城市政府之间不得不在农业转移人口市民化成本分担方面"妥协"，不少城市降低落户门槛，开展"抢人大战"。

市民化成本分担博弈分析。本书根据流入地政府对新型城镇化（农业转移人口市民化）问题的重视程度，以及农业转移人口市民化意愿和市民化行为状况，构建了一个演进式博弈模型，分析两者在市民化成本分担上的博弈过程。

流入地政府面对市民化成本分担有两种策略：分担或不分担。假定流入地政府选择分担市民化成本（C_{z1}），尽管这样做会增加地方财政支出，但是青壮年劳动力的大量增加，城镇居民数量的迅猛增长将会扩大消费规模，推动地方经济社会迅猛发展，给当地带来的经济收益显而易见。假定流入地政府不参与分担市民化成本时的收益为 R_{z1}，参与分担时的收益为 R_{z2}。

面对流入地政府的两种策略，农业转移人口对市民化成本分担也有两种选择：愿意分担（甚至全部承担）和不愿意分担。根据流入地政府和农业转移人口的不同选择，可以分为以下三种情形。（1）当流入地政府愿意分担市民化成本时，农业转移人口只要分担 C_{n1} 的市民化成本就可以实现市民化，市民化为其带来的收益为 R_{n1}。（2）当流入地政府不愿意分担市民化成本时，如果农业转移人口独自承担市民化成本（C_{n2}）也可以实现市民化，但是农业转移人口获得的市民化收益将会减少。假设此种情形下的变动系数为 α（$0 < \alpha < 1$），则农业转移人口市民化的收益为 αR_{n1}。此种情形下，农业转移人口独自承担市民化成本（流入地政府不分担），故 $C_{n2} > C_{n1}$。（3）当流入地政府不愿意分担市民化成本时，如果农业转移人口选择不市民化策略，即继续保持现状或直接返回农村，那么，农业转移人口的收益为 R_{n2}。

假定农业转移人口选择市民化的概率为 q，选择不市民化的概率则为 $1-q$。面对市民化成本分担问题，流入地政府有两种选择：分担和不分担。假定流入地政府选择分担市民化成本的概率为 p；反之，概率则为 $1-p$。二者的收益矩阵如表 5 - 5 所示。

表 5 - 5　流入地政府与农业转移人口分担市民化成本博弈的收益矩阵

		农业转移人口	
		市民化（q）	不市民化（$1-q$）
流入地政府	分担（p）	$R_{z1} + R_{z2} - C_{z1}$，$R_{n1} - C_{n1}$	$R_{z1} - C_{z1}$，R_{n2}
	不分担（$1-p$）	R_{z1}，$\alpha R_{n1} - C_{n2}$	R_{z1}，R_{n2}

在市民化成本分担问题上，流入地政府面对农业转移人口的随机化策略，只有采用混合策略才能使农业转移人口做出任意选择的机会均等，即流入地政府的均衡策略是使农业转移人口从两个纯策略中获得相等的预期收益。由此可得式 5 - 2。

$$(R_{n1} - C_{n1}) \times p + (\alpha R_{n1} - C_{n2}) \times (1-p) = R_{n2} \times p + R_{n2} \times (1-p) \quad (5-2)$$

由式 5 - 2 解得：$p = \dfrac{C_{n2} + R_{n2} - \alpha R_{n1}}{C_{n2} - C_{n1} + R_{n1} - \alpha R_{n1}}$

同理，流入地政府无论做出何种选择，农业转移人口只有采用混合策略才能使流入地政府从两个纯策略中获得相等的预期收益。由此可得式 5 - 3。

$$(R_{z1} + R_{z2} - C_{z1}) \times q + (R_{z1} - C_{z1}) \times (1 - q) = R_{z1} \times q + R_{z1} \times (1 - q)$$

$$(5 - 3)$$

由式 5 - 3 解得：$q = \dfrac{C_{z1}}{R_{z2}}$

由均衡解 $p = \dfrac{C_{n2} + R_{n2} - \alpha R_{n1}}{C_{n2} - C_{n1} + R_{n1} - \alpha R_{n1}}$ 可以看出，（1）在其他条件不变的情况下，R_{n2} 值越大，p 值越大，即当农业转移人口选择不市民化策略时的收益越大，流入地政府愿意分担市民化成本的概率越大。现实生活中，部分农业转移人口不愿进城落户，地方政府采取"赶农民上楼""逼农民进城"的方式让农民进城落户就是明证。（2）在其他条件不变的情况下，C_{n1} 值越大，p 值越大。这意味着农业转移人口自身分担的市民化成本越多，流入地政府分担市民化成本的概率就越大。农业转移人口市民化成本较大，单靠流入地政府独自承担是不现实的，也是不可能的。如果农业转移人口积极分担市民化成本，甚至愿意分担更大比例的市民化成本，流入地政府分担市民化成本的可能性、积极性就会大大提高。（3）在其他条件不变的情况下，R_{n1} 值越大，p 值越小。这种现象说明农业转移人口市民化为其带来的收益越高，流入地政府分担市民化成本的概率就会变小。如果市民化后给农业转移人口带来的收益远远大于成本，作为"理性经济人"的他们肯定会争先恐后进城落户，再现当年的千方百计"跳农门"现象。

由均衡解 $q = \dfrac{C_{z1}}{R_{z2}}$ 可以看出，在其他条件不变的条件下，C_{z1} 越大，q 值越大。这一现象说明，流入地政府分担的市民化成本越多，农业转移人口市民化的可能性就越大。由郑州"户籍新政"紧急叫停可以发现，农业转移人口市民化规模与流入地政府分担市民化成本息息相关。当前的问题不是农业转移人口不想进城落户，而是城市政府是否愿意在更大程度上承担市民化成本。

2. 农业转移人口与企业对市民化成本分担的博弈

推进农业转移人口市民化，企业社会责任重大。《国家新型城镇化规划（2014—2020年）》指出，企业要落实农民工与城镇职工同工同酬政策，加大职工技能培训投入，依法为农民工缴纳职工养老、医疗、工伤、失业、生育等社会保险费用。从道理上讲，企业为农民工按时足额缴纳社会保险既是其应履行的义务，也是其应承担的社会责任。但是，企业的逐利性使其经济性行为远大于社会性行为，"利益最大化"支配着企业的用工行为。不与农民工签订劳动合同、同工不同酬、拖欠工资、性别和年龄歧视等违规用工方式都是企业追求利益最大化的机会主义行为（聂飞，2018）。为鼓励企业为农民工缴纳社会保险，2015～2018年，国务院连续5次颁布降低社会保险费率的政策。其中，人力资源社会保障部、财政部发出的《关于阶段性降低社会保险费率的通知》（人社部发〔2016〕36号）指出，从2016年5月1日起，企业职工基本养老保险单位缴费比例超过20%的省（区、市），将单位缴费比例降至20%；单位缴费比例为20%且2015年底企业职工基本养老保险基金累计结余可支付月数高于9个月的省（区、市），可以阶段性将单位缴费比例降低至19%，降低费率的期限暂按两年执行。2018年11月2日，国务院常务会议公布了社会保险费率的新政：用人单位和职工失业保险缴费比例总和从3%阶段性降至1%。

企业与农民工对市民化成本分担的博弈分析。企业社会责任感的淡漠与残酷的市场竞争息息相关。压低成本成为部分企业在激烈的市场竞争中胜出的"不二法宝"。在其他生产要素成本无法压缩的情形下，只能对最有弹性的劳动工资这一"弱势要素"进行压缩（张小强，

2008）。现以企业为农民工缴纳社会保险的情况为例，分析两者之间的博弈。在图 5 - 1 中，用 W/P 表示人均劳动力工资，用 D 表示劳动力需求曲线，S 表示劳动力供给曲线，E 点表示劳动力供给需求均衡点，N_0 表示劳动力供需均衡状态时的劳动力数量，N_1 表示劳动力数量小于 N_0 时的情况，即劳动力市场中需求大于供给的情形。与此相对，N_2 表示劳动力数量大于 N_0 时的情况，即劳动力市场中供给大于需求的情形。

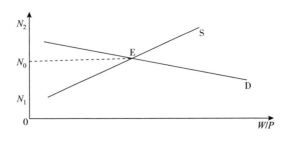

图 5 - 1　城镇劳动力市场供给需求影响

作为"理性经济人"的企业，在以下两种情形下采取不同缴费策略应在情理之中。（1）N_1 情形的分析。由于 $N_1 < N_0$，此时劳动力市场中供给小于需求。对于企业来说，为了获得足够的劳动力，不仅会提高（或变相提高）工人工资，也会按时足额为职工缴纳社会保险。2011年，多地遭遇用工荒，部分企业用保险"揽人"就是最好的说明。对于农民工来说，如果企业不按时缴纳社会保险（或者工资比别的企业低、待遇差），他们就会"用脚投票"，换另一家企业。（2）N_2 情形的分析。由于 $N_2 > N_0$，此时劳动力供给充足，企业非常容易招聘到所需的劳动力（农民工同质性强），有时还会提高招聘门槛，对劳动力"挑肥拣瘦"。此种情形下，企业为了降低生产成本，有时会压低职工工资，少缴或不缴社会保险。对于农民工来说，即使企业少缴甚至不为他们缴纳社会保险，由于处于劣势地位，他们为了保住"饭碗"，也不得不委曲求全。忍受是他们的最优策略。

3. 企业与政府对市民化成本分担的博弈

在现实市场中，由于企业数量众多、市场环境瞬息万变（2018 年 8 月，作为国内最大的家具生产基地之一、多年被评为中央和国家机关办公家具指定供应商，资产曾经做到 30 亿元的诚丰家具，一夕破产），监管机构很难做到对辖区所有企业的全面监管。本书采用混合策略纳什均衡分析方法，阐释政府监管机构与企业在农民工社会保险缴纳上的博弈。

企业对于农民工社会保险缴纳有两种选择：依法缴纳和不依法缴纳（少缴、不缴；按时缴、不按时缴）。政府监管机构也有两种选择：监管或不监管。假定政府监管机构选择监管的概率为 α（$0 \leq \alpha \leq 1$），选择不监管的概率则为 $1 - \alpha$。当政府监管机构选择监管时，监管成本为 C_j，监管收益（只有企业不缴纳时才有）为 R_j；若政府监管机构选择不监管，将受到的损失为 S_j。企业选择依法缴费的概率为 β（$0 \leq \beta \leq 1$），不依法缴费的概率则为 $1 - \beta$。如果企业不依法为农民工缴纳社会保险，可获得的收益为 R_q；如果不依法缴费行为被监管机构发现，对其的罚款为 F_q。政府监管机构与企业在农民工社会保险缴纳上博弈的收益矩阵如表 5-6 所示。

表 5-6　政府监管机构与企业对农民工社会保险缴纳博弈的收益矩阵

		企业	
		依法缴纳社保费（β）	不依法缴纳社保费（$1-\beta$）
政府监管机构	监管（α）	$-C_j$, 0	$R_j - C_j$, $R_q - F_q$
	不监管（$1-\alpha$）	0, 0	$-S_j$, R_q

对于政府监管机构来说，混合策略是应对企业对农民工社会保险缴费采用随机化缴费策略的最佳选择，可以起到"以静制动""以不变应万变"的作用。在此策略下，企业无论选择两个纯策略中的哪一个，获得的预期收益都是一样的。由此可以得到式 5-4。

$$0 \times \alpha + 0 \times (1 - \alpha) = (R_q - F_q) \times \alpha + R_q \times (1 - \alpha) \quad (5-4)$$

解得:$\alpha = \dfrac{R_q}{F_q}$

对于企业来说,混合策略也是最佳选择。在此策略下,政府监管机构无论选择两个纯策略中的哪一个,获得的预期收益都是一样的。由此可以得到式 5-5。

$$-C_j \times \beta + (R_j - C_j) \times (1 - \beta) = 0 \times \beta - S_j \times (1 - \beta) \quad (5-5)$$

解得:$\beta = \dfrac{R_j + S_j - C_j}{R_j + S_j}$

在图 5-2 中,横轴表示政府监管机构的监管概率 α,纵轴表示企业依法为农民工缴纳社会保险费用的概率 β。两条线的交点为 $\left(\alpha = \dfrac{R_q}{F_q}, \beta = \dfrac{R_j + S_j - C_j}{R_j + S_j} \right)$,在此交点上,企业或政府监管机构无论采取何种策略,获得的预期收益都是一样的,这一混合策略的纳什均衡是 $\left(\dfrac{R_q}{F_q}, \dfrac{R_j + S_j - C_j}{R_j + S_j} \right)$。对于政府监管机构来说,纳什均衡的意义在于,当其监管概率是 $\dfrac{R_q}{F_q}$ 时,企业无法逃避缴费。对于企业来说,纳什均衡的意义在于,企业依法为农民工缴纳社会保险费的概率是 $\dfrac{R_j + S_j - C_j}{R_j + S_j}$ 时,政府监管机构的监管将失去意义(王晓红,2016)。

企业为农民工缴纳社会保险状况取决于政府监管机构是否监管以及如何监管(监管力度)。(1)如果政府监管机构不监管或者监管不力,企业的违规收益 R_q 较大,发现其不依法缴纳社会保险费用的可能性较小,即使被发现但违规处罚较轻,即 F_q 较小,上述情形下,企业往往会"铤而走险",不依法缴费的概率会随之增加。(2)政府监管机构是否监管以及采取何种力度监管,与企业依法缴费情况、监管成本、监管

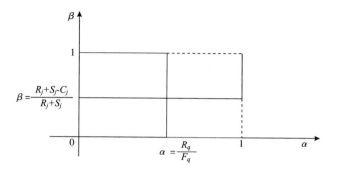

图 5-2 政府监管机构与企业博弈的相位图

收益、监管损失等因素息息相关。一般来说,监管成本较低,监管收益较高,不监管损失较大,政府监管机构的监管意愿往往较高。与此相对,监管成本较高,监管收益较低,监管损失较小,政府监管机构的监管意愿一般不高(王晓红,2016)。现实中,对农民工权益的保护往往与对企业的监督相冲突,城市政府常常面临两难选择。弱化监督意味着农民工权益可能受损,可是对城市财政和投资环境有利。反之,强化监督,农民工权益能够得到保障,但是税收可能会减少,投资环境可能"受损"。

4. 输出地与输入地对市民化成本分担的博弈

对跨省农民工市民化成本分担分歧较大。一般而言,中西部地区是跨省农民工的输出地,东部地区是跨省农民工的输入地。中西部地区认为自己是"受害者",不仅不应该分担跨省农民工落户东部地区的市民化成本,相反,东部地区应该适当补贴中西部地区的损失。具体损失包括以下三个方面。(1)跨省流出的农民工并不是本地的农村剩余劳动力,相反,绝大多数属于农村"精英"。本地不仅失去了大量的人力资源,也失去了众多人力资本。(2)对于那些已经在东部地区安家落户的农民工来说,中西部地区并没有享受到"人口红利"。相反,为把他们培养成合格的劳动力而投入的大量资本都成了"沉没成本"。(3)对于那些尚未落户(以及回流)的农民工来说,他们为东部地区的经济社会发展奉献了青春、做出了贡献,但是西部地区要为他们的老年

"埋单"。这部分人口的基本养老保险、基本医疗保险补贴将由中西部地区财政负担（胡拥军、高庆鹏，2015）。

对于东部地区来说，在现行财政制度与土地制度下，片面强调输入地对农民工市民化的责任，不仅不公平，而且没道理。东部地区的主要诉求也有三个。（1）尽管对常住人口超过户籍人口的部分进行一定比例的折算，但是总体来看，现行财政转移支付制度依然以户籍人口为基础。由于并没有真正形成"钱随人走"的财政转移支付机制，跨省农民工虽然从中西部地区流入东部地区，但相应的财政拨款留在了中西部地区。（2）在现行土地制度下，由于尚未形成"地随人转"的机制，东部城市用地指标紧张，难以容纳更多农业转移人口落户。人口规模与土地增减不挂钩，甚至错配，是东部地区"心存不满"的重要原因。（3）让东部地区更加"愤愤不平"的是，尽管部分小城市拥有的常住人口规模远远超过西部地区的同类城市，甚至超过西部某些中等城市，但是行政级别却与西部相当，甚至低一层级（胡拥军、高庆鹏，2015）。

5. 中央政府与地方政府对市民化成本分担的博弈

中央政府与地方政府的目标不尽一致。虽然我国的决策过程高度集中，但是政策执行基本上是由地方政府具体实施。我国幅员辽阔、区域差异较大，不要说东部、中部、西部、东北四个地区，就是区域内部地方政府之间所面临的人口资源环境问题也各不相同，经济社会发展目标、中长期发展规划差异较大可能会阻碍中央政府的统一改革进程。另外，地方政府对改革的理解能力、接受程度和执行程度存在较大差距。部分地方政府为了维护地方利益，甚至会阻碍中央政府改革的迅速推进。简而言之，由于各个地方政府的经济情况、财政结构、社会责任、发展目标各不相同，责任承担情况存在复杂性，地方政府在执行改革措施时拥有一定的自主权，这就使得其执行结果可能与中央政府的政策本意存在分歧（李秀军，2017）。

中央政府和地方政府对市民化公共成本支出不匹配。在现行中央与地方财权事权分配制度框架下，中央政府和地方政府在市民化成本责任分摊、分摊比例与财政保障能力匹配上存在错位或失衡问题（胡拥军，2017）。以小城镇基础设施建设支出为例。《2017 年全国一般公共预算支出决算表》显示，2017 年全国小城镇基础设施建设支出（决算数）1500.72 亿元。《2017 年地方一般公共预算支出决算表》显示，2017 年地方小城镇基础设施建设支出（决算数）1497.19 亿元。《2017 年中央本级支出决算表》显示，2017 年中央本级小城镇基础设施建设支出（决算数）3.53 亿元。由此可以看出，2017 年中央本级、地方小城镇基础设施建设支出（决算数）占全国小城镇基础设施建设支出的比重分别是 0.24%、99.76%。

中央政府与地方政府就市民化成本分担进行一场"暗战"。《中华人民共和国国民经济和社会发展第十四个五年规划和 2035 年远景目标纲要》指出，推进以县城为重要载体的城镇化建设。2022 年 5 月，中共中央办公厅、国务院办公厅印发了《关于推进以县城为重要载体的城镇化建设的意见》，提出"到 2025 年，以县城为重要载体的城镇化建设取得重要进展"的目标。县域在吸纳农业转移人口方面的优势和潜力不可低估、难以替代，但是目前县级政府在推进农业转移人口市民化过程中的作为空间十分受限（郭晋晖，2013）。地方政府认为，推动农业转移人口市民化得不偿失。据测算，地方政府每吸纳 1 名农业转移人口，获得的财政收益是 1100 多元，但要付出的财政成本是 6600 多元，净损失 5500 多元（魏义方、顾严，2017）。

总体来看，中央政府与地方政府之间，流出地政府与流入地政府之间，以及省市县乡级政府之间，正在为如何分担市民化成本进行一场"暗战"。跨省农民工市民化成本分担已经成为各级政府博弈的焦点。激烈的财政支出博弈，将会严重影响市民化进程的顺利推进（胡拥军、高庆鹏，2015）。

第六章
农业转移人口市民化载体

各类城镇要健全农业转移人口落户制度，根据综合承载能力和发展潜力，以就业年限、居住年限、城镇社会保险参保年限等为基准条件，因地制宜制定具体的农业转移人口落户标准，并向全社会公布，引导农业转移人口在城镇落户的预期和选择。

——《国家新型城镇化规划（2014—2020 年）》

第一节　城镇化水平差异

一　城镇化率差异

1. 常住人口城镇化率区域差异

我们平常所说的城镇化其实是常住人口城镇化。常住人口城镇化率是指城镇常住人口（常住在城镇的人口）占区域总人口的比重。《中国统计年鉴2021》显示，2020 年，我国常住人口城镇化率为 63.89%。全国 31 个省（区、市）中，常住人口城镇化率高于全国平均水平的有 12 个，所占比例为 38.71%；低于全国平均水平的有 19 个，占比为 61.29%。31 个省（区、市）中，上海常住人口城镇化率最高，为 89.30%；西藏常住人口城镇化率最低，为 35.73%，前者高出后者

53.57 个百分点。

2. 户籍人口城镇化率区域差异

户籍人口城镇化率是指城镇户籍人口（户籍在城镇的人口）占区域总人口的比重。由于各个方面的原因，大部分省（区、市）没有公布户籍人口城镇化率。2017 年，黑龙江、福建、河北三省的国民经济和社会发展统计公报数据显示，三省户籍人口城镇化率依次为49.90%、47.78%、39.89%。黑龙江户籍人口城镇化率比福建、河北分别高出约 2 个、10 个百分点。2018 年至今，福建没再公布户籍人口城镇化率数据。《2018 年黑龙江省国民经济和社会发展统计公报》显示，2018 年末，黑龙江户籍人口城镇化率为 50.05%，比上年提高 0.13个百分点。2019 年至今，黑龙江没再公布相关数据。《2019 年河北省国民经济和社会发展统计公报》显示，2019 年末，河北户籍人口城镇化率为 43.45%，比上年末提高 2.05 个百分点。2020 年至今，河北没再公布相关数据。

3. 常住人口城镇化率与户籍人口城镇化率差异

《山东统计年鉴 2019》显示，2018 年，山东城镇常住人口为6146.9 万人，城镇户籍人口为 5143 万人，常住人口为 10047.24 万人，户籍人口为 10095.64 万人，常住人口城镇化率约为 61.18%，户籍人口城镇化率约为 50.94%，两者之间相差 10.24 个百分点。2018 年，山东17 地市常住人口城镇化率与户籍人口城镇化率差异如图 6-1 所示。由图 6-1 可以看出，山东 17 个地市中，常住人口城镇化率大于户籍人口城镇化率的有 9 个，分别是菏泽、临沂、枣庄、济宁、聊城、日照、德州、泰安、滨州；常住人口城镇化率小于户籍人口城镇化率的有 8 个，分别是潍坊、莱芜、烟台、淄博、威海、东营、济南、青岛。

4. 区域城镇化率差异

2017 年，我国东部、中部、西部、东北四个地区的城镇化率分别

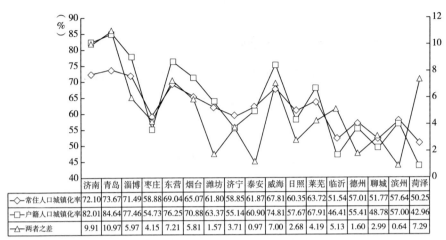

图 6-1　山东各地市城镇化率差异（2018 年）

资料来源：《山东统计年鉴 2019》。

为 67.0%、54.3%、51.6% 和 62.0%（徐佩玉，2018）。由此看来，东部地区的城镇化率最高，东北地区次之，中部地区处于第三位，西部地区最低。东部地区的城镇化率比东北地区、中部地区、西部地区分别高出 5 个、12.7 个、15.4 个百分点。

二　城镇化发展速度差异

1. 城镇化发展速度省际差异

《中国统计年鉴 2021》显示，2011~2020 年，我国城镇化率由 2011 年的 51.83% 提高到 2020 年的 63.89%，年均增长率约为 1.11%。2011~2020 年，全国 31 个省（区、市）城镇化率年均增长速度如图 6-2 所示。从图 6-2 可以看出，城镇化发展速度省际差异明显。进一步分析发现，原先城镇化水平较低的年均增长速度较快。与此相反，原先城镇化水平较高的年均增长速度较慢。

2. 城镇化发展速度区域差异

由于我国东部、中部、西部、东北四个地区的城镇化发展水平不均衡，城镇化率最高区域和最低区域之间的差距逐步缩小，并没有出现

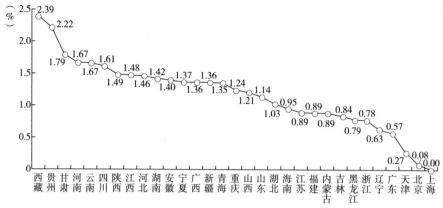

图 6 - 2　各省份城镇化发展速度（2011～2020 年）

资料来源：《中国统计年鉴 2021》。

"马太效应"。2000 年，四大区域中，城镇化率最高区域和最低区域相差 23.4 个百分点；2017 年，城镇化率最高区域和最低区域的差值已经降至 15.4 个百分点（徐佩玉，2018）。城镇化率最高区域与最低区域的差距缩小，从侧面表明各区域的城镇化发展速度存在差异。

第二节　城镇化效率差异

一　研究方法、指标与数据

1. 研究方法

DEA - BCC 模型。1978 年，美国运筹学家查恩斯（Charnes）、库柏（Cooper）等提出了数据包络分析（Data Envelopment Analysis），简称 DEA。DEA 最具代表性的模型有 CCR、BCC、CW2、FG、ST 等。CCR 模型假设规模报酬不变，进而计算每个决策单元（Decision Making Unit，简称 DMU）的相对效率。BCC 模型假设规模报酬可变，在 CCR 模型的基础上增加了凸性假设，从而将技术效率分解为纯技术效率和规模效率两部分。假设有 n 个决策单元，每个决策单元有 k 种类型的"投入"和 m 种类型的"产出"，用 X_{ij}（$X_{ij} > 0$，$i = 1$，2，$\cdots$，k）代表第 j 个决策单元对第 i 种类型输入的投入量，Y_{rj}（$Y_{rj} > 0$，$r = 1$，2，$\cdots$，m）为第 j 个决策单元对第 r 种类型输出的产出量，并记为：$X_j = (X_{1j},$ X_{2j}，$\cdots$，$X_{kj})^T$，$Y_j = (Y_{1j}$，Y_{2j}，$\cdots$，$Y_{mj})^T$，$j = 1$，2，$\cdots$，n，基于投入的 DEA – BCC 模型如式 6 – 1 所示：

$$
\begin{cases}
\min\theta = V_D \\[2mm]
s.\,t.\ \displaystyle\sum_{j=1}^{n} X_j\,\lambda_j \leqslant \theta\,X_{j0} \\[4mm]
\displaystyle\sum_{j=1}^{n} Y_j\,\lambda_j \geqslant Y_{j0} \\[4mm]
\displaystyle\sum_{j=1}^{n} \lambda_j = 1, \lambda_j \geqslant 0
\end{cases}
\tag{6－1}
$$

Malmquist 指数。该指数由瑞典经济学家曼奎斯特于 1953 年首次提出。一个基于投入的固定规模报酬的 Malmquist 指数的数学表达式如式 6 – 2 所示：

$$
M_0(x^t, y^t, x^{t+1}, y^{t+1}) = \left[\frac{D_0^{t+1}(x^{t+1}, y^{t+1})}{D_0^{t+1}(x^t, y^t)} \times \frac{D_0^t(x^{t+1}, y^{t+1})}{D_0^t(x^t, y^t)}\right]^{\frac{1}{2}}
\tag{6－2}
$$

式 6 – 2 中，$D_0^{t+1}(x^{t+1}, y^{t+1})$ 是以 $t + 1$ 期的技术表示的 $t + 1$ 期距离函数，$D_0^{t+1}(x^t, y^t)$ 是以 $t + 1$ 期的技术表示的 t 期距离函数，$D_0^t(x^{t+1}, y^{t+1})$ 是以 t 期的技术表示的 $t + 1$ 期距离函数，$D_0^t(x^t, y^t)$ 是以 t 期的技术表示的 t 期距离函数。

Malmquist 指数可以分解为技术效率变化与技术变化的乘积，其表达式如式 6 – 3 所示：

$$
M_0(x^t, y^t, x^{t+1}, y^{t+1}) = \frac{D_0^{t+1}(x^{t+1}, y^{t+1})}{D_0^t(x^t, y^t)} \times \left[\frac{D_0^t(x^{t+1}, y^{t+1})}{D_0^{t+1}(x^{t+1}, y^{t+1})} \times \frac{D_0^t(x^t, y^t)}{D_0^{t+1}(x^t, y^t)}\right]^{\frac{1}{2}}
\tag{6－3}
$$

式 6 - 3 中，等式后面的前一项表示技术效率变化，该值大于 1 表示技术效率提高，等于 1 表示技术效率未变，小于 1 表示技术效率下降；后一项表示技术变化，该值大于 1 表示技术进步，等于 1 表示技术没变，小于 1 表示技术退步。

2. 指标体系构建

本书参考以往的研究成果，基于全面性、可行性、真实性原则选取相关指标，构建了新型城镇化效率评价指标体系，具体指标构成如表 6 - 1 所示。与以往的评价指标体系相比，本书改进了劳动投入量与社会城镇化指标，增加了能源投入量与绿色城镇化指标。其中，为体现科技创新的重要性，以及人力资源向人力资本转化的必要性，本书用地区规模以上工业企业 R&D 人员全时当量指标替代劳动投入量指标。此外，本书采用城镇化率（常住人口城镇化率）对城乡居民人均可支配收入进行加权平均作为社会城镇化指标，用污水处理率、建成区绿地率、生活垃圾处理率三者的均值表征绿色城镇化发展情况。

表 6 - 1　新型城镇化效率评价指标体系

指标类型	指标名称	具体指标（单位）
投入指标	资本投入量	城市市政公用设施建设固定资产投资额（亿元）
	土地投入量	城市建成区面积（平方公里）
	劳动投入量	规模以上工业企业 R&D 人员全时当量（人年）
	水资源投入量	城市供水总量（万立方米）
	能源投入量	能源消费量（万吨标煤）
产出指标	人口城镇化	城镇化率（%）
	经济城镇化	第二、第三产业增加值（亿元）
	社会城镇化	城乡居民人均可支配收入加权值（元）
	绿色城镇化	(污水处理率 + 建成区绿地率 + 生活垃圾处理率)/3（%）

3. 数据来源

资本投入量、土地投入量、水资源投入量、绿色城镇化指标所用数据来源于《城市建设统计年鉴》（2010～2018年）；劳动投入量、人口城镇化、经济城镇化、社会城镇化指标所用数据来源于《中国统计年鉴》（2011～2019年）；能源投入量指标数据来源于《中国能源统计年鉴》（2011～2019年）。为消除价格因素的影响，本书按照不变价格指数（2010年＝100）对城市市政公用设施建设固定资产投资额，第二、第三产业增加值进行了统一缩减；按照居民消费价格定基指数（2010年＝100）对城乡居民人均可支配收入加权值进行了统一缩减。由于《中国能源统计年鉴》缺乏西藏自治区的能源消费量数据，本书只能分析我国30个省（区、市）的城镇化效率，并用它们代表中国的城镇化效率。

4. 指标统计分析

2018年，我国30个省（区、市）城镇化效率各项评价指标描述性统计如表6-2所示。

表6-2　评价指标描述性统计

指标	最小值	最大值	均值	标准差
资本投入量（亿元）	30.84	1119.23	378.89	296.75
土地投入量（平方公里）	202.23	6036.26	1943.07	1337.93
劳动投入量（人年）	1157.00	621950.00	99363.57	145325.19
水资源投入量（万立方米）	26959.31	938248.32	204532.62	183296.00
能源投入量（万吨标煤）	2170.00	40581.00	15789.90	9388.07
人口城镇化（%）	47.52	88.10	60.95	10.68
经济城镇化（亿元）	1467.31	52794.54	15981.66	12878.81
社会城镇化（元）	15613.16	52522.47	24368.89	9179.31
绿色城镇化（%）	71.44	81.59	76.94	1.98

注：部分指标按照不变价格指数（2010年＝100）进行了统一缩减。

由表6-2可以看出，城镇化效率评价指标的区域差异较大。其中，资本投入量最多的是江苏，最少的是宁夏，前者比后者多出1088.39亿元，前者是后者的36.29倍；土地投入量最多的是广东，最少的是青海，前者比后者多出5834.03平方公里，前者是后者的29.85倍；劳动投入量最多的是广东，最少的是青海，前者比后者多出620793人年，前者是后者的537.55倍；水资源投入量最多的是广东，最少的是青海，前者比后者多出911289.01万立方米，前者是后者的34.80倍；能源投入量最多的是山东，最少的是海南，前者比后者多出38411万吨标煤，前者是后者的18.70倍。人口城镇化最高的是上海，最低的是贵州，前者比后者高出40.58%，前者是后者的1.85倍；经济城镇化最高的是广东，最低的是青海，前者比后者多51327.23亿元，前者是后者的35.98倍；社会城镇化最高的是上海，最低的是甘肃，前者比后者多出36909.31元，前者是后者的3.36倍；绿色城镇化最高的是北京，最低的是黑龙江，前者比后者高出10.15%，前者是后者的1.14倍。

二 城镇化效率时空差异分析

1. 城镇化效率空间差异分析

城镇化效率省际差异较大。本书运用DEAP 2.1软件对2018年我国30个省（区、市）的城镇化效率进行测算，具体结果如表6-3所示。

表6-3 30个省（区、市）城镇化效率值（2018年）

地区	技术效率	纯技术效率	规模效率	规模报酬	地区	技术效率	纯技术效率	规模效率	规模报酬
北京	1.000	1.000	1.000	—	湖北	0.733	0.776	0.945	drs
天津	1.000	1.000	1.000	—	湖南	0.943	1.000	0.943	drs
河北	1.000	1.000	1.000	—	广东	0.961	1.000	0.961	drs
山西	0.961	0.969	0.992	drs	广西	0.909	1.000	0.909	drs
内蒙古	1.000	1.000	1.000	—	海南	1.000	1.000	1.000	—
辽宁	1.000	1.000	1.000	—	重庆	0.755	0.761	0.993	drs
吉林	1.000	1.000	1.000	—	四川	0.828	0.959	0.863	drs
黑龙江	1.000	1.000	1.000	—	贵州	0.971	0.976	0.995	drs

续表

地区	技术效率	纯技术效率	规模效率	规模报酬	地区	技术效率	纯技术效率	规模效率	规模报酬
上海	1.000	1.000	1.000	—	云南	0.959	0.959	1.000	—
江苏	0.997	1.000	0.997	drs	陕西	1.000	1.000	1.000	—
浙江	0.924	0.941	0.982	drs	甘肃	0.978	0.986	0.992	drs
安徽	0.798	1.000	0.798	drs	青海	1.000	1.000	1.000	—
福建	1.000	1.000	1.000	—	宁夏	1.000	1.000	1.000	—
江西	0.830	0.990	0.839	drs	新疆	1.000	1.000	1.000	—
山东	0.897	1.000	0.897	drs	平均	0.948	0.977	0.970	
河南	1.000	1.000	1.000	—					

由表 6-3 可知，2018 年，我国的技术效率均值为 0.948，纯技术效率均值为 0.977，规模效率均值为 0.970。我国 30 个省（区、市）中，从技术效率来看，有效生产单元有 15 个，占比为 50%；湖北的技术效率最低，为 0.733。从纯技术效率来看，有效生产单元有 21 个，占比为 70%；重庆的纯技术效率最低，为 0.761。从规模效率来看，有效生产单元有 16 个，占比为 53.33%；安徽的规模效率最低，为 0.798。江苏、贵州、重庆、山西、甘肃、浙江、广东、湖北、湖南、广西、山东、四川、江西、安徽 14 个省（区、市）处于规模报酬递减状态，需要减小规模。

四大区域城镇化效率差异明显。根据《东西中部和东北地区划分方法》，我国东部地区包括北京、天津、河北、上海、江苏、浙江、福建、山东、广东、海南 10 个省（市）；中部地区包括山西、安徽、江西、河南、湖北、湖南 6 个省；西部地区包括内蒙古、广西、重庆、四川、贵州、云南、西藏、陕西、甘肃、青海、宁夏、新疆 12 个省（区、市）；东北地区包括辽宁、吉林和黑龙江 3 个省。2018 年，我国四大区域的技术效率排名依次是东北地区（1.000）、东部地区（0.978）、西部地区（0.945）、中部地区（0.878）；纯技术效率排名依次是东北地区（1.000）、东部地区（0.994）、西部地区（0.967）、中部地区（0.956）；规模效率排名依次是东北地区（1.000）、东部地区（0.984）、西部地区（0.977）、中部地区（0.920）。

2. 城镇化效率时空差异动态趋势分析

本书运用 DEAP 2.1 软件，对我国 30 个省（区、市）2010～2018 年的数据进行 Malmquist 指数分析，即全要素生产率分析，得出如下结论。

城镇化效率年度变化较大。2010～2018 年，我国技术效率变化指数均值为 1.003，表明这一期间技术效率增长了 0.003；技术进步指数均值为 0.997，表明这一期间技术进步下降了 0.003；纯技术效率变化指数均值为 1.002，表明这一期间纯技术效率增加了 0.002；规模效率变化指数均值为 0.995，表明这一期间规模效率下降了 0.005；全要素生产率指数均值为 1.062，表明这一期间全要素生产率增长了 0.062。2010～2018 年，我国城镇化效率年度变化状况如图 6－3 所示。由图 6－3 可以看出，技术效率增加最多的是 2011 年，比上一年①增加了 0.019；增加最少的是 2016 年，比上一年减少了 0.012。技术进步增长最快的是 2018 年，比上一年增加了 0.072；增长最慢的是 2011 年，比

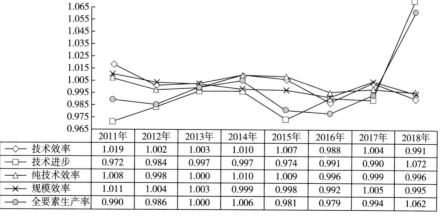

	2011年	2012年	2013年	2014年	2015年	2016年	2017年	2018年
技术效率	1.019	1.002	1.003	1.010	1.007	0.988	1.004	0.991
技术进步	0.972	0.984	0.997	0.997	0.974	0.991	0.990	1.072
纯技术效率	1.008	0.998	1.000	1.010	1.009	0.996	0.999	0.996
规模效率	1.011	1.004	1.003	0.999	0.998	0.992	1.005	0.995
全要素生产率	0.990	0.986	1.000	1.006	0.981	0.979	0.994	1.062

图 6－3　我国城镇化效率年度变化

---

① 上一年城镇化效率默认为 1。

上一年减少了 0.028。纯技术效率增加最多的是 2014 年，比上一年增加了 0.010；增加最少的是 2016 年和 2018 年，比上一年减少了 0.004。规模效率增加最多的是 2011 年，比上一年增加了 0.011；增加最少的是 2016 年，比上一年减少了 0.008。全要素生产率增加最多的是 2018 年，比上一年增加了 0.062；增加最少的是 2016 年，比上一年减少了 0.021。

城镇化效率年度变化省际差异较大。2010～2018 年，我国各省（区、市）城镇化效率均值如表 6-4 所示。

表 6-4 各省（区、市）城镇化效率均值

评价单元	技术效率	技术进步	纯技术效率	规模效率	全要素生产率	评价单元	技术效率	技术进步	纯技术效率	规模效率	全要素生产率
北京	1.000	1.010	1.000	1.000	1.010	湖北	1.001	0.999	1.001	0.999	1.000
天津	1.000	1.019	1.000	1.000	1.019	湖南	1.006	0.990	1.010	0.996	0.996
河北	1.006	1.008	1.000	1.006	1.014	广东	0.995	1.012	1.000	0.995	1.007
山西	1.002	0.985	1.002	1.000	0.987	广西	0.997	0.992	1.000	0.997	0.989
内蒙古	1.000	0.968	1.000	1.000	0.968	海南	1.000	0.995	1.000	1.000	0.995
辽宁	1.033	0.979	1.012	1.021	1.012	重庆	0.994	0.990	0.966	1.029	0.984
吉林	1.013	1.032	1.003	1.010	1.046	四川	0.985	0.988	0.995	0.990	0.973
黑龙江	1.045	1.018	1.035	1.010	1.063	贵州	1.002	0.978	0.997	1.005	0.980
上海	1.000	1.015	1.000	1.000	1.015	云南	1.000	0.965	0.995	1.006	0.966
江苏	1.007	0.998	1.000	1.007	1.006	陕西	1.001	0.997	1.001	1.000	0.998
浙江	0.990	0.983	0.992	0.998	0.974	甘肃	1.035	0.982	1.032	1.032	1.016
安徽	1.001	1.004	1.020	0.981	1.006	青海	1.000	1.019	1.000	1.000	1.019
福建	1.000	0.996	1.000	1.000	0.996	宁夏	1.001	1.016	1.000	1.001	1.016
江西	0.980	0.989	0.999	0.982	0.970	新疆	1.010	0.995	1.000	1.010	1.006
山东	0.987	1.002	1.000	0.987	0.988	平均	1.003	0.997	1.002	1.002	1.000
河南	1.000	0.974	1.000	1.000	0.974						

由表 6-4 可以看出，技术效率增加最多的是黑龙江，增加了 0.045；最少的是江西，不仅没有增加反而减少了 0.020。技术进步增长最快的是吉林，增长了 0.032；增长最慢的是云南，降低了 0.035。

纯技术效率增加最多的是黑龙江，增加了 0.035；增加最少的是重庆，降低了 0.034。规模效率增长最快的是甘肃，增长了 0.032；增长最慢的是安徽，降低了 0.019。全要素生产率增加最多的是黑龙江，增加了 0.063；增加最少的是云南，降低了 0.034。

　　四大区域城镇化效率年度变化差异较大。2010～2018 年，技术效率年度变化指数均值排名依次是东北地区（1.030）、西部地区（1.002）、东部地区（0.999）、中部地区（0.998）；技术进步指数均值排名依次是东北地区（1.010）、东部地区（1.004）、中部地区（0.990）、西部地区（0.990）；纯技术效率变化指数均值排名依次是东北地区（1.017）、中部地区（1.005）、东部地区（0.999）、西部地区（0.999）；规模效率变化指数均值排名依次是东北地区（1.014）、西部地区（1.006）、东部地区（0.999）、中部地区（0.993）；全要素生产率指数均值排名依次是东北地区（1.040）、东部地区（1.002）、西部地区（0.992）、中部地区（0.989）。

三　城镇化效率损失原因及影响因素分析

1. 城镇化效率损失原因分析

　　2018 年，纯技术效率非有效的 9 个省（市）投入冗余率和产出不足率情况如表 6 - 5 所示。

表 6 - 5　2018 年非有效省（市）投入冗余率和产出不足率

单位：%

地区	产出不足率				投入冗余率				
	人口城镇化	经济城镇化	社会城镇化	绿色城镇化	资本	土地	劳动	水资源	能源
山西	3.10	0.00	16.40	0.00	3.21	3.21	3.21	3.21	29.77
浙江	11.76	0.00	0.00	0.74	6.28	6.28	65.55	6.28	14.24

地区	产出不足率				投入冗余率				
	人口城镇化	经济城镇化	社会城镇化	绿色城镇化	资本	土地	劳动	水资源	能源
江西	21.64	0.00	39.98	0.00	0.97	34.50	80.69	0.97	0.97
湖北	25.05	0.00	51.38	4.05	28.88	30.61	28.88	28.88	28.88
重庆	16.61	0.00	37.00	0.00	38.36	43.05	58.35	31.42	31.42
四川	36.84	0.00	58.89	5.66	12.86	48.36	4.23	16.69	63.95
贵州	28.71	0.00	39.11	0.00	13.60	24.80	2.41	2.41	2.41
云南	28.57	0.00	34.38	0.00	4.22	4.22	4.22	4.22	4.22
甘肃	20.94	0.00	29.50	0.00	5.09	51.96	1.42	1.42	1.42

注：投入冗余率 =（实际投入值 - 目标投入值）/目标投入值；产出不足率 =（目标产出值 - 实际产出值）/目标产出值。

由表6-5可知，造成9个省（市）城镇化效率损失的原因，既有投入冗余也有产出不足，是投入冗余和产出不足共同作用的结果。9个省（市）中，资本投入冗余率最高的是重庆（38.36%），最低的是江西（0.97%）；土地投入冗余率最高的是甘肃（51.96%），最低的是山西（3.21%）；劳动投入冗余率最高的是江西（80.69%），最低的是甘肃（1.42%）；水资源投入冗余率最高的是重庆（31.42%），最低的是江西（0.97%）；能源投入冗余率最高的是四川（63.95%），最低的是江西（0.97%）。9个省（市）中，人口城镇化产出不足率最高的是四川（36.84%），社会城镇化产出不足率最高的是四川（58.89%），绿色城镇化产出不足率最高的还是四川（5.66%）。

2. 城镇化效率影响因素分析

为进一步分析影响城镇化效率的因素，本书构建了以下回归模型，如式6-4所示：

$$Y = \alpha + \beta_1 X_1 + \beta_2 X_2 + \beta_3 X_3 + \beta_4 X_4 + \beta_5 X_5 + \mu \qquad (6-4)$$

式 6 - 4 中，Y 为全要素生产率，X_1、X_2、X_3、X_4、X_5 分别表示 $t+1$ 时期资本投入量、土地投入量、劳动投入量、水资源投入量、能源投入量与 t 时期相应投入量的比值，α 为常数项，β_1、β_2、β_3、β_4、β_5 为各自变量的回归系数，μ 为随机扰动项。

本书运用 SPSS 软件对 2010 ~ 2018 年我国 30 个省（区、市）的面板数据进行回归分析。回归方程的判定系数 $R^2 = 0.470$，调整后的 $R^2 = 0.459$，$p = 0$。回归系数的检验结果如表 6 - 6 所示。

表 6 - 6　回归系数检验

模型	未标准化系数		标准化系数	t	显著性	共线性统计	
	B	标准误差	β			容差	VIF
（Constant）	1.503	0.137		10.997	0.000		
X_1	-0.129	0.013	-0.503	-10.319	0.000	0.953	1.049
X_2	0.150	0.100	0.074	1.499	0.135	0.922	1.085
X_3	-0.142	0.021	-0.333	-6.67	0.000	0.906	1.103
X_4	-0.391	0.080	-0.240	-4.897	0.000	0.944	1.059
X_5	0.030	0.080	0.019	0.377	0.707	0.908	1.102

由表 6 - 6 可以看出，第一，各变量的容差均小于 1，VIF（方差膨胀因子）的值较小，表明变量之间不存在多重共线性问题。第二，从标准化回归系数来看，$X_1 > X_3 > X_4 > X_2 > X_5$，即资本投入量对城镇化效率的影响力最强，劳动投入量次之，水资源投入量处于第三位，土地投入量处于第四位，能源投入量的影响力最弱。第三，X_2（$p = 0.135 > 0.05$）、X_5（$p = 0.707 > 0.05$）两个变量不具有统计学意义，可能的原因是这两个变量的区分度不高。

除去 X_2、X_5 两个变量后，再次进行回归分析发现，回归方程的判定系数 $R^2 = 0.465$，调整后的 $R^2 = 0.458$，$p = 0$；X_1（$t = -10.221$，$p = 0$）、X_3（$t = -6.669$，$p = 0$）、X_4（$t = -4.682$，$p = 0$）三个变量都具

有统计学上的显著性。从标准化回归系数来看，资本投入量（−0.493）、劳动投入量（−0.32）、水资源投入量（−0.224）对城镇化效率的影响力依次减弱（杨风，2021a）。

第三节　城镇就业机会差异

一　城镇就业机会差异表征

1. 城镇单位就业人口区域差异

城镇非私营单位就业人口区域差异截面分析。2018年底，全国31个省（区、市）城镇非私营单位就业人口规模及其占比情况如表6−7所示。

表6−7　2018年各省（区、市）城镇非私营单位就业人口规模与占比

东部地区			中部地区			西部地区			东北地区		
地区	规模（万人）	占比（%）	地区	规模（万人）	占比（%）	地区	规模（万人）	占比（%）	地区	规模（万人）	占比（%）
北京	819.3	4.75	山西	425.8	2.47	内蒙古	272.4	1.58	辽宁	501.6	2.91
天津	260.0	1.51	安徽	592.3	3.43	广西	386.8	2.24	吉林	279.3	1.62
河北	550.3	3.19	江西	435.7	2.52	重庆	391.2	2.27	黑龙江	392.7	2.28
上海	640.7	3.71	河南	967.3	5.60	四川	780.6	4.52			
江苏	1472.6	8.53	湖北	653.3	3.79	贵州	308.5	1.79			
浙江	1013.5	5.87	湖南	546.3	3.17	云南	427.0	2.47			
福建	705.4	4.09				西藏	36.9	0.21			
山东	1129.0	6.54				陕西	493.2	2.86			
广东	1994.1	11.55				甘肃	246.7	1.43			
海南	99.6	0.58				青海	62.7	0.36			
						宁夏	68.0	0.39			
						新疆	305.2	1.77			
合计	8684.5	50.32	合计	3620.7	20.98	合计	3779.2	21.89	合计	1173.6	6.81

资料来源：《中国统计年鉴2019》。

由表 6 - 7 可以看出，（1）东部、中部、西部、东北四个地区的城镇非私营单位就业人口规模及其所占比重存在较大差异。部分原因是不同地区包含的省（区、市）数量有较大差异。比如，东北地区只有 3 个省，西部地区包括 12 个省（区、市）。另一个重要原因是不同省（区、市）城镇就业机会存在较大差异。尽管东部地区包括的省（区、市）数量少于西部地区，但是东部地区的城镇非私营单位就业人口规模是西部的 2 倍还多。（2）地区内部不同省（区、市）的城镇非私营单位就业人口存在较大差异。其中，东部地区的广东城镇非私营单位就业人口规模最大，海南最小，前者约是后者的 20 倍；中部地区的河南城镇非私营单位就业人口规模最大，山西最小，前者约是后者的 2.2 倍；西部地区的四川城镇非私营单位就业人口规模最大，西藏最小，前者约是后者的 21.2 倍；东北地区的辽宁城镇非私营单位就业人口规模最大，吉林最小，前者约是后者的 1.8 倍。（3）不同省（区、市）城镇非私营单位就业人口规模差异较大。全国 31 个省（区、市）中，广东城镇非私营单位就业人口最多，西藏最少，前者约是后者的 54 倍。

城镇私营企业就业人员区域差异截面分析。2018 年底，全国 31 个省（区、市）城镇私营企业就业人员占全国城镇私营企业就业人员的比重，以及城镇私营企业就业人员占本地区全体私营企业就业人员的比重如表 6 - 8 所示。

表 6 - 8 2018 年各省（区、市）城镇私营企业就业人员占比

单位：%

东部地区			中部地区			西部地区			东北地区		
地区	占全国	占本地区	地区	占全国	占本地区	地区	占全国	占本地区	地区	占全国	占本地区
北京	5.09	63.19	山西	0.95	48.16	内蒙古	1.47	71.97	辽宁	1.81	53.39
天津	0.63	89.81	安徽	3.32	68.95	广西	2.03	58.17	吉林	1.31	62.54
河北	1.63	59.29	江西	2.44	59.61	重庆	5.45	79.86	黑龙江	0.47	87.22

东部地区			中部地区			西部地区			东北地区		
地区	占全国	占本地区	地区	占全国	占本地区	地区	占全国	占本地区	地区	占全国	占本地区
上海	5.23	51.95	河南	3.81	70.09	四川	2.33	85.19			
江苏	13.68	75.32	湖北	2.59	47.47	贵州	0.76	28.43			
浙江	8.48	67.74	湖南	1.48	45.75	云南	1.86	61.85			
福建	4.07	56.93				西藏	0.40	92.62			
山东	3.61	29.62				陕西	1.84	80.94			
广东	19.95	89.34				甘肃	0.98	52.13			
海南	0.74	78.85				青海	0.23	74.07			
						宁夏	0.17	54.23			
						新疆	1.19	88.78			
合计	63.11	—	合计	14.59	—	合计	18.71	—	合计	3.59	—

注：本地区全体私营企业就业人员 = 城镇私营企业就业人员 + 农村私营企业就业人员。

资料来源：《中国统计年鉴 2019》。

由表 6-8 可以看出，（1）从城镇私营企业就业人员占全国城镇私营企业就业人员的比重来看，存在以下特点。第一，东部、中部、西部、东北四个地区所占比重差异较大。最高的是东部地区，最低的是东北地区。第二，区域内部不同省（区、市）所占比重差异较大。东部地区占比最高的是广东，最低的是天津，前者高出后者 19.32 个百分点；中部地区占比最高的是河南，最低的是山西，前者高出后者 2.86 个百分点；西部地区占比最高的是重庆，最低的是宁夏，前者高出后者 5.28 个百分点；东北地区占比最高的是辽宁，最低的是黑龙江，前者高出后者 1.34 个百分点。第三，不同省（区、市）所占比重差异较大。占比最高的是广东，最低的是宁夏，前者高出后者 19.78 个百分点。（2）从城镇私营企业就业人员占本地区全体私营企业就业人员的比重来看，存在以下特点。第一，区域内部不同省（区、市）所占比重差异较大。东部地区占比最高的是天津，最低的是山东，前者高出后者 60.19 个百分点；中部地区占比最高的是河南，最低的是湖南，前者高出后者 24.34 个百分点；西部地区占比最高的是西藏，最低的是贵州，前者高出后者 64.19 个百分点；东北地区占比最高的是黑龙江，最低的是辽宁，前者高出后者 33.83 个百分点。第二，不同省（区、市）所占比重差异较大。占比最高的是西藏，最低的是贵州，前者高出后者 64.19 个百分点。

城镇个体就业人员区域差异截面分析。2018 年底，全国 31 个省（区、市）城镇个体就业人员占全国城镇个体就业人员的比重，以及城镇个体就业人员占本地区个体就业人员的比重如表 6-9 所示。

表 6-9　2018 年各省（区、市）城镇个体就业人员占比

单位：%

东部地区			中部地区			西部地区			东北地区		
地区	占全国	占本地区	地区	占全国	占本地区	地区	占全国	占本地区	地区	占全国	占本地区
北京	0.39	51.02	山西	2.50	71.00	内蒙古	2.17	74.68	辽宁	2.84	59.55
天津	1.02	98.43	安徽	6.09	86.21	广西	2.91	69.81	吉林	2.33	51.02
河北	3.93	46.82	江西	2.98	70.92	重庆	2.57	81.34	黑龙江	3.32	90.32
上海	0.41	65.59	河南	6.63	78.51	四川	3.26	45.53			
江苏	8.00	78.03	湖北	5.60	54.31	贵州	1.68	49.82			
浙江	5.66	65.91	湖南	3.10	63.67	云南	2.11	51.51			
福建	7.26	78.27				西藏	0.42	93.45			
山东	4.47	34.37				陕西	4.00	91.71			
广东	9.50	67.44				甘肃	1.10	53.94			
海南	0.71	82.44				青海	0.62	92.08			
						宁夏	0.55	69.13			
						新疆	1.87	88.26			
合计	41.34	—	合计	26.90	—	合计	23.27	—	合计	8.49	—

注：本地区全体私营企业就业人员＝城镇私营企业就业人员＋农村私营企业就业人员。
资料来源：《中国统计年鉴 2019》。

由表 6-9 可以看出，（1）从城镇个体就业人员占全国城镇个体就业人员的比重来看，存在以下特点。第一，东部、中部、西部、东北四

个地区所占比重差异较大。最高的是东部地区，最低的是东北地区。第二，区域内部不同省（区、市）所占比重差异较大。东部地区占比最高的是广东，最低的是北京，前者高出后者 9.11 个百分点；中部地区占比最高的是河南，最低的是山西，前者高出后者 4.13 个百分点；西部地区占比最高的是陕西，最低的是西藏，前者高出后者 3.58 个百分点；东北地区占比最高的是黑龙江，最低的是吉林，前者高出后者0.99 个百分点。第三，不同省（区、市）所占比重差异较大，占比最高的是广东，最低的是北京，前者高出后者 9.11 个百分点。（2）从城镇个体就业人员占本地区个体就业人员的比重来看，存在以下特点。第一，区域内部不同省（区、市）所占比重差异较大。东部地区占比最高的是天津，最低的是山东，前者高出后者 64.06 个百分点；中部地区占比最高的是安徽，最低的是湖北，前者高出后者 31.90 个百分点；西部地区占比最高的是西藏，最低的是四川，前者高出后者 47.92 个百分点；东北地区占比最高的是黑龙江，最低的是吉林，前者高出后者39.30 个百分点。第二，不同省（区、市）所占比重差异较大。占比最高的是天津，最低的是山东，前者高出后者 64.06 个百分点。

城镇非私营单位就业人员区域差异面板分析。2017～2020 年[①]，各省（区、市）城镇非私营单位就业人员占全国 31 个省（区、市）同类指标的比重变化如表 6-10 所示。

表 6-10　各省（区、市）城镇非私营单位就业人口占比变动（2017～2020 年）

单位：%

地区	2017 年	2018 年	2019 年	2020 年	4 年平均值	2020 年比 2017 年增加值
北京	4.61	4.75	4.61	4.34	4.58	-0.27
天津	1.53	1.51	1.57	1.50	1.53	-0.03

---

① 2017 年以来才有按登记注册类型和行业分城镇非私营单位就业人员数，以前年份没有。

续表

地区	2017 年	2018 年	2019 年	2020 年	4 年平均值	2020 年比 2017 年增加值
河北	3.03	3.19	3.36	3.29	3.22	0.26
山西	2.43	2.47	2.57	2.60	2.52	0.17
内蒙古	1.59	1.58	1.64	1.59	1.60	0
辽宁	2.94	2.91	2.91	2.80	2.89	-0.14
吉林	1.74	1.62	1.62	1.51	1.62	-0.23
黑龙江	2.34	2.28	2.04	1.86	2.13	-0.48
上海	3.58	3.71	4.17	3.79	3.81	0.21
江苏	8.41	8.53	7.76	7.88	8.15	-0.53
浙江	5.98	5.87	5.75	6.02	5.91	0.04
安徽	2.93	3.43	3.39	3.32	3.27	0.39
福建	3.81	4.09	3.73	3.56	3.80	-0.25
江西	2.63	2.52	2.63	2.65	2.61	0.02
山东	6.76	6.54	6.25	6.45	6.50	-0.31
河南	6.40	5.60	5.64	5.66	5.83	-0.74
湖北	3.94	3.79	3.81	3.70	3.81	-0.24
湖南	3.21	3.17	3.48	3.55	3.35	0.34
广东	11.13	11.55	12.03	12.24	11.74	1.11
广西	2.26	2.24	2.35	2.41	2.32	0.15
海南	0.57	0.58	0.60	0.64	0.60	0.07
重庆	2.30	2.27	2.18	2.18	2.23	-0.12
四川	4.49	4.52	4.60	5.06	4.67	0.57
贵州	1.79	1.79	1.87	1.97	1.86	0.18
云南	2.39	2.47	2.14	2.10	2.28	-0.29
西藏	0.19	0.21	0.26	0.24	0.23	0.05
陕西	2.89	2.86	2.92	2.87	2.89	-0.02
甘肃	1.47	1.43	1.47	1.54	1.48	0.07
青海	0.36	0.36	0.39	0.39	0.38	0.03
宁夏	0.40	0.39	0.41	0.41	0.40	0.01
新疆	1.90	1.77	1.86	1.90	1.86	0

资料来源：2018~2021 年《中国统计年鉴》。

由表 6-10 可以看出，2017~2020 年，31 个省（区、市）城镇非
私营单位就业人口所占比重发生了较大变化。第一，从 4 年平均值来
看，广东、江苏、山东、浙江、河南、四川、北京、上海、湖北、福建
依次处于第 1~10 位，新疆、贵州、吉林、内蒙古、天津、甘肃、海
南、宁夏、青海、西藏分别处于第 22~31 位。第二，从 2020 年与 2017
年的差值来看，差值为正值的有 16 个，为负值的有 13 个，差值为 0 的
有 2 个（内蒙古、新疆）。按照差值的绝对值大小排列，处于前 5 位的
依次是广东、河南、四川、江苏、黑龙江。

城镇私营企业就业人员区域差异面板分析。2011~2019 年[①]，全国
31 个省（区、市）城镇私营企业就业人员占本地区全体私营企业就业
人员的比重变动如表 6-11 所示。

表 6-11　各省（区、市）城镇私营企业就业人员占比变化（2011~2019 年）

单位：%

地区	2011 年	2012 年	2013 年	2014 年	2015 年	2016 年	2017 年	2018 年	2019 年	均值
北京	62.8	63.1	67.4	68.6	68.6	66.7	65.3	63.2	60.4	65.1
天津	91.9	91.6	90.2	90.3	90.0	89.0	88.3	89.8	89.5	90.1
河北	62.0	55.4	53.4	68.4	63.0	61.4	60.1	59.3	58.7	60.2
山西	52.4	54.1	57.6	56.8	56.1	55.1	51.2	48.2	44.5	52.9
内蒙古	86.6	86.9	63.7	83.3	80.6	80.1	83.6	72.0	62.3	77.7
辽宁	75.3	75.6	77.4	78.6	69.8	62.1	59.9	53.4	47.9	66.7
吉林	83.3	84.1	83.3	82.3	80.6	75.9	67.7	62.5	53.8	74.8
黑龙江	75.3	73.1	73.5	73.9	81.8	86.0	87.2	87.2	72.3	78.9
上海	54.8	54.4	53.8	53.5	53.4	53.0	52.5	52.0	50.7	53.1
江苏	63.8	64.0	64.4	66.1	69.7	72.7	74.3	75.3	75.8	69.6
浙江	57.3	56.9	54.9	60.3	60.8	61.5	64.9	67.7	69.2	61.5
安徽	61.0	66.1	68.9	73.0	76.2	77.9	76.4	69.0	57.9	69.6

① 《中国统计年鉴 2021》中没有分地区工商登记注册的私营企业就业人数。

续表

地区	2011 年	2012 年	2013 年	2014 年	2015 年	2016 年	2017 年	2018 年	2019 年	均值
福建	84.1	85.4	82.1	80.9	79.8	79.2	78.3	56.9	73.4	77.8
江西	43.8	42.7	49.9	54.7	57.0	57.0	57.7	59.6	62.2	53.8
山东	58.6	57.1	54.1	51.5	44.5	37.1	32.9	29.6	25.7	43.5
河南	55.4	56.9	51.2	57.3	63.0	67.4	73.7	70.1	57.9	61.4
湖北	72.6	72.8	50.3	58.8	55.0	50.4	48.9	47.5	50.3	56.3
湖南	65.9	70.6	79.7	82.2	86.2	34.6	33.2	45.8	31.4	58.8
广东	86.3	86.8	85.6	87.1	88.6	88.5	89.0	89.3	87.4	87.6
广西	57.0	55.4	50.0	52.5	49.7	68.7	61.6	58.2	55.5	56.5
海南	89.3	88.6	76.2	88.5	84.5	79.9	82.1	78.9	71.7	82.2
重庆	79.9	78.3	77.1	77.8	77.0	76.8	78.1	79.9	81.1	78.4
四川	53.4	53.8	57.0	68.2	91.0	88.8	83.9	85.2	86.7	74.2
贵州	56.3	54.0	52.3	43.5	33.7	27.2	28.4	28.4	22.7	38.5
云南	81.8	80.3	83.3	81.7	23.5	43.1	54.6	61.9	66.1	64.0
西藏	85.4	83.0	84.5	80.0	88.7	91.9	87.0	92.6	53.0	82.9
陕西	69.8	68.2	68.7	75.8	76.8	78.9	78.9	80.9	82.2	75.6
甘肃	70.2	65.0	65.6	61.1	56.0	52.9	53.0	52.1	52.8	58.7
青海	61.0	53.5	48.7	50.9	51.8	61.6	70.2	74.1	62.3	59.3
宁夏	82.4	72.1	64.4	67.9	72.3	76.8	69.9	54.2	49.7	67.7
新疆	93.9	95.9	77.0	90.3	90.0	90.9	96.5	88.8	85.1	89.8

资料来源：2021~2020 年《中国统计年鉴》。

由表 6-11 可以看出，2011~2019 年，31 个省（区、市）城镇私营企业就业人员占比发生了较大变化。第一，最大值、最小值的年份各有不同。其中，四川的最大值年份是 2015 年，最小值年份是 2011 年；贵州的最大值年份是 2011 年，最小值年份是 2019 年。第二，从各省（区、市）占比的最大值与最小值之差来看，按照从大到小排列，处于前 10 位的依次是云南、湖南、西藏、四川、贵州、山东、宁夏、辽宁、吉林、福建，其中云南的两者之差高达 59.8 个百分点；黑龙江、浙江、陕西、山西、江苏、北京、重庆、上海、广东、天津分别处于第 22~

31 位，其中，天津的两者之差为 3.6 个百分点。第三，从均值大小来看，排在前 10 位的依次是天津、新疆、广东、西藏、海南、黑龙江、重庆、福建、内蒙古、陕西；青海、湖南、甘肃、广西、湖北、江西、上海、山西、山东、贵州分别处于第 22～31 位。均值的最大值与最小值相差 51.6 个百分点。

城镇个体就业人员区域差异面板分析。2011～2019 年①，全国 31 个省（区、市）城镇个体就业人员占本地区个体就业人员的比重变动如表 6-12 所示。

表 6-12　各省（区、市）城镇个体就业人员占比变化（2011～2019 年）

单位：%

地区	2011 年	2012 年	2013 年	2014 年	2015 年	2016 年	2017 年	2018 年	2019 年	均值
北京	53.4	47.6	57.7	54.1	54.7	53.8	52.7	51.0	48.9	52.7
天津	81.2	81.1	80.2	79.9	79.4	79.1	79.6	98.4	98.7	84.2
河北	52.1	52.9	82.0	49.8	49.2	47.9	47.1	46.8	46.6	52.7
山西	59.5	57.5	51.5	49.1	53.5	61.0	67.5	71.0	73.4	60.4
内蒙古	82.8	76.2	79.8	83.9	81.8	82.3	85.9	74.7	65.2	79.2
辽宁	71.1	74.9	68.5	66.5	61.6	63.9	60.8	59.6	58.4	65.0
吉林	72.2	72.2	71.3	72.0	72.7	68.7	54.9	51.0	48.6	64.8
黑龙江	70.2	74.8	74.0	75.4	83.9	86.5	88.3	90.3	90.3	81.5
上海	66.8	66.6	66.3	66.0	65.9	67.4	67.2	65.6	64.9	66.3
江苏	70.2	70.5	70.9	73.7	74.3	76.9	77.8	78.0	78.4	74.5
浙江	58.9	59.6	62.6	63.6	64.4	64.9	65.3	65.9	66.6	63.5
安徽	77.8	81.3	78.9	86.4	87.4	88.1	87.6	86.2	81.6	83.9
福建	64.5	66.1	64.1	63.3	61.6	64.6	61.3	78.4	61.4	65.0
江西	62.2	59.3	59.6	61.5	63.0	65.7	68.2	70.9	72.8	64.8
山东	50.6	48.7	47.0	46.2	44.2	40.4	37.8	34.4	34.9	42.7
河南	56.0	58.7	72.6	75.6	78.8	81.1	82.5	78.5	67.8	72.4

① 《中国统计年鉴 2021》中没有分地区工商登记注册的个体就业人数。

地区	2011 年	2012 年	2013 年	2014 年	2015 年	2016 年	2017 年	2018 年	2019 年	均值
湖北	70.9	67.7	55.9	54.6	56.2	54.7	53.3	54.3	55.8	58.2
湖南	77.5	79.2	85.0	86.1	86.5	84.3	94.1	63.7	92.4	83.2
广东	75.0	75.3	76.3	77.8	77.7	77.0	77.2	67.4	74.4	75.3
广西	72.1	60.6	67.3	67.8	69.0	73.5	70.5	69.8	69.7	68.9
海南	83.6	82.9	81.2	82.3	77.1	76.1	80.5	82.4	59.5	78.4
重庆	80.7	80.7	80.8	80.8	80.8	81.0	81.2	81.3	81.4	81.0
四川	57.9	59.1	51.4	71.8	72.6	69.6	46.1	45.5	74.1	60.9
贵州	52.7	54.6	46.2	43.1	41.3	39.2	41.1	49.8	61.3	47.7
云南	63.3	52.3	44.8	41.5	35.1	40.0	46.5	51.5	54.3	47.7
西藏	80.7	80.6	78.9	77.6	92.3	94.5	95.3	93.5	88.0	86.8
陕西	58.2	59.1	60.8	65.9	87.6	88.4	89.6	91.7	93.3	77.2
甘肃	62.7	62.6	61.1	58.3	57.5	55.4	40.5	53.9	53.9	56.2
青海	78.1	84.2	91.9	89.9	95.2	94.8	94.5	92.1	81.4	89.1
宁夏	65.3	69.1	53.4	62.9	65.0	61.4	65.2	69.2	76.7	65.4
新疆	81.2	76.1	78.2	85.1	86.2	86.8	87.5	88.3	88.0	84.2

资料来源：2021~2020 年《中国统计年鉴》。

由表 6-12 可以看出，2011~2019 年，31 个省（区、市）城镇个体就业人员占比发生了较大变化。第一，最大值、最小值出现的年份各有不同。其中，北京的最大值年份是 2013 年，最小值年份是 2012 年；天津的最大值年份是 2019 年，最小值年份是 2016 年。第二，从最大值与最小值之差来看，按照从大到小排列，处于前 10 位的依次是河北、陕西、湖南、四川、云南、河南、山西、海南、吉林、宁夏，其中河北的两者之差为 35.4%；江西、广西、新疆、广东、安徽、北京、江苏、浙江、上海、重庆分别处于第 22~31 位，其中，重庆的两者之差为 0.7 个百分点。第三，从均值大小来看，排在前 10 位的依次是青海、西藏、天津、新疆、安徽、湖南、黑龙江、重庆、内蒙古、海南；浙江、四川、山西、湖北、甘肃、河北、北京、云南、贵州、山东分别处于第

22～31位。均值的最大值与最小值相差46.4个百分点。

2. 城镇失业人口区域差异分析

城镇失业人口区域差异截面分析。失业作为就业的对立面，可以从侧面反映就业情况。2018年，全国31个省（区、市）城镇登记失业人员与失业率情况如图6-4所示。由图6-4可以看出，2018年，全国31个省（区、市）中，无论是城镇登记失业人口还是失业率，都存在较大的区域差异。（1）从城镇登记失业人口多少来看，排在前10位的依次是四川、河南、山东、辽宁、湖南、黑龙江、河北、广东、湖北、江西；广西、贵州、重庆、甘肃、新疆、北京、海南、宁夏、青海、西藏分别排在第22～31位。（2）从失业率来看，排在前10位的依次是黑龙江、辽宁、宁夏、福建、内蒙古、湖南、天津、吉林、上海、四川；安徽、西藏、甘肃、浙江、湖北、广东、新疆、广西、海南、北京分别排在第22～31位。

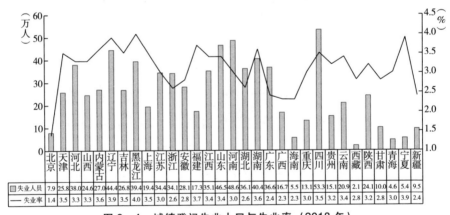

图6-4 城镇登记失业人口与失业率（2018年）

资料来源：《中国统计年鉴2019》。

城镇失业率区域差异面板分析。2011～2019年[①]，全国31个省（区、市）城镇失业率变动状况如表6-13所示。

[①] 2020年登记失业统计口径有所调整，与历史数据不可比，故没选用2020年的数据。

表6-13　各省（区、市）城镇失业率变动（2011~2019年）

单位：%

地区	2011年	2012年	2013年	2014年	2015年	2016年	2017年	2018年	2019年	均值
北京	1.4	1.3	1.2	1.3	1.4	1.4	1.4	1.4	1.3	1.3
天津	3.6	3.6	3.6	3.5	3.5	3.5	3.5	3.5	3.5	3.5
河北	3.8	3.7	3.7	3.6	3.6	3.7	3.7	3.3	3.1	3.6
山西	3.5	3.3	3.1	3.4	3.5	3.5	3.4	3.3	2.7	3.3
内蒙古	3.8	3.7	3.7	3.6	3.7	3.7	3.6	3.6	3.7	3.7
辽宁	3.7	3.6	3.4	3.4	3.4	3.8	3.8	3.9	4.2	3.7
吉林	3.7	3.7	3.7	3.4	3.5	3.5	3.5	3.5	3.1	3.5
黑龙江	4.1	4.2	4.4	4.5	4.5	4.2	4.2	4.0	3.5	4.2
上海	3.5	3.1	4.0	4.1	4.0	4.1	3.9	3.5	3.6	3.8
江苏	3.2	3.1	3.0	3.0	3.0	3.0	3.0	3.0	3.0	3.0
浙江	3.1	3.0	3.0	3.0	2.9	2.9	2.7	2.6	2.5	2.9
安徽	3.7	3.7	3.4	3.2	3.1	3.2	2.9	2.8	2.6	3.2
福建	3.7	3.6	3.6	3.5	3.7	3.9	3.9	3.7	3.5	3.7
江西	3.0	3.0	3.2	3.3	3.4	3.4	3.3	3.4	2.9	3.2
山东	3.4	3.3	3.2	3.3	3.4	3.5	3.4	3.4	3.3	3.4
河南	3.4	3.1	3.1	3.0	3.0	3.0	2.8	3.0	3.2	3.1
湖北	4.1	3.8	3.5	3.1	2.6	2.4	2.6	2.6	2.4	3.0
湖南	4.2	4.2	4.2	4.1	4.1	4.2	4.0	3.6	2.7	3.9
广东	2.5	2.5	2.4	2.4	2.5	2.5	2.5	2.4	2.3	2.4
广西	3.5	3.4	3.3	3.2	2.9	2.9	2.2	2.3	2.6	2.9
海南	1.7	2.0	2.2	2.3	2.3	2.4	2.3	2.3	2.3	2.2
重庆	3.5	3.3	3.4	3.5	3.6	3.7	3.4	3.0	2.6	3.3
四川	4.2	4.0	4.1	4.2	4.1	4.2	4.0	3.5	3.3	4.0
贵州	3.6	3.3	3.3	3.3	3.3	3.2	3.2	3.2	3.1	3.3
云南	4.1	4.0	4.0	4.0	4.0	3.6	3.2	3.4	3.3	3.7
西藏	3.2	2.6	2.5	2.5	2.5	2.6	2.7	2.8	2.9	2.7
陕西	3.6	3.2	3.3	3.3	3.4	3.3	3.3	3.2	3.2	3.3
甘肃	3.1	2.7	2.3	2.2	2.1	2.2	2.7	2.8	3.0	2.6

地区	2011 年	2012 年	2013 年	2014 年	2015 年	2016 年	2017 年	2018 年	2019 年	均值
青海	3.8	3.4	3.3	3.2	3.2	3.1	3.1	3.0	2.2	3.1
宁夏	4.2	4.2	4.1	4.0	4.0	3.9	3.9	3.9	3.7	4.0
新疆	3.2	3.4	3.4	3.2	2.9	2.5	2.6	2.4	2.1	2.9

资料来源:《中国统计年鉴》2012~2020。

由表 6-13 可以看出,2011~2019 年,全国 31 个省(区、市)城镇失业率发生了较大变化。从均值大小来看,排在前 10 位的依次是黑龙江、宁夏、四川、湖南、上海、云南、辽宁、内蒙古、福建、河北;江苏、湖北、广西、浙江、新疆、西藏、甘肃、广东、海南、北京分别处于第 22~31 位。均值的最大值与最小值相差 2.9 个百分点。

3. 就业市场景气指数区域差异分析

就业市场景气指数区域差异。中国人民大学中国就业研究所与中国领先职业发展平台智联招聘联合发布的系列《中国就业市场景气报告》显示,2018 年第一季度、第二季度、第四季度中国就业市场景气指数(China Employment Market Prosperity Index,简称"CIER 指数")① 呈现东部、中部、西部以及东北地区依次递减的趋势。其中,东部、中部、西部地区就业形势相对较好,CIER 指数均高于 1;东北地区就业形势较为严峻,CIER 指数在 1 左右。

就业市场景气指数城市等级差异。《中国就业市场景气报告》显示,2018 年第一季度、第二季度、第四季度 CIER 指数呈现一线、新一线、二线以及三线城市依次递增的趋势。其中,一线城市的 CIER 指数小于 1,新一线城市的 CIER 指数在 1 左右,反映这些城市的就业竞争

---

① CIER 指数 = 市场招聘需求人数/市场求职申请人数。当 CIER 指数大于 1 时,表明就业市场中劳动力需求多于劳动力供给;当 CIER 指数小于 1 时,表明就业市场中劳动力需求小于劳动力供给。

较为激烈；二、三线城市的 CIER 指数大于 1，反映这些城市的求职环境相对宽松。城市求职激烈从侧面反映了城市就业机会较少。与此相对，城市求职宽松间接表明了城市就业机会较多。

二 城镇就业机会差异实证分析

1. 测算指标与测算方法

就业弹性系数是衡量就业机会的重要指标之一。所谓就业弹性系数，是指一定时间或时期内，就业变化率与产值变化率之比。这一指标体现了经济增长对就业的推动或带动作用。就业弹性系数的数学表达式如式 6-5 所示：

$$E = \frac{\Delta L / L}{\Delta G / G} \qquad (6-5)$$

式 6-5 中，E 表示就业弹性系数，L 和 $\triangle L$ 分别表示就业数量、就业数量变化量，G 和 $\triangle G$ 分别表示经济产值、经济产值变化量，$\triangle L / L$、$\triangle G / G$ 分别表示就业变化率和经济产值变化率。

就业弹性系数的测算方法。就业弹性系数的测算方法大致可分为定义法和模型法两大类。顾名思义，定义法根据就业弹性的定义来计算就业弹性系数，模型法通过构建模型来测算就业弹性系数。由于观测时点（时期）不同，定义法又可以分为点弹性和弧弹性两种。其中，点弹性根据就业人口增长率和年度产值增长率计算年度就业弹性系数；弧弹性则利用一定时期（多年）的就业变化率和产值变化率来计算就业弹性系数。本书采用弧弹性方法测算就业弹性系数，并对式 6-5 进行了改造，改造后的表达式如式 6-6 所示：

$$E = \frac{\dfrac{(L_{t+n} - L_t)}{L_t}}{\dfrac{(G_{t+n} - G_t)}{G_t}} \qquad (6-6)$$

式 6 – 6 中，L_t、L_{t+n} 分别表示 t 时期、$t+n$ 时期的就业人口，G_t、G_{t+n} 分别表示 t 时期、$t+n$ 时期的地区生产总值。

2. 数据来源与描述性统计

数据来源。为计算 2011 ~ 2016 年①我国 31 个省（区、市）就业弹性系数，本书需要 2011 年、2016 年的相关数据，所需数据来源于《中国统计年鉴 2012》和《中国统计年鉴 2017》。

城镇就业人口变动状况。关于城镇就业人员的统计数据有城镇单位就业人员、城镇私营企业就业人员以及城镇个体就业人员三类。与 2011 年相比，2016 年 31 个省（区、市）城镇就业人员规模发生了明显变化，具体表现在以下三个方面。（1）按照城镇单位就业人员增长率大小排列，排在前 5 位的依次是江苏（84.6%）、广东（58.1%）、江西（36.9%）、河南（36.5%）、西藏（35.2%）；排在后 5 位的依次是山西（5.1%）、青海（4.1%）、湖南（3.1%）、辽宁（– 3.3%）、黑龙江（– 8.9%）。（2）按照城镇私营企业就业人员增长率大小排序，排在前 5 位的分别是四川（271.3%）、重庆（158.5%）、西藏（156.3%）、广东（147.2%）、安徽（134.3%）；排在后 5 位的依次是青海（– 15.7%）、云南（– 25.9%）、辽宁（– 27.3%）、湖南（– 55.0%）、黑龙江（– 65.3%）。（3）按照城镇个体就业人员增长率大小排列，排在前 5 位的分别是陕西（145.0%）、青海（119.6%）、河南（108.1%）、西藏（94.1%）、安徽（93.3%）；排在后 5 位的依次是宁夏（31.9%）、上海（24.8%）、辽宁（16.4%）、云南（– 4.4%）、北京（– 13.3%）。2011 ~ 2016 年，各省（区、市）城镇就业人员增长率变化如图 6 – 5 所示。

---

① 自 2017 年始，原统计指标"按行业分城镇单位就业人员数"改为"按行业分城镇非私营单位就业人员数"。

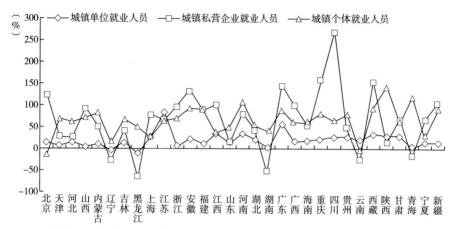

图6-5　各省（区、市）城镇就业人员增长率变化（2011～2016年）

资料来源：《中国统计年鉴2012》《中国统计年鉴2017》。

地区生产总值变动状况。为消除价格变化对地区生产总值（GDP）所带来的影响，本书首先以1978年的价格为基期价格，对2011年、2016年全国31个省（区、市）地区生产总值进行平减处理。然后再计算平减处理后2016年地区生产总值相比2011年的增长情况。2011～2016年，各省（区、市）地区生产总值增长变化如图6-6所示。由图6-6可以看出，2016年与2011年相比，全国31个省（区、市）中，

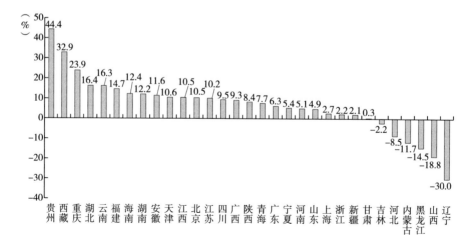

图6-6　各省（区、市）地区生产总值增长率（2011～2016年）

资料来源：《中国统计年鉴2012》《中国统计年鉴2017》。

按照地区生产总值增长率大小排列，居前 10 位的是贵州、西藏、重庆、湖北、云南、福建、海南、湖南、安徽、天津；上海、浙江、新疆、甘肃、吉林、河北、内蒙古、黑龙江、山西、辽宁依次处于第 22～31 位。

3. 实证结果分析

2011～2016 年，全国 31 个省（区、市）就业弹性系数如表 6-14 所示。由表 6-14 可以看出，2011～2016 年，全国 31 个省（区、市）城镇就业弹性系数存在较大差异，集中表现在以下三个方面。（1）按照城镇单位就业弹性系数大小排列，居前 10 位的是甘肃、上海、广东、江苏、河南、新疆、陕西、江西、山东、宁夏；贵州、天津、黑龙江、青海、湖南、辽宁、山西、内蒙古、河北、吉林依次处于第 22～31 位。（2）按照城镇私营企业就业弹性系数大小排列，居前 10 位的是甘肃、新疆、浙江、上海、四川、广东、河南、宁夏、北京、安徽；陕西、贵州、辽宁、云南、青海、河北、内蒙古、湖南、山西、吉林依次处于第 22～31 位。（3）按照城镇个体就业弹性系数大小排列，居前 10 位的是甘肃、新疆、浙江、河南、陕西、青海、广东、山东、上海、安徽；西藏、贵州、云南、辽宁、北京、黑龙江、山西、内蒙古、河北、吉林依次处于第 22～31 位。

表 6-14　各省（区、市）城镇就业弹性系数（2011～2016 年）

地区	城镇单位就业弹性系数	城镇私营企业就业弹性系数	城镇个体就业弹性系数
北京	1.5	12	-1.3
天津	0.6	2.6	6.5
河北	-1.8	-3	-7.1
山西	-0.3	-5	-3.8
内蒙古	-1	-4.3	-7
辽宁	0.1	0.9	-0.5

地区	城镇单位就业弹性系数	城镇私营企业就业弹性系数	城镇个体就业弹性系数
吉林	-7.1	-20.0	-30.6
黑龙江	0.6	4.5	-3.5
上海	9.9	29.7	9.4
江苏	8.3	6.4	6.3
浙江	2.9	43.7	30.8
安徽	2.2	11.6	8.1
福建	0.8	6.1	6.2
江西	3.5	9.7	3.4
山东	3.2	3.5	9.9
河南	7.2	16.1	21.2
湖北	1.4	2.6	3.2
湖南	0.3	-4.5	3.4
广东	9.3	23.5	14.3
广西	1.9	10.8	6.6
海南	1.5	4.1	4.8
重庆	0.9	6.6	3.4
四川	3.0	28.5	6.8
贵州	0.6	1.1	1.8
云南	1.2	-1.6	-0.3
西藏	1.1	4.7	2.9
陕西	3.5	1.7	17.2
甘肃	104.6	241.7	203.7
青海	0.5	-2.0	15.5
宁夏	3.0	12.7	5.9
新疆	7.0	51.9	43.8

资料来源：《中国统计年鉴2012》《中国统计年鉴2017》。

第四节 城镇落户政策差异

一 城镇差别化落户政策

1. 《国家新型城镇化规划（2014—2020年）》相关规定

为有序推进农业转移人口市民化，《国家新型城镇化规划（2014—2020年）》明确指出，健全农业转移人口落户制度，实施差别化落户政策。

健全农业转移人口落户制度。各类城镇根据综合承载能力（适度人口承载力）和发展潜力，以就业年限、居住年限、城镇社会保险参保年限等为基准条件，因地制宜制定具体的农业转移人口落户标准。

实施差别化落户政策。以合法稳定就业和合法稳定住所等为前置条件，全面放开建制镇和小城市落户限制，有序放开城区人口50万～100万人的城市落户限制，合理放开城区人口100万～300万人的大城市落户限制，合理确定城区人口300万～500万人的大城市落户条件，严格控制城区人口500万人及以上的特大城市人口规模。大中城市为提高落户门槛，可以设置参加城镇社会保险年限等额外要求。特大城市可以采取积分制等方式设置阶梯式落户通道调控落户规模和节奏。

2. 《关于进一步推进户籍制度改革的意见》《居住证暂行条例》相关规定

《关于进一步推进户籍制度改革的意见》（国发〔2014〕25号），以及2016年1月1日施行的《居住证暂行条例》（国务院令第663号），对不同规模城镇的落户条件提出了相关要求。

全面放开建制镇和小城市落户限制。建制镇和城区人口在50万人以下的小城市，落户条件是在城市市区、县人民政府驻地镇或者其他建制镇有合法稳定住所（含租赁）。

有序放开中等城市落户限制。城区人口在 50 万 ~ 100 万人的中等城市，落户条件是在城市有合法稳定就业并有合法稳定住所（含租赁），同时按照国家规定参加城镇社会保险达到一定年限。其中，对于城市综合承载能力压力较小的地方，可以全面放开落户限制。与此相对，城市综合承载能力压力较大的地方，可以对合法稳定就业的范围、年限和合法稳定住所的范围、条件等作出进一步规定。与前面的城市相比，所需条件更为严格。

合理确定大城市落户条件。城区人口在 100 万 ~ 500 万人的大城市，落户条件为在城市有合法稳定就业且达到一定年限，并有合法稳定住所（含租赁），同时按照国家规定参加城镇社会保险达到一定年限（明确指出不得超过 5 年）。其中，城区人口在 300 万 ~ 500 万人的大城市，可以对合法稳定就业的范围、年限和合法稳定住所的范围、条件等作出较为严格的规定，也可以建立积分落户制度。

严格控制特大城市人口规模。城区人口在 500 万人及以上的特大城市和超大城市应当根据城市综合承载能力和经济社会发展需要，以具有合法稳定就业和合法稳定住所（含租赁）、参加城镇社会保险年限、连续居住年限等为主要指标，建立完善的积分落户制度。

3.《"十四五"新型城镇化实施方案》相关规定

《"十四五"新型城镇化实施方案》指出，全面取消城区常住人口在 300 万人以下的城市落户限制，确保外地与本地农业转移人口进城落户标准一视同仁。全面放宽城区常住人口在 300 万 ~ 500 万人的 I 型大城市落户条件。完善城区常住人口在 500 万人及以上的超大特大城市积分落户政策，精简积分项目，确保社会保险缴纳年限和居住年限分数占主要比例，鼓励取消年度落户名额限制。

4. 启示

城镇落户条件差异明显。城市规模（类别）不同，落户条件差异较大。一般来说，城市规模越大，落户门槛越高；城市规模越小，落户门槛越低。

把合法稳定住所、合法稳定就业作为落户城市的条件由来已久。早在 1998 年，《国务院批转公安部关于解决当前户口管理工作中几个突出问题意见的通知》（国发〔1998〕24 号）就指出，在城市投资、兴办实业、购买商品房的公民及随其共同居住的直系亲属，凡在城市有合法固定的住所、合法稳定的职业或者生活来源，已居住一定年限并符合当地政府有关规定的，可准予在该城市落户。自那时起至今，合法稳定住所、合法稳定就业、一定居住年限一直作为落户城市的前提条件。

参保年限是衡量落户政策差异的核心指标。对于农业转移人口来说，"合法稳定就业和合法稳定住所（含租赁）"考察的是其生存状态，"参加城镇社会保险年限和连续居住年限"衡量的是其发展能力（张炜，2015），从生存到发展标识着农业转移人口市民化能力的提升。城市类别不同，对落户城市的农业转移人口的要求自然各异。对于在建制镇和小城市落户的人口，没有规定参保年限；对落户中等城市的，要求参加城镇社会保险达到一定年限，但是年限可以不超过 3 年；对落户大城市的，要求参加城镇社会保险必须达到一定年限，但是年限可以不超过 5 年。对于落户（由居住证转户籍）北京、上海等超大城市的，明确指出要在本市连续缴纳社会保险不少于 7 年。

二 城市落户政策区域差异分析

1. 投资落户政策区域差异分析

投资落户曾经是农业人口获得城市"蓝印户口"的重要途径之一。由于各地经济社会发展水平不同，投资落户政策区域差异明显。《南京市蓝印户口管理暂行规定》（宁政发〔1995〕105 号）指出，外商和港、澳、台胞在市区投资达到 30 万美元，项目竣工投产或开业的，可为境内亲友申办 1 个"蓝印户口"；超过 50 万美元的，可申请 2 个；超过 500 万元人民币的，最多可申请办理 3 个"蓝印户口"。对于私营企业主来说，只要连续 2 年每年纳税达到 2 万元；对于个体工商户来说，只要连续 2 年每年纳税达到 1 万元，并且没有偷税漏税行为，就可以为本人及其家属子女申请最多 3 个"蓝印户口"。

1998 年 10 月 26 日发布的《上海市人民政府关于修改〈上海市蓝印户口管理暂行规定〉的决定》中，修正后的《上海市蓝印户口管理暂行规定》指出，外商和港、澳、台人士在本市投资达到 20 万美元；外省市单位或者个人在本市市中心区和浦东新区投资达到 100 万元人民币，或者在崇明县投资达到 30 万元人民币，或者在本市其他区县投资达到 50 万元人民币，项目竣工投产、开业或者营业 2 年以上的投资者，可以为其本人或者外省市亲属或者其聘用的外省市来沪人员申请 1 个蓝印户口。每增加一倍投资额，可以再申请 1 个蓝印户口。

《关于外地来京投资开办私营企业人员办理北京市常住户口试行办法》（京政办发〔2001〕73 号）指出，申请在城八区①落户的，至少需要满足以下条件：连续 3 年担任该私营企业的负责人，合伙企业合伙事务的执行人或者其他组织形式私营企业的法定代表人；企业连续 3 年每年纳税 80 万元以上，或者近 3 年纳税总和达到 300 万元；企业职工中的本市人员连续 3 年保持在 100 人以上，或者达到职工总数的 90%以上。

分析以上城市落户条件发现，与南京、上海相比，北京投资落户政策更加"苛刻"，不仅强调企业纳税额需要达到一定标准（这一要求不

---

① 城八区是指东城区、西城区、崇文区、宣武区、朝阳区、海淀区、丰台区和石景山区。

仅仅是投资达到一定规模，而是与企业利润息息相关的），而且要求雇佣本市一定数量的人员就业，并且需要具备连续 3 年担任该私营企业的负责人，合伙企业合伙事务的执行人或者其他组织形式私营企业的法定代表人等条件。

2. 购房落户政策区域差异分析

购房落户曾经是农业人口获得城市"蓝印户口"的另一主要途径。现以南京、广州、上海为例，分析三地购房落户政策区域差异。

《南京市蓝印户口管理暂行规定》（宁政发〔1995〕105 号）指出，购买 60 平方米以内的商品房，可申请办理 3 个"蓝印户口"；购买 60~80 平方米的商品房可申请办理 4 个"蓝印户口"；购买 80 平方米以上的商品房，最多可申请办理 5 个"蓝印户口"。境外人员（港、澳、台胞除外），在市区范围内购房 60 平方米及以上的，可为境内亲友申办 2 个"蓝印户口"。

1998 年 2 月 1 日施行的《广州市购买商品房申办蓝印户口暂行规定》（市人民政府令〔1998〕第 2 号）指出，外地购房者购买白云、芳村、黄埔、海珠、天河五区部分区域及广州经济技术开发区商品房的可获蓝印户口指标。其中，购买 50~74 平方米的商品房可申办 1 人，购买 75~99 平方米的商品房可申办 2 人，购买 100 平方米以上的商品房可申办 3 人。

修正后的《上海市蓝印户口管理暂行规定》指出，外省市个人在本市购买商品住宅，一套房屋建筑面积，在浦东新区达到 65 平方米，在其他地方达到 70 平方米；一套房屋总价，在市中心区达到 35 万元，在浦东新区小陆家嘴地区达到 32 万元，在闵行区、宝山区、嘉定区达到 18 万元，在浦东新区小陆家嘴地区以外、内环线以内达到 16 万元，在金山区、松江区，浦东新区内环线以外和南汇、奉贤、青浦、崇明县达到 10 万元，只要建筑面积或者房屋总价符合上述规定之一的，购房者就可以为其本人、配偶以及本人和配偶的直系亲属或三代以内旁系亲属申请1个"蓝印户口"。

与广州、南京相比，上海的购房落户政策更加详细，不仅规定了购房面积，而且规定了购房价格。从购房面积来看，购买建筑面积为65平方米的商品房，在南京可以申办4个"蓝印户口"，而在广州、上海只能申办1个；在广州，购买75～99平方米的商品房可申办2人，购买100平方米以上的商品房可申办3人，上海没有此类规定。由此可以看出，通过购房渠道获取上海"蓝印户口"的难度远远高于广州、南京。尽管如此，购房落户依然是取得上海"蓝印户口"的重要途径。自1994年2月上海试行"蓝印户口"政策至2001年底，上海为4.2万人办理了"蓝印户口"，其中购房类占88%，投资类占10%，聘用类占2%（叶檀，2014）。尽管1998年修正后的规定提高了申请门槛，可是符合条件的申请者规模依然庞大。自1999年起，上海对落户人口实行总量控制政策（每年不超过1万人），2002年4月停止实行此政策。

3. 积分落户政策区域差异分析

随着《北京市积分落户管理办法（试行）》（京政协发〔2016〕39号）的正式对外公布，北京、上海、广州、深圳四大城市的积分落户政策全部出炉。由于《深圳市积分入户办法（试行）》的内容与北京、上海、广州三地存在诸多不同，本书在此只比较北京、上海、广州三地的积分落户政策差异。

北京积分落户政策。2017年1月1日施行的《北京市积分落户管理办法（试行）》（京政协发〔2016〕39号）指出，申请人申请积分落户应在京连续缴纳社会保险7年及以上。部分指标及分值情况如下。（1）年龄。年龄不超过45周岁的，加20分。（2）教育背景。大学专科（含高职）加10.5分，大学本科学历并取得学士学位加15分，研究生学历并取得硕士学位加26分，研究生学历并取得博士学位加37分。（3）投资纳税。近3年连续纳税，且满足以下条件之一的，加6分；工资、薪金以及劳务报酬的个人所得税纳税额平均每年在 10 万元及以上；依法登记注册个人独资企业的投资人、有限责任公司的自然人股东、合伙企业的出资人，根据企业已缴纳的税金，以其出资比例计算纳税额，平均每年纳税 20 万元及以上。（4）减分指标。有涉税违法行为记录的个人、企业法人和个体工商户经营者，申请积分落户的，每条记录减 12 分；在本市因违反有关法律被公安机关处以行政拘留处罚的，每条行政拘留记录减 30 分。

上海积分落户政策。2018 年 1 月 1 日施行的《上海市居住证积分管理办法》（沪府发〔2017〕98 号）指出，本办法的适用对象是在本市工作、居住，持有本市居住证，并参加本市职工社会保险满 6 个月的境内来沪人员。部分指标及分值情况如下。（1）年龄。年龄在 56～60 周岁，积 5 分；年龄每减少 1 岁，积分增加 2 分。年龄指标的最高分值为 30 分。（2）教育背景。取得大专（高职）、本科学历，分别获得 50 分、60 分；取得本科学历和学士学位、硕士研究生学历学位、博士研究生学历学位，分别获得 90 分、100 分、110 分。（3）投资纳税或带动本地就业。最近连续 3 年平均每年纳税额在 10 万元及以上或平均每年聘用本市户籍人员在 10 人及以上，每纳税 10 万元或每聘用本市户籍人员 10 人积 10 分，最高 120 分。（4）减分指标。5 年内有行政拘留记录的，每条扣减 50 分；5 年内有一般刑事犯罪记录的，每条扣减 150 分。

广州积分落户政策。2018 年 7 月 1 日开始施行的《广州市来穗人员积分制服务管理规定（试行）》（穗府规〔2018〕9 号）中，对部分指标的分值规定如下。（1）年龄。18～30 周岁加 30 分，31～40 周岁加 20 分，41～45 周岁加 10 分。（2）教育背景。高中（含中职）加 20 分，专科（含高职）加 35 分，本科及以上学历加 50 分。（3）投资纳税。对普通劳动者，近 3 个纳税年度累积在本市缴纳个人所得税 1 万～3 万元（不含后者）加 4 分，3 万～6 万元（不含后者）加 8 分，6 万元及以上加 12 分；所投资创办的企业，近 3 个纳税年度累积在本市纳税 5 万～10 万元（不含后者）加 4 分，10 万～20 万元（不含后者）加 8 分，20 万元及以上加 12 分。（4）减分指标。信用不良记录，每条减 5 分；近 5 年内，有偷漏税行为，每次减 10 分；近 5 年内，受到治安处罚，每次减 10 分；近 5 年内曾受过刑事处罚，不得申请积分制入户。

积分落户政策差异分析。（1）年龄。北京、广州年龄加分的终点是 45 周岁，上海是 60 周岁；上海、广州年龄指标的最高分都是 30 分，而北京是 20 分，与北京、上海相比，广州的年龄加分规定最详细。（2）教育背景。广州起点最低；北京、上海虽然起点一样，都是大专（高职），但是相同教育背景，上海的分值高于北京。（3）投资纳税。上海投资纳税指标的最高分为 120 分，广州的最高分为 12 分，北京的最高分为 6 分，与北京、广州相比，上海增加了聘用本市户籍人口就业的加分情况，与北京、上海相比，广州投资纳税加分起点较低，但是规定更具体。（4）减分指标。北京、广州对涉税违法行为减分；上海对每条一般刑事犯罪记录扣减 150 分，广州是一票否决；对于有行政拘留记录的，北京每条扣减 30 分，上海每条扣减 50 分。

2018 年，北京积分落户规模为 6000 人（实际为 6019 人），最低分值为 90.75 分；广州积分入户规模为 7000 人，最低分值为 169 分。

第七章

有序推进农业转移人口市民化的体制机制

完善财政转移支付与农业转移人口市民化挂钩相关政策，建立财政性建设资金对吸纳落户较多城市的基础设施投资补助机制，建立同吸纳农业转移人口落户数量和提供保障性住房规模挂钩机制，健全农户"三权"市场化退出机制和配套政策。

——《中华人民共和国国民经济和社会发展第十四个五年规划和 2035 年远景目标纲要》

第一节　有序推进农业转移人口市民化经验借鉴

一　发达国家移民引进与人口疏解策略

1. 澳大利亚有序引入外来移民

移民配额制。澳大利亚移民法根据本国经济发展、劳动力市场供需状况规定每个年度全球移民入境限额，实际批准人数围绕限额数上下波动。即使移民计划发布后，有时也会根据实际情况及时调整移民数量。比如，由于 2008 年全球金融危机的影响，2009 年 3 月澳大利亚政府将 2008~2009 年的技术移民配额由 133500 名缩减至 115000 名，同年 9 月公布的 2009~2010 年的技术移民配额进一步减少到 108100 名。澳大利亚移民法还对不同种类的移民规定了具体配额。

调整签证类别。澳大利亚吸收的移民大致可分为技术类移民、商业类移民、家庭类移民、雇主担保类移民、难民和人道主义等特殊类移民等。随着移民政策的调整，签证类别也会相应变动。2012 年，澳大利亚政府实行新的商业移民政策，将原来的 13 个签证类别减少到 3 个，即商业人才签证、临时商业创新与投资签证、永久商业创新与投资签证（张媛，2016）。

调整移民政策。2008 年金融危机后，对技术类移民政策进行调整，调整内容主要包括：一是公布了优先处理程序及新的急需型技术职业清单。二是规定州和领地可优先选择自己需要的技术移民。三是引入新的技术移民筛选系统。系统根据申请人的情况进行打分、排名。移民局按照每年技术职业的需求量，对合适的申请人发出移民邀请，只有收到移民邀请的申请人才能正式提交移民申请。2012 年，澳大利亚政府对技术移民的吸收模式进行改革，由原来的自由申请制改为选择邀请制。

继续调整移民政策。2018 年，澳大利亚前总理莫里森表示，大多数移民选择定居悉尼或者墨尔本。去年一年里，在悉尼市新增加的人口中，外来移民的比例高达 70%。尽管这两座城市由于外来移民获得了发展的动力，但是同时面临道路拥堵、公交车和火车拥挤、学生入学困难等一系列问题。为此，政府一方面计划大幅削减永久移民的年度配额，另一方面拟要求新移民在两大城市之外的其他地区先定居 5 年。

2. 美国移民限额优先

移民限额制度。1924 年的《移民法》（又称《约翰逊－里德法案》）规定，每年的移民总限额大约是 16.4 万名，各国每年移民人数不得超过 1890 年美国人口统计中该国侨居美国人口的 2%，每月使用的移民限额不得超过该国当年限额的 10%，没有使用完的限额过期作废。胡佛当选总统后，尽管众议院以微弱优势通过决议推迟实施民族来源条款，但是参议院以微弱优势通过决议实施该条款。最终的结果就是以民族来源为特征的移民限额制度以法律的形式得以确立和实施。

限额移民优先制度。1952年的《移民与国籍法》（又称《麦卡伦－沃尔特法案》）确立了限额移民优先制度。移民总限额中的50%左右用于照顾美国公民和合法外侨与其外籍亲属的家庭团聚，另外50%左右用于那些受过高等教育、拥有美国急需的专业技术和突出才能的移民，同时为其他移民群体留有一定的配额，称之为"种子移民"（Seed Immigrants）。1965年的《移民与国籍法修正案》（又称《哈特－塞勒特法》）再次确立了以家庭亲属团聚和具有专业科技背景的移民为基础的移民优先体系。该法案规定每年配额总数为29万人，东半球为17万人左右，西半球为12万人左右。

3. 德国实施优先就业权

德国《移民法》草案的一大亮点就是取消了目前针对非欧盟国家就业申请者的所谓"优先审核"限制。"优先审核"是德国优先保障国内人员以及欧盟成员国公民就业的具体措施。优先就业权突出表现在以下两个方面：一是欧盟新成员国高技术人才在德国就业无须许可。二是对第三国（欧盟、欧洲经济区成员国和瑞士之外的其他国家）高学历专业人才实施就业开放政策，劳工局须予以同意签发就业居留许可，而对美国、澳大利亚、以色列、加拿大、日本等国家的公民没有特定资质或行业的限制（密素敏，2015）。

4. 日本疏解特大城市人口规模

鉴于最大城市东京由于人口集中、产业活动集聚所造成的环境污染、地面沉降、交通拥堵等"大城市病"，1987年，日本政府在《第四次全国综合开发计划》中提出并开始实施纠正"一极集中"的分散化政策。东京为疏解人口规模所采取的主要措施：一是扩展东京的范围。1956 年，日本政府出台了《首都圈整备法》，扩展了东京的范围，提出"首都圈"概念。二是调整产业结构。通过实施《工业控制法》，引导大批劳动密集型企业和重化工业迁往郊区、中小城市甚至海外，吸引以研发型工业、都市型工业为主的现代城市型工业聚集。资本和技术密集型产业代替劳动密集型产业大大降低了东京城市人口总量。三是分阶段实施"副中心"战略。为减轻办公和商业活动对市中心的压力，东京都政府先后于 1958 年、1982 年和 1987 年分阶段实施"副中心"战略，规划建设筑波、多摩、港北、千叶新城，逐步形成了"中心区—副中心—周边新城—邻县中心"的多中心多圈层的城市格局（刘波，2018）。

二　有序推进农业转移人口市民化的国内探索

1. 广东省积分落户政策

试行积分落户政策的前期准备。2009 年修订后的《广东省流动人口服务管理条例》指出，流动人口管理实行居住登记和居住证制度，居住证持证人除享有第二十五条规定的权益和公共服务外，还享有其他权益和公共服务，居住证持证人可以申请常住户口。广东从数量和质量两个方面控制常住户口落户规模。从数量方面来看，"实行年度总量控制"；从质量方面来看，"按照条件受理、人才优先、依次轮候办理"。《中共广东省委、广东省人民政府关于实施扩大内需战略的决定》（粤发〔2010〕1 号）指出，为"加快人口城镇化进程"，积极"探索推广采取'积分制'等办法，使在城镇稳定就业和居住的农民有序转变为城镇居民"。如果说此时积分制落户办法还属于"探索"的话，那么《关于开展农民工积分制入户城镇工作的指导意见》（粤府办〔2010〕32 号）的出台，标志着"积分入户"政策在全省范围内的全面推行。

积分落户政策的地方实践。2009 年 12 月，广东省中山市出台了《中山市流动人员积分制管理暂行规定》（中府〔2009〕113 号），在全国率先探索"积分落户制度"。相关部门对需要落户的流动人口按其积分高低进行分类排名，计分标准由个人素质、工作经验、居住状况、社会贡献及减分指标等构成。2016 年 10 月 27 日印发的《广州市积分制入户管理办法》指出，广州市对年度积分制入户人数实行总量控制，并且把指标总量纳入当年人口计划。

实施积分落户政策取得的成效。截至 2016 年，广州市积分入户指标是 2.3 万个。其中，2011～2014 年每年有 3000 个，2015 年有 5000 个，2016 年有 6000 个。中山市 2011 年、2012 年的积分入户指标均为 3000 个，2013～2016 年的入户指标逐年增加，依次是 3600 个、4000 个、4400 个、5060 个（高文青、杨和焰，2018）。

积分落户政策的未来发展。2017 年 1 月 20 日，珠海人社局发布了《关于珠海市停止执行外来务工人员积分制入户政策的通知》。2018 年，中山市、东莞市先后取消积分入户政策。东莞市开始实施"两个五年"入户条件，即参加城镇社会保险满 5 年，且办理居住证满 5 年。《广州市人民政府办公厅关于印发广州市积分制入户管理办法的通知》（穗府办规〔2020〕11 号）指出，每年度积分制入户人数实行总量控制，使用总量控制类入户指标，纳入当年迁入人口计划统筹安排。由此不难看出，广东省的积分落户政策出现了地区分化。

2. 重庆市户籍制度改革

分阶段推进。2010 年 8 月，重庆市启动了以农民工为主要对象的户籍制度改革。自改革启动至 2011 年底，重庆市"摸着石头过河"，边改革边探索。改革初期的主要任务是集中解决户籍遗留问题，重点推进符合条件的进城农民工及新生代转户。2012 年以后，通过建立较为完善的制度保障体系，实现农业转移人口落户进城常态化。截至 2014

年12月，累计进城落户409万人，整户转移105万户，其中农民工及其家属累计进城落户317万人，占比为77.6%（杨树海，2015）。

分群体实施。按照农民工需求意愿导向和先易后难的原则，重庆确定了首批进行转户的两类重点人群：第一类是农民工及新生代，主要包括已在城镇里长期居住或稳定就业的农民工，以及作为新生代代表的农村籍大中专学生、农村籍退役士兵；第二类是各类历史遗留问题人群，包括历年已用地未转非人员、未转非大中型水利水电工程建设中的失地农村移民、城中村农村居民以及集中供养的农村五保对象等（欧阳慧、邓兰燕，2020）。

差别化落户。《重庆市人民政府关于进一步推进户籍制度改革的实施意见》（渝府发〔2015〕54号）指出，完善分区落户条件。重庆市实施差别化落户政策，具体措施包括：调整优化都市功能核心区与都市功能拓展区落户条件，有序放开城市发展新区城区落户限制，积极推动渝东北生态涵养发展区和渝东南生态保护发展区人口梯度转移，放开小城镇落户限制，稳妥有序推进市外来渝人员落户。

3. 辽宁省大连市差异性落户政策

为有序推进农业转移人口市民化，大连市实施差异性落户政策。《大连市人民政府办公厅关于推动非户籍人口在城市落户的实施意见》（大政办发〔2017〕61号）指出，推动非户籍人口在城市落户时存量优先、突出重点。具体措施如下。一是存量优先。优先解决进城时间长、就业能力强、能够适应城镇产业转型升级和市场竞争环境的非户籍人口落户。优先解决存量有利于形成示范效应，逐步带动新增非户籍人口在城市落户。二是分类施策。在主城区和新市区实施积分落户和政策性审批政策，全面放开新区落户限制。三是重点优先。在本市就业居住5年以上和举家迁移的农业转移人口及新生代农民工优先落户，退出现役的人才优先落户。四是鼓励本地农业转移人口市民化。在新区城镇有合法稳定住所的本市乡村户籍人口可以"零门槛"落户。

为促进大连市人口与经济、社会、资源、环境的持续和谐发展,实现城市人口发展规划目标,按照《大连市人民政府关于全面放开落户条件的通知》(大政发〔2022〕17号)的要求,2022年6月1日起,大连市全面放开落户条件。

4. 浙江省嘉兴市居住证制度改革

推行居住证制度的背景。《浙江省人民政府关于解决农民工问题的实施意见》(浙政发〔2006〕47号)指出,"逐步和有条件地解决长期在城市就业和居住农民工的户籍问题""改革农民工登记管理办法,加快相关立法修改,逐步在全省范围内取消暂住证制度,实行居住证制度"。2007年6月1日,嘉兴市平湖市在国内率先创设"新居民事务管理局"。该局不仅取消了原有的暂住证制度,而且试行居住证制度。2007年9月,嘉兴市组建了全国首家地级市新居民事务局。从2008年4月1日起,嘉兴市停发暂住证,全面推行居住证制度。

实行居住证分类登记管理。根据新居民的工作年限、技术技能等情况,嘉兴市实行临时居住证、居住证、技术员工居住证分类登记管理。据报道,嘉兴市当时的180万外来人员中,有66万人可以申领《临时居住证》,有65万人可以申领《普通人员居住证》,有15万人可以申领《专业人员居住证》(刘华,2008)。

市民待遇与居住证类别相对应。不同类别的居住证持有者在保险、教育、医疗、就业、住房等方面所享受的"市民待遇"存在一定差别。《嘉兴市人民政府办公室关于做好新型居住证制度实施工作的意见》(嘉政办发〔2016〕71号)指出,居住证持有人可以享受6项基本公共服务和7项便利,以及逐步享受职业教育资助、就业扶持、住房保障、养老服务、社会福利、社会救助等公共服务。

适当控制准入门槛。为控制外来人口进入数量，提高进入人口的质量，嘉兴市根据外来人口在本地工作的时间长短、技术能力高低和贡献程度大小等条件，采取择优式、级差式、渐进式的方法，设置高低不等的准入门槛（国务院发展研究中心课题组，2011）。

5. 安徽省铜陵市以"户改"促农民市民化

铜陵市是安徽省"第一个吃螃蟹者"，率先在全市实行户籍制度改革，彻底取消农业户口与非农业户口二元划分，统一登记为"铜陵市居民户口"。为实现城乡居民平等享受各项基本公共服务和社会保障，推进城乡一体化建设，促进人口合理有序流动和农村富余劳动力有序向城镇转移，2011年10月23日，铜陵市委、市政府印发了《铜陵市推进城乡一体化户籍制度改革实施方案》（铜发〔2011〕20号）（以下简称《铜陵市实施方案》）。

铜陵市在推进农业转移人口市民化方面的主要做法。一是启动户口"一元化"工程。《铜陵市实施方案》指出，铜陵市实行一元化户籍登记管理，统一就业失业登记，统一城乡社会保险制度，统一城乡住房保障体系，统一城乡社会救助政策，统一城乡教育政策，统一城乡义务兵优待安置政策。二是实行落户农民权利保留政策。《铜陵市实施方案》指出，落户的农村户改人员既可以享受与城镇居民一样的权利待遇，也可以保留承包地、林地、宅基地的使用权，在退出承包地之前继续享受种粮直补等惠农政策；在过渡期内（3年）可以享受农村生育政策以及计划生育各项奖励扶助政策。三是积极推进农民市民化。主要措施包括由各县区对区域内的农业人口进行调查摸底，由公安机关完成户口标注工作，免费换发《居民户口簿》，统一户籍管理制度。经过改革，户口虽然在居住地登记，但是可以随居民流动迁徙，从而实现户口登记地与实际居住地一致。

第二节　有序推进农业转移人口市民化的原则与机制

一　有序推进农业转移人口市民化的原则

1. 可持续性原则

不同规模的城镇区域面积不等、地理环境不同，环境承载力或适度人口容量自然存在一定的差异。农业转移人口市民化规模应与城镇环境承载力或适度人口容量相适应。虽然人们已经认识到非再生资源的有限性、城镇生态环境的脆弱性，但是人们对物质生活的追求却是无止境的、非理性的。因此，城镇的粗放式经营、"摊大饼式"发展在短期内难以避免。之所以强调有序推进农业转移人口市民化，是为了实现城镇人口资源环境协调发展，即 PRED 协调发展。其中，P 是 Population 的首字母，代表人口；R 是 Resources 的首字母，代表资源；E 是 Environment 的首字母，代表环境；D 是 Development 的首字母，代表发展。《北京城市总体规划（2016 年—2035 年）》指出，按照以水定人的要求，根据可供水资源量和人均水资源量，确定北京市常住人口规模到 2020 年控制在 2300 万人以内，2020 年以后长期稳定在这一水平。

2. 以人为本原则

历史上曾采用户籍制度限制农业转移人口进城，结果导致农业转移人口市民化发展滞后，常住人口城镇化率低于户籍人口城镇化率即是明证。农业转移人口市民化滞后发展所带来的负面效应至今存在。与此相反，一段时间，部分地方曾试图通过"让农民上楼""赶农民进城"的方式加速推进城镇化、市民化进程，结果导致民怨沸腾、矛盾凸显。上述问题产生的根源在于政策的制定和实施背离了以人为本的原则，忘记了发展的根本目的在于实现"一切人自由而全面的发展"。有序推进农业转移人口市民化的根本目标在于实现城乡居民自由而全面的发展，让全体人民共享现代化建设成果。

充分尊重农业转移人口落户意愿是市民化进程中以人为本原则的具体体现。符合条件的农业转移人口想什么时候转就什么时候转，想整户转就整户转，想个人转就个人转。即便农业转移人口已经落户城镇，其农村土地承包权、宅基地使用权、集体收益分配权等是否退出以及何时退出，完全由农业转移人口自主决定。

3. 公平性原则

从理论上讲，农业转移人口特别是长时间工作、生活在城镇中的农民工，理应分享城镇发展成果，享有与市民平等的经济、社会和文化权利。目前，市民独享国家财政对他们的各种补贴和福利是社会不公平的表现之一。然而，如果不加任何约束和限制，农业转移人口进入城镇后都能平等享有与市民（或老市民）完全相同的福利待遇，对市民（或老市民）来说也是一种不公平。在推进农业转移人口市民化进程中，积极探索以居住证为载体，建立并健全与就业年限、居住年限、城镇社会保险参保年限等条件相挂钩的基本公共服务提供机制，并作为农业转移人口申请登记居住地常住户口的重要依据。总之，差异化落户标准既是实现社会公平正义的必要手段，也是有序推进农业转移人口市民化的重要举措。

4. 分步转移原则

重点对象优先考虑。农业转移人口市民化就像排队乘车，必须有先有后，绝不能搞齐步走、"一刀切"。各地应优先解决农村学生升学和参军进入城镇的人口，优先把有能力、有意愿并长期在城镇务工经商的省内农民工及其家属转为城镇居民。相对于老一代农民工来说，新生代农民工落户问题应优先考虑，举家迁徙的以及工作年限长的应该优先落户。

区域落户条件有梯度。由于大城市、特大城市的"户籍含金量"与中小城市、小城镇相比差距悬殊，为防止农业转移人口向大城市、特大城市"过度"转移问题的发生，一方面在特大城市、超大城市施行积分落户制度，另一方面需要降低其他城市的落户门槛，鼓励农业转移人口到中小城市、城镇落户。

5. 分层转移原则

农业转移人口市民化的实现至少需要两个条件：一是市民化意愿，二是市民化能力。只有两个条件同时具备，市民化进程才能实现。根据社会分层理论实证分析发现，处于不同阶层（层次）的农业转移人口，其市民化意愿和能力存在明显差异。一般来说，农业转移人口中的个体户、老板的市民化意愿和能力要强于打工者。总体来看，某一阶层（层次）的农业转移人口可能市民化意愿强烈，但是市民化能力较差；另一阶层（层次）的农业转移人口市民化能力较强，但是市民化意愿较低；某一阶层（层次）的农业转移人口市民化意愿与能力都强；另一阶层（层次）的农业转移人口市民化意愿和能力都弱。因此，在推进农业转移人口市民化进程中，绝对不能平均用力，应该有所侧重。当前的重点关注对象应是市民化意愿和能力都强的这部分群体，推动他们率先市民化，形成示范效应，引导更多农业转移人口把户口迁入城镇，并自愿流转农村承包地和宅基地。

6. 分类转移原则

按照不同的标准，农业转移人口可以划分为不同的类型。按照年龄不同，可以分为新生代与老一代；按照流动范围，可以分为省内型与省外型；按照是否保留农村土地，可以分为退土型与留土型；按照迁移规模，可以分为个人迁移型与举家迁移型。不同类型的农业转移人口其市民化意愿和能力存在较大差异。相对于老一代，新生代农业转移人口的市民化意愿和能力可能更强；相对于保留农村承包地和宅基地的，自愿流转承包地的农业转移人口市民化意愿和能力可能更强。总之，在推进农业转移人口市民化进程中，应该分类施策，合理引导。

一言以蔽之，农业转移人口市民化滞后不利于城乡经济社会持续健康发展。但是，农业转移人口市民化发展速度也并非越快越好，只有在适度范围内，才能彰显经济社会发展的综合效益。为此，推进农业转移人口市民化既要防止滞后也要当心"冒进"，过犹不及。

二 有序推进农业转移人口市民化的机制

1. 正向激励机制

完善财政转移支付同农业转移人口市民化挂钩机制。一是完善中央和省级财政农业转移人口市民化奖励机制，调动地方政府推动农业转移人口市民化的积极性。二是完善市级财政对县（市、区）转移支付制度，逐步实现依据常住人口测算分配财政资金，增强农业转移人口流入地政府提供基本公共服务的财政保障能力。

完善城镇建设用地增加规模同吸纳农业转移人口落户数量挂钩机制。一是实行差别化用地标准。城市规模不同，进城落户农业转移人口新增建设用地标准不等。超大城市、特大城市的中心城区一般不新增建设用地；人均城镇建设用地小于 100 平方米的，按照每人 100 平方米的标准新增用地；在 100~150 平方米的，按照每人 80 平方米的标准新增用地；大于 150 平方米的，按照每人 50 平方米的标准新增用地。二是及时改进用地计划。上级部门下达土地利用年度计划时，对上一年度吸纳农业转移人口进城落户数量较多的应该重点支持和优先考虑。

建立农业转移人口市民化奖励机制。一是财政部门建立农业转移人口市民化奖励机制。中央财政设立专项资金重点奖励吸纳跨省（区、市）农业转移人口较多的地区，就地就近吸纳农业转移人口较多的中西部中小城市。各级财政普遍建立农业转移人口市民化专项资金，以便对市民化进展快、质量高的下级部门进行奖补。二是对为农民工提供就业岗位及足额缴纳"五险一金"的企业给予税费减免。《国务院关于做好当前和今后一个时期促进就业工作的若干意见》（国发〔2018〕39号）明确指出，对不裁员或少裁员的参保企业，可返还其上年度实际缴纳失业保险费的50%。三是对符合条件的落户农业转移人口给予一定补贴。对进城购房落户的、自愿到中小城市落户的农业转移人口给予适当补贴。《山西省推动非户籍人口在城市落户实施方案》（晋政办发〔2017〕28号）指出，鼓励农业转移人口进城购房。农业转移人口在当地购买商品住房的，各市、县可根据实际情况在一定期限内实施购房补贴。

2. 有效衔接机制

"三个环节"有效衔接。农民工市民化要依次经历农民工的农村退出、城市进入和城市融合三个阶段，简称"三个环节"（刘传江，2013）。农业转移人口在农村退出阶段所面临的主要问题：如果继续在城市打工的话，农村土地由谁耕种，如何参与土地流转？落户城镇的话是否可以继续享有农村土地承包经营权、集体收益分配权等？在城市进入阶段所面临的突出问题：自身职业技能是否适应城市劳动力市场需求，如何应对失业问题？在城市融合阶段所面临的重要问题：个人如何融入单位，子女如何融入学校，家庭如何融入社区？每个阶段都面临着不同的"制度梗阻"，需要采取有针对性的措施。只有"三个环节"之间的政策相互衔接，才能实现真正的城市化（市民化），否则"半城市化""半市民化"问题不可避免。"半市民化"的农业转移人口既不像市民又不像农民，既有的权利（作为农民的）已经消失，而期待中的权利（作为市民的）却难以兑现（杨风，2014）。

"半市民化"与"后市民化"机制有效衔接。农民工"半市民化"向"后市民化"的顺利过渡依靠政府主导、农民工主动、社会支持合力推动，有赖于从宏观、中观、微观三个层面，从制度系统、政治系统、文化系统、信息技术系统、劳动技能、社会资本、自我发展七个方面建立全面协调的衔接机制（钟水映、李魁，2007）。

3. 多方协调机制

中央政府与地方政府之间的协调。在分担农业转移人口市民化公共成本时，中央政府希望地方政府更多地承担市民化公共成本，最好自行消化市民化成本。与此相对，地方政府盼望中央政府更多地承担市民化公共成本，问题就这样产生了。为有序推进农业转移人口市民化，中央政府和地方政府之间必须相互协调、合理分工。中央政府主要负责顶层设计，为有序推进农业转移人口市民化改革制度、制定政策，省级政府根据中央政府的要求制定本行政区的实施方案和配套政策，市级、县级政府则根据上级政府的要求，制定本行政区的具体实施方案和细则。中央政府与地方政府之间的协调，一方面需要强化地方政府推动农业转移人口市民化的主体责任，另一方面上级政府向下级政府安排任务的同时必须下放财权，尽量做到事权与财权相协调。

大中小城市和小城镇协调发展。农业转移人口大量聚集于特大城市，导致这些地方"城市病"问题凸显，既与这些城市的"户籍含金量"高有关，也与它们的就业机会多密不可分。为减轻特大城市资源环境过载的压力，实现农业转移人口在大中小城市之间的合理分布，一方面需要实现各区域基本公共服务均等化，另一方面大中小城市和小城镇需要实现良性互动、优势互补、协同发展。对于大城市来说，需要加快产业升级、产业转移；对于中小城市来说，需要强化产业功能，打造特色产业、主导产业；对于小城镇来说，需要争取产业合作、积极融入大中小城市。总之，只有实现区域内大中小城市和小城镇协调发展，提升中小城市和小城镇吸纳农业转移人口的能力，才能缓解特大城市的人口压力。

流入地与流出地之间的协调。各级政府对本行政区内的农业转移人口市民化成本的分担尽管颇有怨言，但是终归勉强接受；可是对于跨省（区、市）农业转移人口市民化成本分担，无论是流出地还是流入地都"大声喊冤"，这成为两者博弈的焦点，制约了市民化进程。对于流出地来说，农业转移人口大量流出造成本地"人财两失"（青壮年劳动力大量流失、前期教育培训投资沉没、税收减少、消费能力下降），将来甚至还要承担返乡农业转移人口的养老问题。与此相对，农业转移人口流入地既享受了人口红利，又不用承担这部分人口的养老保险、医疗保险等负担。因此，在流出地看来，流入地不仅应该全部承担农业转移人口市民化公共成本，而且应该给予它们一定的经济补偿（赔偿）。对于流入地来说，农业转移人口的流入虽然有利于当地经济社会发展，但是由于"钱随人走""地随人走"的体制机制尚不健全，农业转移人口大量流入带来的压力和挑战也使其苦不堪言。因此，流入地不愿承担跨省（区、市）农业转移人口市民化公共成本，继续采取"经济吸纳、社会排斥"的政策。为有序推进农业转移人口市民化，必须协调好流出地与流入地之间的关系，通过构建对流出地的补偿机制和对流入地的激励机制，促成两者形成合力。

4. 成本分担机制

政府承担市民化成本中的公共成本。农业转移人口市民化成本主要由政府、企业、个人三方分担。城市政府主要承担农业转移人口市民化在基础设施建设、义务教育、劳动就业、基本养老、基本医疗、保障性住房等方面的公共成本。进一步看，中央政府通过财政转移支付分担的公共成本，主要用于农业转移人口市民化的教育、医疗和社会保障支出；地方政府通过财政配套承担的公共成本，主要用于农业转移人口市民化廉租房建设等住房成本支出（王炜、刘志强，2011）。

激励企业承担市民化成本。企业要落实农民工与城镇职工同工同酬制度，加大职工技能培训投入力度，依法为农民工缴纳基本养老、基本医疗、工伤、失业、生育等社会保险费用。为激励企业为农民工缴纳社会保险费用，建议对积极为农民工缴存社保基金的企业实行奖励或进行一定的税收优惠。

农业转移人口承担市民化成本中的私人成本。鼓励进城农民工积极参加职工基本养老保险、基本医疗保险、职业教育和技能培训等，并按照规定承担相关费用，自觉提高市民化能力。

5. 资金保障机制

多渠道筹集城市建设资金。一是通过发行地方政府债券等方式拓宽城市建设融资渠道。二是设立城市发展股权投资基金、产业发展基金。三是支持地方政府与银行等政策性金融机构建立长效合作机制，做好融资项目筛选和储备，积极引入政策性金融信贷资金。

加快推动地方政府与社会资本合作（Public‑Private Partnership，简称 PPP）。一是按照"资源资产化、资产资本化、资本债券化、债券市场化"的思路，通过特许经营权、合理定价、财政补贴等方式，吸引社会资本参与农业转移人口市民化涉及的基础设施、民生事业等重点领域的建设及运营，优先把保障性住房建设和新建、改扩建医院、学校等公共服务设施建设纳入 PPP 项目清单。二是规范 PPP 管理模式，优化工作流程，提高投资效率。

增加地方税收收入。一是合理确定地方税税种。在目前已实施的城镇土地使用税、土地增值税、房产税等地方税的基础上，继续拓展地方税的范围。二是调整中央与地方收入分享比例，适当降低增值税、企业所得税、个人所得税上划比例，保障地方财政平稳运行、健康发展。目前来看，后一种办法对缓解地方财政压力的效果更加直接、明显。2017

年 12 月 27 日，国务院发布的《关于环境保护税收入归属问题的通知》（国发〔2017〕56 号）指出，环境保护税①全部作为地方收入。

适当增加土地收益。结合农村宅基地制度改革，通过确权登记发证、农户自愿有偿退出，推行土地综合整治，增加土地增减挂钩周转指标，从而获取部分土地收益。

6. 多元主体参与机制

市民化成本需要多元主体分担。前已述及农业转移人口市民化成本需要政府、企业、个人三者合理分担。《国务院办公厅关于印发基本公共服务领域中央与地方共同财政事权和支出责任划分改革方案的通知》（国办发〔2018〕6 号）指出，义务教育、学生资助、基本就业服务、基本卫生计生、基本养老保险、基本医疗保障、基本生活救助、基本住房保障等八大类 18 个基本公共服务事项由中央与地方共同承担支出责任。

多个主体参与市民化系统。推进农业转移人口市民化是一项系统工程。市民化系统作为一个由多个行动主体（包括个人、家庭、亲属/朋辈群体、社区、组织、市场、政府等）参与的实践空间，其秩序样态取决于系统内部是否具有协调的互动结构和可持续的运作模式。对市民化系统的研究应当将其置于各种主体关系之中，包括国家部门之间的关系，公民与公民之间的关系，公民、家庭和社会网络之间的关系，等等（吴越菲、文军，2016）。

注重发挥群团组织的作用。群团组织中的工会、共青团、妇联等组织，作为党联系职工群众的纽带和桥梁，作为职工利益的代表者和维护者，在有序推动农民工市民化、推进农民工城市融入中发挥着积极作用。其中，工会在推进农民工城市融入中的作用形式是组织作用（吸

---

① 环保税的前身是排污费，排污费收入由中央和地方共享，分成比例为 1∶9。

引农民工加入工会）、维权作用（维护农民工合法权益）、培训作用（提高农民工劳动技能）、赋权作用（保障农民工依法行使民主管理权利）、帮扶作用（帮助农民工中的特殊群体，如女农民工、失业农民工等）（杨凤、李兴家，2014）。

积极发挥社会组织的作用。社会组织不仅在农民工权益维护、子女义务教育、社会化教育和职业培训、提供多样化文化娱乐方面发挥了重要作用，而且有利于促进农民工户籍身份转变、重塑社会资本网络、实现组织化并参与地方治理（莫筱筱、明亮，2017）。

7. 市场主导机制

推进农村资源产权市场化。部分农业转移人口市民化意愿不高的主要原因在于其市民化能力不强。进一步分析发现，人力资本、社会资本、财产资本普遍匮乏是农业转移人口市民化能力不强的重要原因。推进农村资源产权市场化，以便实现农业转移人口带资进城（增加财产资本），已经成为推动农业转移人口市民化的重要途径。为实现这一目标，可以采取以下措施：一是在核定农村资源的基础上确权颁证，明确土地承包经营权、农村宅基地使用权、农村房屋所有权、农村集体建设用地使用权、集体林权、小型水利设施产权归属，为农村产权改革，农业转移人口放心进城、带资进城铺平道路；二是完善农村资源产权抵押融资体系，创新农村资源产权抵押融资运作机制，为缓解进城落户农业转移人口城市生活压力创造条件；三是构建多层次、多形式、多元化的交易平台，为进城落户农业转移人口农村合法权益市场化交易搭建平台。

市场机制是推动城镇化发展的主导力量。改革开放以来，尽管市场机制在城镇化发展中发挥着越来越重要的作用，但是并没有彻底改变或根本扭转城镇化发展进程中市场与政府关系的失调态势（"新型城镇化建设中的事权划分研究"课题组，2015）。政府与市场关系错位对我国城镇化发展所产生的消极影响不容忽视。如何协调市场在资源配置中起决定性作用和更好发挥政府作用已经成为全面深化改革的"重中之重"。党的十八大提出"要促进城乡要素平等交换",2013年中央一号文件明确指出"建立城乡要素平等交换机制"。城乡要素平等交换的实现需要的是"市场"而不是"市长"。有序推进农业转移人口市民化进程中,政府除了履行制定发展规划和系列政策、提供基本公共服务、营造制度环境等职责以外,还要更多地让市场机制充分发挥作用。通过市场机制,完善土地、资金、能源、劳动力等要素价格的形成,通过城市产业结构和布局调整、生活成本调整,引导人们有序流动迁移,合理分布(王谦,2014)。

8. 动态调整机制

动态调整转移支付规模和结构。中央和地方各级财政部门要严格按照《关于实施支持农业转移人口市民化若干财政政策的通知》(国发〔2016〕44号)的精神,根据农业转移人口在不同地区和城乡之间的流动变化、不同时期农业转移人口数量规模、不同规模城市农业转移人口市民化成本差异等因素,对转移支付规模和结构进行动态调整。

对城乡建设用地进行动态调整。一是推进城乡建设用地增减挂钩。对落户城镇的农业转移人口自愿流转的宅基地、农村建设用地进行整理复垦后,在满足农民安置、农村发展用地的前提下,可以将节余的建设用地用于城镇建设,以便吸纳更多的农业转移人口进城落户。二是推进贫困地区城乡建设用地省域内流转。《国土资源部关于进一步运用增减挂钩政策支持脱贫攻坚的通知》(国土资发〔2017〕41号)指出,集中连片特困地区、国家级贫困县到省级贫困县的增减挂钩节余指标可以在省域范围内流转使用。三是探索城乡建设用地跨省域使用。《城乡建设用地增减挂钩节余指标跨省域调剂管理办法》(国办发〔2018〕16号)指出,北京、上海、江苏等东部发达省份可以使用跨省域调剂节余指标少量增加规划建设用地规模。这既缓解了东部发达省份土地紧缺的问题，也为"三区三州"及其他深度贫困县推进脱贫攻坚、乡村振兴发展战略提供财力支撑。

9. 监督考核机制

加强企业社保基金监管。《中华人民共和国社会保险法》规定，用人单位应当按照本单位职工工资总额的比例缴纳基本养老保险、基本医疗保险、工伤保险、失业保险等费用。然而，长期以来，不少中小企业特别是劳动密集型中小企业存在少缴、逃缴社会保障基金的问题。《中国企业社保白皮书2018》指出，基数合规企业比例呈现两极分化。一方面，社保基数完全合规的企业占比增至27%，分别比2017年的24%、2016年的24.1%、2015年的38.3%增加了3个、2.9个、−11.3个百分点；另一方面，高达31.7%的企业统一按最低基数下限为职工缴纳社会保险。《中国企业社保白皮书2021》显示，企业社保在险种覆盖面、及时性、基数合规方面稳中略降。2021年，社保基数完全合规的企业由2020年的31%降至29.9%。加强监管企业为农民工按时足额缴纳社会保障金，是政府部门的责任和义务。《社会保险稽核办法》规定，"被稽核对象少报、瞒报缴费基数和缴费人数，社会保险经办机构应当责令其改正，拒不改正的，社会保险经办机构应当报请劳动保障行政部门依法处罚"。因此，必须健全执法队伍，强化监督职能，特别是对非公有制企业、劳务派遣公司等重点类别单位进行清查，对不缴纳或少缴纳社会保障基金的企业实行监督限制，督促企业按照政策规定及时缴纳社会保障金。

建立健全市民化工作考核制度。一是在对各地新型城镇化规划中的目标任务分解的基础上，确定本地年度目标任务、重点、难点，为科学制定有序推进农业转移人口市民化考核办法奠定坚实基础。二是以自查自评为主，以定量考核为主。三是坚持集中考评与日常调度相结合，加大对市民化重点工作的督查督办力度。各地各级政府部门应该按照职责分工对农业转移人口市民化工作进展情况进行严格督查，确保下级部门按计划推进各项重点工作。四是注重考核结果的运用。山东、四川等省份将推进新型城镇化工作考核结果与百镇试点、城乡规划资金补贴等省级财政专项资金挂钩。

第三节　有序推进农业转移人口市民化的配套措施

一　破除人口流动制度性障碍：实现农业转移人口"进得来"

1. 深化户籍制度改革

全面实行居住证制度。绝大多数农业转移人口，特别是农民工，之所以喜欢落户大城市、特大城市，而对落户中小城市、建制镇"不感冒"，是因为前者"户籍含金量"高，社会环境好。在这类城市，不仅户籍人口可以享有较高的社会福利，常住人口也可以与户籍人口共享优越的基础设施和优质的基本公共服务。农业转移人口不能平等享有户籍人口的福利待遇对于他们来说是不公平的，可是农业转移人口一落户就同样享有原户籍人口的社会福利，对于后者来说也是不公平的。为解决这一"两难"问题，建议以居住证为载体，按照权利义务对等、梯度赋予权利的原则，不是一步到位，而是逐步赋予农业转移人口与原有户籍人口同等的权利。

完善积分落户政策。不少超大城市、特大城市为有效控制户籍人口规模，开始实行积分落户政策。尽管各地积分落户政策的具体内容各不相同，但"嫌贫爱富"的本性大同小异。由于超大城市、特大城市积分落户条件苛刻、名额有限，对于广大农业转移人口，特别是农民工来说，积分落户只能是个"美丽的童话"。为此，城市政府应该完善积分落户政策，积极调整积分标准中的投资偏好和教育偏好，适当向为城市经济社会发展贡献了大半辈子的老一代农民工倾斜。

深化户籍制度改革需要顶层设计。户籍制度改革是破除流动障碍的关键。只有彻底割裂户籍与社会福利之间的联系，才能真正实现包括农业转移人口在内的全国人口在城—城、城—乡、乡—乡、乡—城之间的自由迁移流动。推进户籍制度改革，让农民工及其家庭成员以市民身份进入城市的关键（核心）在于中央政府对改革进行顶层设计，创新性地安排改革成本的分担和改革收益的分享，形成激励相容（蔡昉，2018）。鉴于户籍制度改革的综合性、全局性、战略性、复杂性，比较可行的方式是成立"中央户籍改革领导小组"，通过专项领导小组的形式高位推动户籍制度改革（陈鹏，2018）。

2. 完善社会保障制度

加快实施统一规范的城乡社会保障制度。一是鼓励进城农民工参加职工基本养老保险、基本医疗保险，允许灵活就业的农民工参加城镇居民基本医疗保险。二是整合城乡居民基本养老保险、基本医疗保险制度，加快实施城乡统一医疗救助制度。三是提高社会保险制度的统筹层次。在完善职工基本养老保险省级统筹的基础上，加快推进基础养老金全国统筹。积极推进城镇职工基本医疗保险和失业保险、城乡居民基本养老保险和基本医疗保险等实现省级统筹。

完善城乡社会保险转移接续政策。一是按照《城乡养老保险制度衔接暂行办法》（人社部发〔2014〕17号）要求，落实城镇职工养老保险和城乡居民养老保险制度衔接，以及城镇职工基本养老保险关系转移接续政策。二是针对各省在城乡社会保障制度衔接并轨中出现的问题（管理模式、基金统筹、待遇给付等），进一步完善城乡养老保险制度衔接的方式办法。三是完善省内和跨省的基本医疗保险异地就医即时结算机制。建立全国异地就医周转金机制，从当前的省—省间的清结算模式转变为国家平台和省之间的清结算模式（赵斌、丁文雅，2018）。

3. 深化财政预算管理改革

实施中期财政规划管理。各地财政部门在编制地方中期财政规划时，应把有序推进农业转移人口市民化的连续性公共支出项目纳入中期财政预算框架，针对市民化进程中需要远期支付的养老保险，将社会统筹基金与个人账户基金实行分账管理，消除"混账""空账"，逐步做实个人账户。

建立跨年度预算平衡机制。农业转移人口市民化成本具有动态累积性，有些并非一次性支付，在达到稳定状态前必然导致地方财政压力逐年递增。为此，地方政府应根据经济形势发展变化、地方一般公共预算情况和农业转移人口市民化目标任务，建立跨年度预算平衡机制。

二 构建立体式社会支持体系：实现农业转移人口"离得开"

1. 促进农村产权交易

推进农村经营性资产股份合作制改革。查清集体财产，确定农村集体成员，出台规范性指导意见，以便推动农村集体资产的股权量化工作，将集体资产量化成集体经济组织成员的股份，让集体经济组织成为农业转移人口市民化的组织依托。抓好新型农村合作金融试点，做好农村承包土地经营权抵押贷款试点工作。

探索农村产权交易市场化。一是建立和完善农村产权交易平台，鼓励农民通过市场化手段，将其拥有的各类资源转化为资产，自由转让土地、宅基地、农房和集体资产股权等。二是建立和完善农村产权流转载体。推进农产品加工原料生产基地化，产加销一体化经营。在积极发展农村合作经济组织、农民专业合作社的基础上，引导农民开展多种形式的股份合作经营。三是丰富农村产权交易形式，既要搞好交易所式的市场建设，也要有效利用电子交易网络平台。

探索农村宅基地资本化模式。在对农村宅基地使用权确权登记发证的基础上，鼓励农业转移人口采取出让、作价出资或入股、抵押和置换等方式，进行宅基地资本化运作，为农业转移人口转移固定资产提供制度支撑，提高他们进城定居的经济能力，以及其市民化成本支付能力。

2. 创新新型职业农民培育路径

培育对象遴选方面。遴选培育对象时，把具有从事农业生产意愿、具备一定科学文化知识、希望提升农业生产技能，并且正在从事农业生产经营的专业大户、家庭农场经营者、农民合作社带头人、农业企业骨干、返乡涉农创业者、农业雇工，以及从事农业产前、产中、产后经营性服务的骨干人员作为重点培育对象，把未来从业者作为候选培育对象。

培育体系构建方面。一是构建以公益性教育培训机构为主体、多种资源和市场主体有序参与的"一主多元"新型职业农民教育培训体系。二是注重发挥市场机制作用，引导社会力量参与新型职业农民培育。

培育模式选取方面。一是因地制宜选取培训模式。根据生产型、服务型与经营型三种新型职业农民的从业特点及能力素质要求，按需求导向制定分产业、分区域、分类型的职业农民培训方式，实施课堂培训、进村办班、现场教学等灵活多样的培训方式，因地制宜选取"农民田间学校模式""双培养模式""联合培育模式""政府主导企业扶持模式""一主多元培育模式"（苑梅，2016）。二是探索"互联网＋"培育模式。积极建设新型职业农民远程教育平台、信息化服务云平台，让农民随时随地通过电视机、智能手机、电脑、ipad 等终端完成在线学习、技术咨询等事项，早日进入信息高速公路。

培育效果考核方面。一是考核对象多元。考核政府部门的同时，也要考核培训机构、新型职业农民本人。二是以培训质量为核心，将培训数量、培训层级等客观指标与培训对象满意度等主观指标相结合，构建综合性考核指标体系。考核手段尽量科学、客观、合理。

扶持政策制定方面。一是通过建立农技人员定点定员联系制度等方式构建跟踪服务长效机制。二是完善定向扶持政策体系、农村土地规模化经营，为农业转移人口市民化奠定坚实基础。

3. 健全农村留守人员关爱服务体系

健全农村留守儿童关爱服务体系。一是强化家庭，特别是父母对子女监护的主体责任，加强对家庭监护和委托监护的督促指导。二是落实县、乡（镇）基层政府和村（居）民委员会属地责任，强化民政等相关部门的监督指导责任。三是充分发挥学校在留守儿童教育主渠道、主阵地、主课堂的主导作用。四是充分发挥群团组织、社会组织、专业社会工作者、志愿者等的积极作用。五是鼓励社会力量积极参与。通过政府购买服务、税费减免等措施鼓励社会组织、爱心企业开展农村留守儿童托管服务工作。

健全农村留守老人关爱服务体系。一是强化家庭和子女在赡养留守老年人中的主体责任和法定义务。二是发挥农村基层政府对留守老人关爱服务的重要作用，建立农村留守老人信息台账和定期探访制度。三是充分发挥老年人组织、村民互助服务组织、社会工作组织等社会组织，以及农村互助幸福院等养老服务设施在农村留守老人关爱服务中的作用。四是通过税费减免、提供补贴等优惠政策鼓励更多民间资本进入农村养老服务业，为农村空巢老人提供入住或上门服务（邓燕玲，2015）。

健全农村留守妇女关爱服务体系。一是做好农村留守妇女关爱服务的基础管理工作。各级妇联组织在摸清留守妇女底数的基础上，建立动态信息管理档案。二是开展生产帮扶服务。引导村妇代会主任、妇女骨干发挥作用，组织留守妇女积极参加农业合作社组织、社区互助组织。三是积极组织开展适宜农村留守妇女的文化体育活动，丰富农村留守妇女精神文化生活；通过购买服务等方式，引导心理咨询专业机构为农村留守妇女开展健康辅导、心理咨询活动，疏解留守妇女心理压力、心理问题。四是为留守妇女编织一张"安全网"。通过加强农村社会治安管理，提供法律咨询、法律援助等措施，保障农村留守妇女的合法权益。

三　推进就业创业载体建设：实现农业转移人口"有得干"

1. 促进中小企业健康发展

优化中小企业发展环境。中小企业已经成为稳定经济的重要基础和扩大就业的重要力量。中小企业贡献了80%以上的城镇劳动就业（连俊，2018）。为促进中小企业健康发展，需要优化企业发展环境。一是从允许就近登记、扩大市场主体免登记范围、支持"个转企"和企业转型升级等方面释放双创活力，营造更加宽松、便捷的准入环境。二是扩大企业经营自主权，完善公平竞争的社会环境，为民营企业发展营造良好的法治环境。三是激发企业家精神，依法保护企业家财产权和创新收益，从而使企业家放心投资、大胆创新。

拓宽融资渠道。融资难、融资贵是长期制约中小企业发展的"老大难"问题。为破解中小企业融资难，提升中小企业融资水平，工商部门应积极开展"三押一推"、股权挂牌、"新三板挂牌"等工作，建立助企融资帮扶机制，开展动产抵押、股权及商标权质押融资银企对接活动，搭建银企对接服务平台，扩大企业利用动产、股权、商标权融资规模。

进一步加大对中小企业纾困帮扶力度。为帮助中小企业纾困解难，党中央、国务院密集出台了一系列政策举措。2021 年 11 月，国务院办公厅印发了《关于进一步加大对中小企业纾困帮扶力度的通知》（国办发〔2021〕45 号）。2022 年 5 月，国务院促进中小企业发展工作领导小组办公室印发了《加力帮扶中小微企业纾困解难若干措施》，在原有纾困举措进一步延续执行的同时，从多个维度提出了一些实招和硬招。有关部门、各地区应强化责任担当，勇于开拓创新，帮助中小企业应对困难，推动中小企业向"专精特新"方向发展。

2. 创造更多就业岗位

改造提升传统产业。加快推进传统产业改造升级，既是供给侧结构性改革的主要任务，也是实现新旧动能转换的重要途径。一是深入实施《中国制造 2025》，加快大数据、云计算、物联网应用，加大技术改造力度，以新技术、新业态、新模式推动传统产业生产、管理和营销模式变革。二是以融合发展为导向，推动传统产业转型。由于传统产业在国民经济中仍然扮演着重要角色，传统制造业仍是许多地区的主导产业。因此，我们不能照搬发达国家（地区）用高端产业取代传统产业的做法，而只能通过新旧产业的交互作用、融合发展，逐步创造出全新的产业体系，从而完成传统产业结构的转型升级（洪功翔，2015）。三是凸显地方特色、抓住关键环节。《省人民政府关于加快推进传统产业改造升级的若干意见》（鄂政发〔2016〕82 号）指出，推进传统产业改造升级的重点任务是，设备更新改造重点支持企业"机器换人"，智能化改造积极推进"互联网＋制造业"行动计划，产品升级改造重在实施"工业千项精品工程"，节能减排改造重点支持企业实施绿色技术改造，园区升级改造重在共性技术开发。

积极培育新产业、新业态。一是依托各地现有基础和潜在优势，优先培育和大力发展新一代信息技术、高端装备制造、新材料、新能源等战略性新兴产业，突破传统产业发展瓶颈，拓宽产业发展新空间，创造就业新领域。二是大力发展现代金融、现代物流、电子信息、文化创意等现代服务业，积极培育引领消费潮流的新兴服务业。

以创业带动就业。一是拓宽创业平台。以各地经济开发区、工业园区和电子商务园区为重点打造创业载体，合理布局打造一批"众创空间"，拓宽创业平台。二是提高创业资金支持力度。进一步降低贷款申请门槛，有效解决创业前期资质低、融资难问题；及时拨付财政贴息资金，进一步减轻创业者资金压力。三是支持创业载体建设。《国务院关于做好当前和今后一个时期促进就业工作的若干意见》（国发〔2018〕39号）指出，鼓励各地根据入驻实体数量、孵化效果和带动就业成效情况对创业孵化基地给予一定奖补。支持稳定就业压力较大地区为失业人员自主创业免费提供经营场所。

四　完善就业服务体系：实现农业转移人口"干得上"

1. 完善农村人口职业技能培训体系

鼓励农村人口参加职业技能培训。一是对农村未能升入高一级学校的初高中毕业生开展劳动预备制培训，进行初级职业技能教育。二是通过发放职业技能培训券或减免培训费等方式，鼓励农村人口参加初级、中级职业技能培训，对具备中级以上职业技能的开展高级技能培训。三是通过发放职业技能鉴定补贴，鼓励农村人口获取相关职业资格和专项职业技能（杨风，2016a）。

鼓励社会力量参与农村人口职业技能培训。一是通过财政拨款或购买服务等方式，鼓励高校、职业院校和培训机构开门办学，并切实提高培训质量。二是结合现有培训资源，根据城镇大中型企业用工需求，建立校企合作关系，通过订单、定向等方式开展就业技能、转岗培训。三是通过税费减免、财政补贴、物质奖励等措施，鼓励企业开展在岗农民工技能培训；鼓励企业与培训学校、培训机构共建职业技能培训中心或实训基地。

2. 完善农民工就业服务体系

健全农民工就业服务体系。一是推进公共就业信息服务平台建设，完善全国就业信息监测制度，建立部门和省级就业信息资源库，实现就业管理和就业服务工作全程信息化。二是建立"县一乡一村"三级就业服务体系，形成"上下贯通、城乡一体"的劳务输送网络。三是建设农民工综合服务中心，为农民工提供集职业指导、职业介绍、职业培训、政策咨询、社会保障、住房保障、子女教育、劳动维权、法律援助、卫生计生服务、文化娱乐、党群管理等各项公共服务（杨风，2016a）。

落实农民工就业扶持专项资金。按照《国务院关于实施支持农业转移人口市民化若干财政政策的通知》（国发〔2016〕44号）精神，中央和省级财政部门在安排就业专项资金时应该充分考虑农业转移人口的就业问题。对于县级财政部门，通过统筹上级转移支付和自有财力资金等方式，支持进城落户农业转移人口中的失业人员进行失业登记，并与城镇户籍人口一样享受职业指导、介绍、培训及技能鉴定等公共就业服务和扶持政策。

五 健全住房供应体系：实现农业转移人口"住得下"

1. 积极发展公租房

政府主体、社会参与。一是强调政府的主体责任。为妥善解决农业转移人口居住问题，需要坚持市场配置资源和政府保障相结合的原则，一方面鼓励农业转移人口通过市场购买或租赁住房，另一方面明确政府对民众住房需求提供兜底保障。地方政府不仅是公租房建设的责任主体，也是管理的责任主体。二是发挥市场在配置房屋资源方面的优势，鼓励自然人和各类投资机构购买库存商品房，成为租赁市场的房源提供者，鼓励发展以住房租赁为主营业务的专业化企业。

增加比例、降低门槛。一是不仅将每年竣工的公租房按一定比例提供给进城农民工，还应根据外来务工人员规模适当增加比例。二是降低申请门槛。目前不少城市公租房的申请条件较为"苛刻"，如规定单身外来务工人员年满35周岁，稳定就业3年以上且连续缴纳3年以上养老保险等，结果导致农民工申请积极性不高，今后应逐步降低申请门槛。

深化改革、积极探索。一是试行公租房货币补贴方式，建立实物保障与货币补贴并举的保障模式。二是逐步放宽农民工购买产权型保障性住房限制，试水农民工公租房"租改售"，实行公租房产权共有制度。三是探索政府和社会资本合作模式（PPP模式），构建新型公租房投资建设和运营管理新机制。四是探索农民工住房公积金制度。所有与用人单位签订劳动合同或具有事实劳动关系的进城农民工，都能享有与城镇职工相同的住房公积金缴存、提取、贷款等权益（杨风，2016b）。

2. 农民工住房供给的有效补充

集中建设农民工宿舍。根据《国务院关于进一步做好为农民工服务工作的意见》（国发〔2014〕40号）精神，农民工集中的开发区、产业园区可以按照集约用地的原则，集中建设宿舍型或单元型小户型公共租赁住房，向用人单位或农民工出租。另外，农民工数量较多的企业可以在符合规划和规定标准的用地规模范围内，利用企业办公及生活服务设施用地建设农民工集体宿舍。集中建设农民工宿舍不仅可以解决农民工的居住问题，而且能够改善农民工的居住环境、居住质量。

发展共有产权住房。2021年7月，《国务院办公厅关于加快发展保障性租赁住房的意见》（国办发〔2021〕22号）提出，"加快完善以公租房、保障性租赁住房和共有产权住房为主体的住房保障体系"。相较于公租房、保障性租赁住房，共有产权住房的发展相对滞后。为加快发展共有产权住房，需要及时总结试点城市在共有产权住房建设模式、产权划分、使用管理、产权转让等方面取得的经验以及面临的问题，进一步完善共有产权住房政策，待时机成熟时在全国范围全面推广。

3. 推动住房公积金制度改革

将农民工纳入住房公积金覆盖范围。推动住房公积金制度向非公有制单位职工、非全日制从业人员、个体工商户、自由职业者等农业转移人口覆盖。由原来的鼓励企业为农民工缴纳住房公积金逐步过渡到应缴、尽缴。对不为职工设立公积金账户，少缴、欠缴、不缴住房公积金的单位实行"黑名单"制度，给予必要的惩治。

改进住房公积金缴纳标准与方式。一是按照低门槛、广覆盖的原则，适当降低农民工住房公积金缴存比例。二是变通住房公积金缴存时间，可以选择按月、按年、按次缴存。三是允许农民工失业、返乡务农期间保留住房公积金账户，待再就业或返城时可以重新办理续缴手续。

六 营造良好融入环境：实现农业转移人口"融得进"

1. 促进农业转移人口融入城市社会

健全农民工政治参与制度。为推动农民工政治参与，必须健全农民工政治参与制度，主要措施包括：完善人民代表大会制度，适当增加各级人大代表中农民工代表的比例；完善政治协商制度，提高政协委员对农民工群体的关注；健全农民工社区政治参与的保障制度；构建行政协商制度，使得政府与农民工达成良性的协商合作关系（高洪贵，2015）。

保障农民工参与企业民主管理。根据《企业民主管理规定》，企业应当按照合法、有序、公开、公正的原则，建立以职工代表大会为基本形式的民主管理制度，实行厂务公开，推行民主管理。农民工作为企业职工，一方面应当尊重和支持企业依法行使管理职权，另一方面通过参加职工代表大会、为企业提供合理化建议等形式参与企业民主管理。

提升农业转移人口社会资本。一是以社区为载体增进认同感和归属感，提升次级型社会资本。二是以社会组织为平台实现与政府、社会组织的互动关系，打造组织型社会资本。三是以政府为依托变革制度与政策，构建制度型社会资本。四是以教育和培训为手段提高综合素质，增强发展型社会资本（李贵成，2016）。

2. 促进进城农民工子女融入学校

保障随迁子女平等享有受教育权利。一是将农民工随迁子女义务教育纳入流入地政府教育发展规划和财政保障范围，足额拨付教育经费。二是实行"一条龙"服务，保障农民工随迁子女各个阶段的受教育权利。主要措施包括：制定以"流入地政府为主、普惠性幼儿园为主"的政策解决农民工随迁子女学前教育问题；坚持"两为主"和"一视同仁"政策解决农民工随迁子女义务教育问题；探索完善农民工随迁子女在流入地参加大学高考的实施办法（王宾，2014）。

积极开展融合教育。以武汉为例，为让农民工随迁子女顺利融入班级，快乐融入校园，积极融入武汉，自2002年起，武汉市尝试进城农民工子女入学"融合教育"，并且取得了明显成效（谢世腰，2009）。融合教育的主要目标是，通过多元化的教育内容、互动性的教育实践、重整合的教育机制构建综合性的教育实施路径，从而提高农民工子女的社会融合度（黄兆信等，2010）。

3. 促进农民工家庭融入社区

探索"大混居、小聚居"的和谐居住模式。一是通过一定的空间分割，在"大社区"区域形成"廉租房—经济适用房—限价房—普通商品房—中高端商品房"阶梯式的混合居住模式，通过修建公园、图书馆、艺术馆、体育馆等公共设施，作为不同社区之间的连接"媒介"。二是鼓励农业转移人口与社区市民生活在一起，即"互嵌"，以避免不同类型社区居民之间由于相互隔离、缺少交往和了解，从而形成亚文化的自我循环和代际传承，不利于各群体和谐相处与共同发展（陈藻、杨风，2014）。

开展丰富多彩的社区活动。为促进农业转移人口更快更好融入社区，社区可以采取以下措施：一是开设"新市民学校"，通过教育培训，加快农业转移人口对城市生活理念和生活方式的适应和融入；二是采取居民喜闻乐见的形式，促进农业转移人口与当地居民相互认识，营造双方相互理解、尊重、包容的生活氛围；三是通过购买服务等方式，为农民工提供公共服务。

参考文献

奥尔森，曼瑟，2018，《权力与繁荣》，苏长和、嵇飞译，上海：上海人民出版社。

白国强，2013，《城市化的选择：城乡空间均衡及其实现》，广州：广东人民出版社。

柏拉图，1986，《理想国》，郭斌和、张竹明译，北京：商务印书馆。

边燕杰，2004，《城市居民社会资本的来源及作用：网络观点与调查发现》，《中国社会科学》第 3 期。

蔡昉，1997，《劳动力流动、择业与自组织过程中的经济理性》，《中国社会科学》第 4 期。

蔡昉，2018，《中国特色城市化道路及其新内涵》，《光明日报》8 月 14 日，第 11 版。

蔡昉、王迪，2016，《没有农民的城镇化，就没有农业的现代化》，《中国城市报》1 月 11 日，第 2 版。

蔡海龙，2017，《农民工市民化：意愿、诉求及建议——基于 11 省 2859 名农民工的调查分析》，《兰州学刊》第 2 期。

蔡禾、王进，2007，《"农民工"永久迁移意愿研究》，《社会学研究》第 6 期。

蔡瑞林、陈万明、朱广华，2015，《农业转移人口市民化公共成本：成本分担还是利益反哺?》，《农村经济》第 1 期。

蔡卫红，2013，《福建省土地城镇化快于人口城镇化的现状及成因分析》，《福建论坛》（人文社会科学版）第 7 期。

曹兵、郭玉辉，2012，《论农民工市民化的社会成本构成》，《经济论坛》第 8 期。

陈成文、孙嘉悦，2012，《社会融入：一个概念的社会学意义》，《湖南师范大学社会科学学报》第 6 期。

陈春、冯长春，2011，《农民工住房状况与留城意愿研究》，《经济体制改革》第 1 期。

陈定湾，2015，《社会分层视角下卫生公平性研究——基于浙江省的实证调查》，杭州：浙江大学出版社。

陈广桂，2004，《房价、农民市民化成本和我国的城市化》，《中国农村经济》第 3 期。

陈俊峰、杨轩，2012，《农民工融入城镇能力测评指标体系研究》，《城市问题》第 8 期。

陈明星、叶超、周义，2011，《城市化速度曲线及其政策启示——对诺瑟姆曲线的讨论与发展》，《地理研究》第 8 期。

陈鹏，2018，《新一轮户籍制度改革：进展、问题及对策》，《行政管理改革》第 10 期。

陈云，2014，《户籍改革的制度变迁与利益博弈——"农转非"的四种地方模式评析及反思》，《人民论坛·学术前沿》第 4 期。

陈藻、杨风，2014，《乡 - 城迁移人口城市聚居形态与"半城市化"问题——以成都市为例》，《农村经济》第 12 期。

陈占锋，2013，《我国城镇化进程中失地农民生活满意度研究》，《国家行政学院学报》第 1 期。

陈峥嵘，2013，《新型城镇化内涵：以人为本促成农民工市民化》，《上海证券报》8 月 27 日，第 F12 版。

谌新民、周文良，2013，《农业转移人口市民化成本分担机制及政策涵义》，《华南师范大学学报》（社会科学版）第 5 期。

程名望、乔茜、潘烜，2017，《农民工市民化指标体系及市民化程度测度——以上海市农民工为例》，《农业现代化研究》第 3 期。

达斯古普特，帕萨、伊斯梅尔·撒拉格尔丁，2005，《社会资本：一个多角度的观点》，张慧东等译，北京：中国人民大学出版社。

邓燕玲，2015，《健全农村留守老人关爱服务体系》，《中国老年报》3 月 17 日，第 1 版。

段成荣，2011，《北京市人口规模调控：历史和现实的可能性》，《人口与经济》第 3 期。

凡勃伦，1964，《有闲阶级论——关于制度的经济研究》，蔡受百译，北京：商务印书馆。

樊纲、马蔚华主编，2013，《农业转移人口市民化与中国产业升级》，北京：中国经济出版社。

范维，2014，《人力资本对农民工市民化能力提升的影响分析》，《农村经济与科技》第 4 期。

方竹兰，1998，《知识经济与人力资本产权——中关村企业产权制度创新的理性思考》，《经济学动态》第 12 期。

方竹兰，2001，《人力资本理论在中国的进一步发展》，《中国人民大学学报》第 6 期。

风笑天，2008，《社会学导论》（第二版），武汉：华中科技大学出版社。

冯海沧，1999，《论人力资本产权》，《中州学刊》第 3 期。

冯俏彬，2013，《构建农民工市民化成本的合理分担机制》，《中国财政》第 13 期。

冯晓英，2005，《北京人口规模调控管见》，《前线》第 11 期。

傅晨、陈漆日，2017，《农业转移人口市民化背景下农村土地制度创新
　　思考：一个退出权操作方案》，《广东社会科学》第2期。

傅晨、任辉，2014，《农业转移人口市民化背景下农村土地制度创新的
　　机理：一个分析框架》，《经济学家》第3期。

高洪贵，2015，《中国农民工政治参与研究》，北京：中国社会科学出
　　版社。

高拓、王玲杰，2013，《构建农民工市民化成本分担机制的思考》，《中
　　州学刊》第5期。

高文青、杨和焰，2018，《广东省不同地市积分入户政策差异比较——
　　以广州、深圳、中山、珠海四市为例》，《福建行政学院学报》第
　　2期。

葛莹玉、李春平，2016，《基于潜变量的新生代农民工人力资本测度研
　　究》，《统计与信息论坛》第10期。

龚紫钰，2017，《就业质量、社会公平感与农民工的市民化意愿》，《福
　　建论坛》（人文社会科学版）第11期。

顾东东、杜海峰、刘茜、李姚军，2016，《新型城镇化背景下农民工社
　　会分层与流动现状》，《西北农林科技大学学报》（社会科学版）第
　　4期。

顾钰民，2005，《马克思主义制度经济学：理论体系·比较研究·应用
　　分析》，上海：复旦大学出版社。

桂勇、张广利，2003，《求职网络的性别差异：以失业群体为例——兼
　　论社会资本的中西差异》，《南京社会科学》第7期。

郭晋晖，2013，《农民工市民化政府要舍得给农民花钱》，《第一财经日
　　报》5月10日，第A8版。

郭强，2001，《大学社会学教程》，北京：中国审计出版社。

郭熙保，2014，《市民化过程中土地退出问题与制度改革的新思路》，

《经济理论与经济管理》第 10 期。

郭秀云，2016，《户籍制度分立式改革路径：利益剥离与利益扩展》，《改革》第 9 期。

国务院发展研究中心课题组，2010，《农民工市民化对扩大内需和经济增长的影响》，《经济研究》第 6 期。

国务院发展研究中心课题组，2011，《农民工市民化进程的总体态势与战略取向》，《改革》第 5 期。

国务院发展研究中心课题组，2014，《中国新型城镇化道路、模式和政策》，北京：中国发展出版社。

韩俊强、孟颖颖，2013，《农民工城市融合：概念厘定与理论阐释》，《江西社会科学》第 8 期。

何玲玲、蔡炉明，2016，《农民市民化的成本解构》，《重庆社会科学》第 3 期。

何一鸣、罗必良、高少慧，2014，《农业转移人口的市民化：基于制度供求视角的实证分析》，《经济评论》第 5 期。

何志扬、刘昌南、任远，2017，《新世纪以来中国城镇化的阶段转变及政策启示》，《天津大学学报》（社会科学版）第 2 期。

洪功翔，2015，《以五个导向推进传统产业改造提升》，《安徽日报》11 月 16 日，第 7 版。

胡军辉，2015，《相对剥夺感对农民工市民化意愿的影响》，《农业经济问题》第 11 期。

胡雯、陈昭玖、滕玉华，2016，《农民工市民化程度：基于制度供求视角的实证分析》，《农业技术经济》第 11 期。

胡拥军，2017，《构建农民工市民化的合理成本分担机制》，《学习时报》1 月 16 日，第 6 版。

胡拥军、高庆鹏，2015，《市民化成本分担机制的"暗战"》，《决策》

第 1 期。

黄匡时、嘎日达，2010，《"农民工城市融合度"评价指标体系研究——对欧盟社会融合指标和移民整合指数的借鉴》，《西部论坛》第 5 期。

黄锟，2011a，《城乡二元制度对农民工市民化影响的实证分析》，《中国人口·资源与环境》第 3 期。

黄锟，2011b，《中国农民工市民化制度分析》，北京：中国人民大学出版社。

黄乾，2000，《人力资本产权的概念、结构与特征》，《经济学家》第 5 期。

黄乾，2008，《农民工定居城市意愿的影响因素——基于五城市调查的实证分析》，《山西财经大学学报》第 4 期。

黄少安，1999，《制度变迁主体角色转换假说及其对中国制度变革的解释——兼评杨瑞龙的"中间扩散型假说"和"三阶段论"》，《经济研究》第 1 期。

黄鑫鼎，2009，《制度变迁理论的回顾与展望》，《科学决策》第 9 期。

黄兆信、潘旦、万荣根，2010，《农民工子女融合教育：概念、内涵及实施路径》，《社会科学战线》第 8 期。

黄祖辉、钱文荣、毛迎春，2004，《进城农民在城镇生活的稳定性及市民化意愿》，《中国人口科学》第 2 期。

霍华德，埃比尼泽，2010，《明日的田园城市》，金经元译，北京：商务印书馆。

纪韶、刘德建，2015，《农民工职业层次分化与就业身份选择——基于 2013 年北京市流动人口动态监测数据》，《调研世界》第 11 期。

蒋雅文，2003，《论制度变迁理论的变迁》，《经济评论》第 4 期。

蒋占峰、张应阳，2015，《农民土地意识对其市民化意愿的影响——基于河南省的实证研究》,《安徽师范大学学报》（人文社会科学版）第 6 期。

金三林,2013,《以省内就近转移为重点有序推进农业转移人口市民化》,《中国经济时报》11 月 14 日,第 5 版。

金祥荣,2000,《多种制度变迁方式并存和渐进转换的改革道路——"温州模式"及浙江改革经验》,《浙江大学学报》（人文社会科学版）第 4 期。

科尔曼,詹姆斯·S.,1999a,《社会理论的基础》（上册）,邓方译,北京:社会科学文献出版社。

科尔曼,詹姆斯·S.,1999b,《社会理论基础》（下册）,邓方译,北京:社会科学文献出版社。

科斯,R.、A. 阿尔钦、D. 诺斯等,1991,《财产权利与制度变迁——产权学派与新制度学派译文集》,上海:上海三联书店、上海人民出版社。

孔令峰、黄乾,2003,《人力资本产权理论研究述评》,《学术论坛》第 5 期。

匡远配、周凌,2017,《财政分权、农地流转与农民工市民化——以浙江省为例》,《财政研究》第 2 期。

拉坦,V. W.,1991,《诱致性制度变迁理论》,载科斯、阿尔钦、诺斯等《财产权利与制度变迁——产权学派与新制度学派译文集》,刘守英等译,上海:上海三联书店、上海人民出版社。

赖华东,2013,《循序渐进推动农业转移人口市民化——以浙江省为例》,《浙江经济》第 16 期。

赖作莲、王建康、罗丞、魏雯,2015,《农民工市民化程度的区域差异与影响因素——基于陕西 5 市的调查》,《农业现代化研究》第 5 期。

李贵成，2016，《新生代农民工市民化与社会资本重构》，《内蒙古社会科学》（汉文版）第 5 期。

李建民，1997，《对人力资本产权关系的思考》，《中国人才》第 1 期。

李竞能，2004，《现代西方人口理论》，上海：复旦大学出版社。

李克强，2012，《在改革开放进程中深入实施扩大内需战略》，《求是》第 4 期。

李练军，2015，《新生代农民工融入中小城镇的市民化能力研究——基于人力资本、社会资本与制度》，《农业经济问题》第 9 期。

李路路，1999，《论社会分层研究》，《社会学研究》第 1 期。

李培林，1996，《流动民工的社会网络和社会地位》，《社会学研究》第 4 期。

李培林，2010，《当代中国民生》，北京：社会科学文献出版社。

李培林、陈光金、张翼主编，2015，《2016 年中国社会形势分析与预测》，北京：社会科学文献出版社。

李培林、田丰，2011，《中国新生代农民工：社会态度和行为选择》，《社会》第 3 期。

李强，2002，《关注转型时期的农民工问题（之三）户籍分层与农民工的社会地位》，《中国党政干部论坛》第 8 期。

李强，2005，《"丁字型"社会结构与"结构紧张"》，《社会学研究》第 2 期。

李强，2008，《社会分层十讲》，北京：社会科学文献出版社。

李强，2012，《农民工与中国社会分层》（第 2 版），北京：社会科学文献出版社。

李强、邓建伟，2002，《我国社会分层理论的演进》，《学海》第 4 期。

李强、刘精明、郑路，2015，《城镇化与国内移民：理论与研究议题》，北京：社会科学文献出版社。

李荣彬，2016，《女性农民工的阶层差异与社会融合——基于 2014 年流动人口动态监测数据的实证研究》，《青年研究》第 5 期。

李瑞、刘超，2018，《城市规模与农民工市民化能力》，《经济问题探索》第 2 期。

李晓飞，2017，《城市"新二元结构"与户籍制度改革的双重路径转向》，《华中科技大学学报》（社会科学版）第 2 期。

李秀军，2017，《地方与中央政府目标不同会阻碍改革》，《中国经济报告》第 3 期。

李珍珍、陈琳，2010，《农民工留城意愿影响因素的实证分析》，《南方经济》第 5 期。

李中建，2013，《农村迁移劳动力的就业身份与收入差异——基于对北京市流动人口的调查》，《经济经纬》第 5 期。

李仲生，2013，《欧美人口经济学说史》，北京：世界图书出版公司。

厉以宁，2012，《论"中等收入陷阱"》，《经济学动态》第 12 期。

连俊，2018，《大力支持中小企业健康发展》，《经济日报》8 月 22 日，第 3 版。

梁海峰，2014，《政府解决新型城镇化中"新市民"阶层思想融入问题的对策研究》，《经济研究参考》第 51 期。

梁倩、林远、姜刚，2014，《闲置问题凸显 多省探索农村宅基地退出模式》，《农村·农业·农民》（A 版）第 8 期。

梁伟军、朱唐瑶，2018，《城镇化视角下的农民工与城镇就业人员同工同酬问题研究》，《理论观察》第 2 期。

列宁，1984，《列宁全集》（第 2 卷），北京：人民出版社。

林南，2005，《社会资本：关于社会结构与行动的理论》，张磊译，上海：上海人民出版社。

林毅夫，1991，《关于制度变迁的经济学理论：诱致性变迁与强制性变迁》，载科斯、阿尔钦、诺斯等《财产权利与制度变迁——产权学派与新制度学派译文集》，刘守英等译，上海：上海三联书店、上海人民出版社。

林竹，2016，《农民工市民化能力生成机理分析》，《南京工程学院学报》（社会科学版）第 1 期。

刘波，2018，《国外特大城市人口调控的"减肥瘦身法"及启示》，《城市观察》第 3 期。

刘传江，2010，《新生代农民工的特点、挑战与市民化》，《人口研究》第 2 期。

刘传江，2013，《迁徙条件、生存状态与农民工市民化的现实进路》，《改革》第 4 期。

刘传江、程建林，2008，《第二代农民工市民化：现状分析与进程测度》，《人口研究》第 5 期。

刘传江、程建林，2009，《双重"户籍墙"对农民工市民化的影响》，《经济学家》第 10 期。

刘传江、周玲，2004，《社会资本与农民工的城市融合》，《人口研究》第 5 期。

刘大可，2001，《论人力资本的产权特征与企业所有权安排》，《财经科学》第 3 期。

刘洪银，2013，《新生代农民工内生性市民化与公共成本估算》，《云南财经大学学报》第 4 期。

刘华，2008，《剥离户籍附着利益"市民待遇"全覆盖》，《21 世纪经济报道》3 月 31 日，第 8 版。

刘俊杰、张龙耀、王梦珺、许玉韫，2015，《农村土地产权制度改革对农民收入的影响——来自山东枣庄的初步证据》，《农业经济问题》第 6 期。

刘荣，2016，《试论农民工市民化的能力体现》，《生产力研究》第4期。

刘铮，1986，《人口学辞典》，北京：人民出版社。

刘祖云，1999，《社会转型与社会分层——20世纪末中国社会的阶层分化》，《华中师范大学学报》（人文社会科学版）第4期。

刘祖云，2002，《社会分层的若干理论问题新探》，《江汉论坛》第9期。

刘祖云、戴洁，2003，《再论社会分层的功能》，《学术论坛》第2期。

刘祖云、戴洁，2006，《农民工：转型中的中国社会的特殊阶层》，《江汉论坛》第1期。

陆学艺，1997，《社会结构的变迁》，北京：中国社会科学出版社。

陆学艺，2002，《当代中国社会阶层研究报告》，北京：社会科学文献出版社。

吕荣侃、程舜、苟延农，1988，《人口学概说》，济南：山东人民出版社。

马克思，1972，《〈政治经济学批判〉序言》，载中共中央马克思恩格斯列宁斯大林著作编译局编《马克思恩格斯选集》（第三卷），北京：人民出版社。

马克思、恩格斯，1961，《马克思恩格斯全集》（第八卷），北京：人民出版社。

马歇尔，1964，《经济学原理》（上卷），朱志泰译，北京：商务印书馆。

马志刚，2013，《"土地城镇化"要不得》，《经济日报》12月5日，第2版。

梅建明，2006，《进城农民的"农民市民化"意愿考察——对武汉市782名进城务工农民的调查分析》，《华中师范大学学报》（人文社会科学版）第 6 期。

梅建明、袁玉洁，2016，《农民工市民化意愿及其影响因素的实证分析——基于全国 31 个省、直辖市和自治区的 3375 份农民工调研数据》，《江西财经大学学报》第 1 期。

孟德拉斯，1991，《农民的终结》，李培林译，北京：中国社会科学出版社。

密素敏，2015，《21 世纪以来德国的技术移民政策与中国移民》，《华侨华人历史研究》第 1 期。

莫尔，托马斯，1959，《乌托邦》，戴镏龄译，北京：商务印书馆。

莫筱筱、明亮，2017，《社会组织对新生代农民工城市化的影响研究》，《青年探索》第 2 期。

穆光宗、江砥，2017，《流动人口的社会融合：含义、测量和路径》，《江淮论坛》第 4 期。

穆勒，约翰，1991，《政治经济学原理及其在社会哲学上的若干应用》（上），赵荣潜等译，北京：商务印书馆。

聂飞，2018，《农民工市民化中的企业责任研究》，《理论月刊》第 7 期。

牛凤瑞，2016，《农业转移人口市民化：我国城市化的重点和难点》，《上海城市管理》第 3 期。

欧阳慧、邓兰燕，2020，《特大城市推进农民工落户的经验与启示——基于重庆市的调研》，《宏观经济管理》第 1 期。

潘家华、魏后凯，2013，《中国城市发展报告 No.6：农业转移人口的市民化》，北京：社会科学文献出版社。

潘泽泉，2016，《多重逻辑下的农业转移人口市民化过程：问题视域与理论争辩焦点》，《社会科学》第 11 期。

潘泽泉，2017，《中国农业转移人口市民化：理论争辩、经验比较与跨学科范式建构》，《中国农业大学学报》（社会科学版）第 1 期。

钱彤，2014，《习近平出席亚太经合组织领导人同工商咨询理事会代表对话会》，《人民日报》11 月 11 日，第 1 版。

秦晖，1999，《耕耘者言：一个农民学研究者的心路》，济南：山东教育出版社。

秦立建、童莹、王震，2017，《农地收益、社会保障与农民工市民化意愿》，《农村经济》第 1 期。

青木昌彦，2001，《比较制度分析》，周黎安译，上海：上海远东出版社。

仇立平，2006，《回到马克思：对中国社会分层研究的反思》，《社会》第 4 期。

邱鹏旭，2014，《推进农业转移人口市民化的路径思考》，《成都行政学院学报》第 5 期。

屈小博、程杰，2013，《地区差异、城镇化推进与户籍改革成本的关联度》，《改革》第 3 期。

任远，2016，《当前中国户籍制度改革的目标、原则与路径》，《南京社会科学》第 2 期。

荣娥、冯旭，2007，《西方社会分层研究述评》，《社会工作》（学术版）第 1 期。

森，阿马蒂亚，2001，《贫困与饥荒——论权利与剥夺》，王宇、王文玉译，北京：商务印书馆。

沙占华、赵颖霞，2013，《自我发展能力：农民工市民化的内在驱动力》，《农村经济》第 8 期。

申兵，2012，《"十二五"时期农民工市民化成本测算及其分担机制构建——以跨省农民工集中流入地区宁波市为案例》，《城市发展研究》第 1 期。

盛乐，2001，《论人力资本产权博弈的双因素对经营者行为差异的解释》，《经济科学》第 3 期。

石智雷、彭慧，2015，《工作时间、业余生活与农民工的市民化意愿》，《中南财经政法大学学报》第 4 期。

世界银行《1997 年世界发展报告》编写组，1997，《1997 年世界发展报告：变革世界中的政府》，北京：中国财政经济出版社。

斯密，亚当，1949，《国富论》（上卷），郭大力、王亚南合译，上海：中华书局。

宋国恺，2012，《分群体分阶段逐步改革农民工体制问题——基于农民工分化与社会融合的思考》，《北京工业大学学报》（社会科学版）第 2 期。

宋洁，2017，《陕西四成农民工有进城落户意愿》，《西安晚报》2 月 15 日，第 7 版。

宋艳菊、谢剑锋，2019，《新型城镇化进程中农民工市民化能力提升研究》，北京：经济科学出版社。

汤兆云，2016，《农民工社会融合的代际比较——基于 2013 年流动人口动态监测调查数据的分析》，《社会科学家》第 9 期。

陶达嫔、陆彬彬，2011，《市社科院发布市民化成本分析报告 农民工变市民每人最少百万元》，《南方日报》10 月 12 日，第 GC6 版。

田凯，1995，《关于农民工的城市适应性的调查分析与思考》，《社会科学研究》第 5 期。

田新朝，2017，《留守老人养老服务问题分析与对策建议》，《中国社会报》4 月 17 日，第 3 版。

王傲蕾，2009，《社会资本：农民工市民化的重要影响因素》，《许昌学院学报》第 3 期。

王宾，2014，《有序推进农业转移人口市民化》，《农民日报》11 月 5

日，第 3 版。

王春超、何意鎏，2014，《社会资本与农民工群体的收入分化》，《经济社会体制比较》第 4 期。

王春光，2001，《新生代农村流动人口的社会认同与城乡融合的关系》，《社会学研究》第 3 期。

王春光，2005，《农民工：一个正在崛起的新工人阶层》，《学习与探索》第 1 期。

王春光，2010，《对新生代农民工城市融合问题的认识》，《人口研究》第 2 期。

王春光，2016，《财政政策如何助力农业转移人口市民化》，《人民论坛》第 28 期。

王春蕊，2015，《论农业转移人口市民化进程中居住证管理制度的完善》，《中州学刊》第 6 期。

王佃利、刘保军、楼苏萍，2011，《新生代农民工的城市融入：框架建构与调研分析》，《中国行政管理》第 2 期。

王刚、周慧颖、蒋月亮，2015，《人力资本影响农民工非农职业选择的代际差异》，《农业经济与管理》第 4 期。

王桂新，2011，《关于我国大城市人口规模增长与控制问题的思考——兼谈北京市的人口规模控制》，《人口与经济》第 3 期。

王桂新、陈冠春、魏星，2010，《城市农民工市民化意愿影响因素考察——以上海市为例》，《人口与发展》第 2 期。

王桂新、胡健，2015，《城市农民工社会保障与市民化意愿》，《人口学刊》第 6 期。

王桂新、沈建法、刘建波，2008，《中国城市农民工市民化研究——以上海为例》，《人口与发展》第 1 期。

王建，2017，《正规教育与技能培训：何种人力资本更有利于农民工正规就业》,《中国农村观察》第 1 期。

王谦,2014,《对有序推进农业转移人口市民化的几点思考》,《中国劳动保障报》1 月 24 日,第 5 版。

王炜、刘志强,2011,《农民工"市民化",成本有多高》,《人民日报》3 月 31 日,第 17 版。

王晓峰、温馨,2017,《劳动权益对农民工市民化意愿的影响——基于全国流动人口动态监测 8 城市融合数据的分析》,《人口学刊》第 1 期。

王晓红,2016,《农业转移人口市民化成本及其分担机制研究》,博士学位论文,东北农业大学。

王志章、韩佳丽,2015,《农业转移人口市民化的公共服务成本测算及分摊机制研究》,《中国软科学》第 10 期。

王竹林、范维,2015,《人力资本视角下农民工市民化能力形成机理及提升路径》,《西北农林科技大学学报》(社会科学版)第 2 期。

王竹林、王征兵,2008,《农民工市民化的制度阐释》,《商业研究》第 2 期。

韦曙林、许经勇,2005,《透过"民工荒"现象看其问题的本质》,《学术研究》第 1 期。

魏后凯,2013,《构建多元化的农民市民化成本分担机制》,《中国社会科学报》3 月 1 日,第 A7 版。

魏后凯、苏红键,2013,《中国农业转移人口市民化进程研究》,《中国人口科学》第 5 期。

魏霁,2015,《人力资本还是职业流动?——农民工工资增长机制的一个实证研究》,《社会发展研究》第 3 期。

魏下海、黄乾,2011,《农民工就业服务的需求与供给——基于五城市调查的实证分析》,《产经评论》第 2 期。

魏义方、顾严，2017，《农业转移人口市民化：为何地方政府不积极——基于农民落户城镇的成本收益分析》，《宏观经济研究》第8期。

文军、沈东，2016，《"市民化连续体"：农业转移人口类型比较研究》，《社会科学战线》第10期。

翁杰、张锐，2017，《户籍制度影响要素收入分配的机制和效应》，《中国人口科学》第1期。

吴波、张超、陈春香，2018，《农业转移人口市民化意愿需求与制度供给——匹配机理与层进演化》，《北京行政学院学报》第1期。

吴介民，2011，《永远的异乡客？公民身份差序与中国农民工阶级》，《台湾社会学》第21期。

吴军、夏建中，2012，《国外社会资本理论：历史脉络与前沿动态》，《学术界》第8期。

吴开亚、张力、陈筱，2010，《户籍改革进程的障碍：基于城市落户门槛的分析》，《中国人口科学》第1期。

吴群刚，2009，《北京市人口规模现状与调控》，《城市问题》第4期。

吴炜，2016，《干中学：农民工人力资本获得路径及其对收入的影响》，《农业经济问题》第9期。

吴越菲、文军，2016，《农业转移人口市民化的系统构成及其潜在风险》，《南京农业大学学报》（社会科学版）第5期。

吴忠民，2004，《从阶级分析到当代社会分层研究》，《学术界》第1期。

习近平，2021，《把握新发展阶段，贯彻新发展理念，构建新发展格局》，《求是》第9期。

夏静雷、张娟，2013，《探析"农民工"称谓及其科学内涵》，《当代青年研究》第6期。

肖国忠，2011，《多方着力跨越"中等收入陷阱"——访三位国家社科基金项目负责人》，《光明日报》9月7日，第14版。

肖全章、郭欢，2012，《土地财政与我国财政体制关系的经验研究》，《财经问题研究》第1期。

谢宝富，2014，《居住证积分制：户籍改革的又一个"补丁"？——上海居住证积分制的特征、问题及对策研究》，《人口研究》第1期。

谢建社，2006，《农民工分层：中国城市化思考》，《广州大学学报》（社会科学版）第10期。

谢建社、张华初，2015，《农民工市民化公共服务成本测算及其分担机制——基于广东省G市的经验分析》，《湖南农业大学学报》（社会科学版）第4期。

谢世腰，2009，《融合教育在武汉》，《人民教育》第11期。

辛宝英，2016，《农业转移人口市民化程度测评指标体系研究》，《经济社会体制比较》第4期。

辛红，2011，《近七成农民认为征地补偿太低》，《法制日报》2月25日，第2版。

新华社，2016，《中国要强农业必须强》，《南方都市报》4月29日，第AA1版。

"新型城镇化建设中的事权划分研究"课题组，2015，《我国城镇化进程中政府与市场关系的错位问题》，《经济研究参考》第54期。

徐建玲，2008，《农民工市民化进程度量：理论探讨与实证分析》，《农业经济问题》第9期。

徐美银，2018，《人力资本、社会资本与农民工市民化意愿》，《华南农业大学学报》（社会科学版）第4期。

徐佩玉，2018，《国家统计局发布改革开放四十年来区域发展报告——东中西部，发展差距小了》，《人民日报》（海外版）9月19日，第 11 版。

许光，2014，《城市承载力、适度人口规模与农民工城市融入——基于浙江的实证数据》，《桂海论丛》第 6 期。

亚里士多德，1965，《政治学》，吴寿彭译，北京：商务印书馆。

阎志民，2002，《中国现阶段阶级阶层研究》，北京：中共中央党校出版社。

晏月平、廖爱娣，2016，《流动人口社会融合状况研究——基于云南省流动人口动态监测数据》，《学术探索》第 5 期。

杨风，2014，《排斥与融入：人口城市化进程中农民市民化研究》，济南：山东大学出版社。

杨风，2016a，《探寻农民工市民化的路径》，《中国社会科学报》3 月 30 日，第 7 版。

杨风，2016b，《发展公租房助推进城农民工市民化》，《中国人口报》1 月 18 日，第 3 版。

杨风，2017，《提高户籍人口城镇化率不能依赖"撤县设区"》，《中国人口报》4 月 17 日，第 3 版。

杨风，2018，《新型职业农民培育路径创新研究》，《济南大学学报》（社会科学版）第 6 期。

杨风，2021a，《城镇化效率时空差异研究》，《贵州师范大学学报》（社会科学版）第 3 期。

杨风，2021b，《城镇农业转移人口市民化意愿差异及其影响因素》，《创新》第 6 期。

杨风、李兴家，2014，《论工会在推进新生代农民工城市融入中的作用》，《北京市工会干部学院学报》第 4 期。

杨继国，2002，《人力资本产权：一个挑战公司治理理论的命题》，《经济科学》第 1 期。

杨菊华，2009，《从隔离、选择融入到融合：流动人口社会融入问题的理论思考》，《人口研究》第 1 期。

杨菊华，2011，《城乡差分与内外之别：流动人口社会保障研究》，《人口研究》第 5 期。

杨菊华，2013，《中国流动人口经济融入》，北京：社会科学文献出版社。

杨菊华，2015，《中国流动人口的社会融入研究》，《中国社会科学》第 2 期。

杨菊华，2016，《论社会融合》，《江苏行政学院学报》第 6 期。

杨瑞龙，1998，《我国制度变迁方式转换的三阶段论——兼论地方政府的制度创新行为》，《经济研究》第 1 期。

杨树海，2015，《重庆市农民工户籍制度改革实践与思考》，《学习时报》5 月 25 日，第 11 版。

杨英强，2011，《农民工市民化实证研究》，《经济体制改革》第 6 期。

叶敬忠，2011，《留守人口与发展遭遇》，《中国农业大学学报》（社会科学版）第 1 期。

叶俊焘、钱文荣，2016，《不同规模城市农民工市民化意愿及新型城镇化的路径选择》，《浙江社会科学》第 5 期。

叶檀，2014，《蓝印户口时代终结》，《解放日报》4 月 28 日，第 7 版。

叶赟、钱培坚，2017，《部分在沪企业招聘设户籍门槛》，《工人日报》12 月 27 日，第 1 版。

袁方，1990，《社会学百科辞典》，北京：中国广播电视出版社。

苑梅，2016，《培育新型职业农民的财税政策建议》，《中国财政》第 15 期。

悦中山、李树茁、靳小怡、费尔德曼，2011，《从"先赋"到"后致"：农民工的社会网络与社会融合》，《社会》第 6 期。

郧彦辉，2009，《农民市民化程度测量指标体系及评估方法探析》，《学习与实践》第 8 期。

张超，2015，《新生代农民工城市融入指标体系及其评估——基于江苏吴江的调查分析》，《南京社会科学》第 11 期。

张丹羊，2018，《2017 年广州入户卡和准迁证明同步发放》，《羊城地铁报》2 月 1 日，第 A1 版。

张斐，2011，《新生代农民工市民化现状及影响因素分析》，《人口研究》第 6 期。

张广利、陈仕中，2006，《社会资本理论发展的瓶颈：定义及测量问题探讨》，《社会科学研究》第 2 期。

张广裕，2015，《农业转移人口市民化成本估算与分担机制研究——以甘肃省为例》，《宁夏大学学报》（人文社会科学版）第 6 期。

张国胜，2009，《基于社会成本考虑的农民工市民化：一个转轨中发展大国的视角与政策选择》，《中国软科学》第 4 期。

张国胜、陈明明，2016，《我国新一轮户籍制度改革的价值取向、政策评估与顶层设计》，《经济学家》第 7 期。

张国胜、陈瑛，2013，《社会成本、分摊机制与我国农民工市民化——基于政治经济学的分析框架》，《经济学家》第 1 期。

张国胜、杨先明，2009，《公共财政视角下的农民工市民化的社会成本分担机制研究》，《云南财经大学学报》（社会科学版）第 1 期。

张合林、郝寿义，2007，《城乡统一土地市场制度创新及政策建议》，《中国软科学》第 2 期。

张洪霞，2014，《新生代农民工市民化的影响因素研究：基于全国 797 位农民工的实证调查》，《调研世界》第 1 期。

张继良、马洪福，2015，《江苏外来农民工市民化成本测算及分摊》，《中国农村观察》第 2 期。

张健明，2015，《我国城市化进程中新二元结构问题研究》，上海：上海交通大学出版社。

张金庆、冷向明，2015，《现代公民身份与农民工有序市民化研究》，《复旦学报》（社会科学版）第6期。

张军涛、刘建国，2011，《城市效率及其溢出效应——以东北三省34个地级市为例》，《经济地理》第4期。

张维迎，1996，《所有制、治理结构及委托—代理关系——兼评崔之元和周其仁的一些观点》，《经济研究》第9期。

张炜，2015，《对积分落户制度设计的几点思考》，《前线》第1期。

张文宏、雷开春，2008，《城市新移民社会融合的结构、现状与影响因素分析》，《社会学研究》第5期。

张小强，2008，《农民工福利改善过程中企业和政府的博弈》，《南京审计学院学报》第2期。

张心洁、周绿林、曾益，2016，《农业转移人口市民化水平的测量与评价》，《中国软科学》第10期。

张翼，2011，《农民工"进城落户"意愿与中国近期城镇化道路的选择》，《中国人口科学》第2期。

张勇、汪应宏，2016，《农民工市民化与农村宅基地退出的互动关系研究》，《中州学刊》第7期。

张媛，2016，《后危机时代外国移民政策比较研究》，北京：经济日报出版社。

章羽，2015，《城镇化的社会成本及其生成逻辑》，《经济问题探索》第4期。

赵斌、丁文雅，2018，《国家异地就医平台基本设置、成就和挑战》，《中国人力资源社会保障》第11期。

郑秉文，2008，《改革开放30年中国流动人口社会保障的发展与挑战》，

《中国人口科学》第 5 期。

郑贤君，2000，《地方制度论》，北京：首都师范大学出版社。

钟水映、李魁，2007，《农民工"半市民化"与"后市民化"衔接机制研究》，《中国农业大学学报》（社会科学版）第 3 期。

周飞跃，2016，《制度经济学》，北京：机械工业出版社。

周海春、许江萍，2001，《城市适度人口规模研究》，《数量经济技术经济研究》第 11 期。

周皓，2012，《流动人口社会融合的测量及理论思考》，《人口研究》第 3 期。

周其仁，1996，《市场里的企业：一个人力资本与非人力资本的特别合约》，《经济研究》第 6 期。

朱力，2003，《农民工阶层的特征与社会地位》，《南京大学学报》（哲学·人文科学·社会科学）第 6 期。

朱敏，2013，《发挥好城镇化对消费的拉动作用》，《经济日报》5 月 31 日，第 14 版。

朱启臻、胡方萌，2016，《新型职业农民生成环境的几个问题》，《中国农村经济》第 10 期。

朱妍、李煜，2013，《"双重脱嵌"：农民工代际分化的政治经济学分析》，《社会科学》第 11 期。

朱志胜，2015，《社会资本的作用到底有多大？——基于农民工就业过程推进视角的实证检验》，《人口与经济》第 5 期。

Alba, R. and V. Nee. 2003. *Remaking the American Mainstream: Assimilation and Contemporary Immigration*. Cambridge: Harvard University Press.

Borjas, G. J. and S. J. Trejo. 1991. "Immigrant Participation in the Welfare System." *Industrial and labor Relations Review* 44(2).

Borjas, G. J. 1994. "The Economics of Immigration." *Journal of Economic Literature 32(4).

Bourdieu, P. 1986. *The Forms of Capital, Handbook of Theory and Research for the Sociology of Education.* Greenwood Press.

Buet, Ronald . 1992. *Strutural Holes.* Cambridge: Harvard University Press.

Camarota, S. A. 2004. "The High Cost of Cheap Labor. "Center for Immigration Studies Working Paper.

Cannan, E. 1888. *Elementary Political Economy.* London.

Cannan, E. 1990. *Wealth: A Brief Explanation of the Cause of Economic welfare.* London.

Desai, V. and Potter R. B. 2008. *The Companionto Development Studies.* London: Hodder Education.

Ferber, T. 2008. "Personae Meteen UAttering. "*Social Economics Trends* 1.

Frederick, J. Turner. 1920. "The Frontier in American History. "*Henry Holt and Co.*

Fukuyama. 2000. "Social Capital and Civil Society. "IMF Working Paper.

Gordon, Milton M. 1964. *Assimilation in American Life: The Role of Race, Religionand National Origins.* Oxford University Press.

Hector, J. John de Crevecoeur. 1782. *Letters from an American Farmer and Schetches of Eighteenth – Century America.* New York: Penguin books.

Helliwell, J. F. and Putnam, R. D. 1995. "Tuning in Tuning out: The Strange Disappearance of Social Capital in American. "*Political Science and Politics* 28(4).

Joppke, C. 2010. "Citizenship and Immigration. " *PS Political Science and Politics* 33.

Kallen, M. Horace. 1924. "Democracy Versus the Melting Pot. "*In Culture and Democracy in the United States*, edited by Hoyace M. Kallen. *Boni and Liveright.*

Kim, Sung −Jong. 1997. "Productivity of Cities. "*Ashgate Publishing Ltd.*

Massey, D. S. and Mullan B. P. 1985. "Residential Segregation and Color Stratification among Hispanics in Philadelphia − Reply. "*American Journal of Sociology* 91(2).

Park, R. E. and Burgess, E. W. 1921. *Introduction to the Science of Sociology: Including an Index to Basic Sociological Concepts.* University of Chicago Press.

Park, R. E. 1928. "Human Migration and the Marginal Man. "*American Journal of Sociology* 33(6).

Portes, A. and Zhou, M. 1993. "The New Second Generation: Segmented Assimilation and Its Variants. "*Annals of the American Academy of Political and Social Science* 530.

Portes, Alejandro. 1998. "Social Capital: It' s Origins and Applications in Moden Sociology. " *Annual Review of Social* 2.

Prud, H. R. and Lee, C. W. 1999. "Size, Sprawl, Speed and the Efficiency of Cities. "*Urban Studies* 36(11).

Putnam, Robert D. 1995. "Tuning in, Tuning out: The Strange Disappearance of Social Capital in American. "*Political Science and Politics* 4.

Ronald, Buet. 1992. *Strutural Holes.* Harvard University Press.

Schults, T. M. 1961. "Investment in Human Capital. "*American Economic Review* 51(1).

Skocpol, T. 1985. *Bringing the State Back in: Strategies of Analysis in Current Research.* In Evans P. , Rueschemeyer D. , Skocpol T. , Bringing the StateBackin. Cambridge University Press.

Turner, Frederick Jackson. 1920. *The Frontier in American History.* New York: Henry Holt and Co.

Versantvoort, M. et al. 2006. *Evaluatie Werknermers − verkeerMoe − landen.*

Rotterdam: Ecorys.

William, Alonso. 1971. "The Economics of Urban Size. " *Regional Science* 26 (1).

Wirth, Louis. 1938. "Urbanism as a Way of Life. " *The American Journal of Sociology* 1.

后　记

　　"十年磨一剑，霜刃未曾试。"从"城镇农业转移人口市民化有序推进机制研究"（14BRK016）有幸获得 2014 年度国家社会科学基金项目立项开始，再加上立项前的准备时间，这本书从孕育到出版差不多经过了 10 年。本书是在前述国家社会科学基金项目研究报告的基础上修改而成的，对研究内容、分析数据做了全面修订。出版本书的目的，是对农业转移人口市民化研究做一个总结。

　　"山重水复疑无路，柳暗花明又一村。"这是我继《排斥与融入：人口城市化进程中农民市民化研究》（山东大学出版社，2014 年）之后出版的第二本专著。相比于第一本书，本书的出版可谓一波三折、起起落落。课题立项后，踌躇满志的我在编制经费预算时专门预留了一笔"巨款"用于著作的出版。课题结项后，我原本打算趁热打铁，抓紧出版，可是计划不如变化快，面对高额的出版费用，我只能望洋兴叹。有幸获得济南大学出版基金资助后，希望再次被点燃；然而，面对水涨船高的出版费用，我真是左右为难：不出版吧，心有不甘；出版吧，要自掏腰包。作为理性经济人的我，放弃了出版，这是无奈但理性的选择。时光荏苒、时过境迁，就在我渐渐失去出版本书的热情与希望时，济南大学政法学院院长高功敬教授施以援手，不仅资助出版经费，而且帮忙联系出版社。

"一个篱笆三个桩，一个好汉三个帮。"本书受到国家社会科学基金、济南大学出版基金、山东省社科理论重点研究基地（济南大学）"新时代社会治理与政策创新"研究基地以及山东省高等学校青创人才引育计划"新时代社会治理与社会政策创新团队"资助。本书既是国家社会科学基金的研究成果，也是山东省社科理论重点研究基地（济南大学）"新时代社会治理与政策创新"研究基地、山东省高等学校青创人才引育计划"新时代社会治理与社会政策创新团队"的研究成果之一。

"落其实者思其树，饮其流者怀其源。"衷心感谢各位师长、领导对我的指导和帮助，衷心感谢亲朋好友、同事同行对我的关心和支持，衷心感谢为本书出版付出辛勤劳动的编辑孟宁宁老师，特别感谢胡庆英女士的悉心指导和耐心帮助。

由于本人才疏学浅，书中不免存在错误和不足之处，希望各位读者批评指正。

杨凤

2022 年 11 月于泉城

图书在版编目（CIP）数据

农业转移人口市民化/杨风著. --北京：社会科
学文献出版社，2022.12（2024.2 重印）
ISBN 978 - 7 - 5228 - 1284 - 7

Ⅰ.①农… Ⅱ.①杨… Ⅲ.①农业人口 - 城市化 - 研
究 - 中国 Ⅳ.①C924.24

中国版本图书馆 CIP 数据核字（2022）第 247793 号

· 济大社会学丛书 ·

农业转移人口市民化

著　　者／杨　风

出 版 人／冀祥德
组稿编辑／胡庆英
责任编辑／孟宁宁
责任印制／王京美

出　　版／社会科学文献出版社·群学出版分社（010）59367002
　　　　　地址：北京市北三环中路甲 29 号院华龙大厦　邮编：100029
　　　　　网址：www. ssap. com. cn
发　　行／社会科学文献出版社（010）59367028
印　　装／唐山玺诚印务有限公司

规　　格／开本：787mm × 1092mm　1/16
　　　　　印张：16　字数：213 千字
版　　次／2022 年 12 月第 1 版　2024 年 2 月第 2 次印刷
书　　号／ISBN 978 - 7 - 5228 - 1284 - 7
定　　价／98.00 元

读者服务电话：4008918866